蔡孔章・著

漢譯
《究竟一乘寶性論》
的文本與如來藏思想特色

推薦序一

2007年認識孔章，是在他就讀佛光大學宗教學所選修本人開設的「中觀哲學」課程。當時即發現孔章熱衷佛學義理的哲思與剝析，常有細膩獨到的見解。尤其能履次通過國家高等考試，更見其敏銳的邏輯思維、重點掌握、提綱契嶺與策略運作的能耐。雖非其指導教授，但在其撰寫碩士論文期間，只要孔章有所需求，本人都很樂意協助。擔任其學位口考委員拜讀其學位論文《論漢譯《究竟一乘寶性論》的文本與思想特色》時，如獲至寶曾鼓勵其出版，畢業後迄今彼此也常有互動聯絡。如今孔章計畫出版其碩士學位論文，本人很榮幸為其寫序。

孔章以尠少人研究的《究竟一乘寶性論》為其碩士論文的文本，不僅適合其縝密的思維做深度的探究，更能為中國佛教早期如來藏思想研究做出貢獻，實屬難得。孔章透過《寶性論》清楚爬梳如來藏思想的發展脈絡，以如下三個角度來闡述如來藏，更易於瞭解如來藏要義。

一、於〈一切眾生有如來藏品第五〉獨創以如來藏十義來描述如來藏總相，和於〈無量煩惱所纏品第六〉闡述如來藏三義，並引《如來藏經》九喻來描述如來藏別相。

二、引《陀羅尼自在王經》七句金剛句，用「佛寶、法寶、僧寶」，和「佛菩提、如來功德、自然不休息佛業」等六句來闡述「如來藏」（「眾生」、「佛性」）而形成一個串連整部論的完整思想體系。

三、引《不增不減經》如來藏三義，以「自性清淨心」為「界」分稱為「自性清涼法身」、「自性本來清淨」（權稱雜垢清淨）和「離垢清淨」來描述如來藏。

從《寶性論》談上述三經一論如來藏思想理論性與連貫性，用《不增不減經》理論，串連眾生界（法）與法身的相互性，《不增不減經》之法身隨順世間為眾生，如來對眾生（包括聲聞、辟支佛乘）方便說法，說「依如來藏故說生死，是名善說」，另於〈一切眾生有如來藏品第五〉中，有離欲因的中道法和對治法（包括和常、樂、我、淨四波羅蜜等四果）而為實踐與修行過程。以及用《不增不減經》理論談三經一論對於「信」之使用。可見《寶性論》完整呈現大乘經信解行證四修行階段，是很值得深讀的一部書。

孔章抽絲剝繭，廣徵博引，精密考察下，完成了本書，而獲得碩士學位。樂見秀威出版公司為其出版。特推鑒之。

釋永東

佛光大學佛教學院院長兼佛教學系系主任

2014 年 5 月 31 日於佛光大學光雲館

推薦序二

此書是蔡孔章先生近年佛學研究的心得成果，因我算是對其近年於公餘投入佛學研究算是有些許瞭解的朋友，承蒙盛情邀請，故於此為簡序。

蔡先生是我以前在佛光大學宗教學系任教時所指導的碩士班在職研究生。在校修課時期即可看出他對宗教研究及佛學研究方面的決心與毅力：根據當時的教學經驗，通常宗教學研究所的在職研究生對宗教內涵與宗教學研究是抱持高度興趣的，因此才會挑選此領域作為進修，其學習動機與熱忱都相當具足；然往往因須兼顧家庭與工作之故，對課程研讀或報告撰寫有時無法完全投入，撰寫論文時也比較常挑選與其工作經歷或信仰背景較能結合的題目，這是我們當時作為教學者可以理解的；蔡先生當時雖也需兼顧家庭與工作，但當時他對研究所的各門課程相當努力投入，盡心參與，到與我討論碩士論文的課題時，也明確顯示其對佛學研究的熱誠與決心，當時我向他提起以研究此《究竟一乘寶性論》為論文題目時，本有些擔心因為此論在漢傳佛教中並非顯學，傳統上不受重視，作為論文主題對其太過艱澀，但蔡先生樂於接受挑戰，而且令我甚為感佩驚訝的是他開始進行研究後，對研讀分析此論所下的功夫，乃至論文完成後所獲得的成果，達到事前我意想不到的程度。

對《究竟一乘寶性論》的研究在近代學界主要是因為此論梵文原本的發現而逐漸展開，依當時文獻學研究方法的習慣，學者進行梵藏漢本間的對勘翻譯研究：基本上，藏譯本相當接近於現存之梵文本，認為彌勒是作者；漢譯本則與梵本有相當程度的差異，認為作者是堅慧，也因此，學界過往在研究此論時，往往因漢譯本的內容差異及漢譯本的較艱澀語意而不加以重視，認為研究梵藏文本即已足夠。近年來，站在如來藏思想的研究立場對此論的探討，主要更是立基於藏傳佛教的理解而展開：由於噶舉派「大印」修持與覺囊派「他空」見的主張皆依此論為主要經典依據，歷來藏傳佛教各教派不少高僧對此均有註釋及引述，因此近年來學界關於此方面的解讀研究大部都和這些背景有關，以致對漢譯本更加不予重視。

然而，蔡孔章先生對漢譯《究竟一乘寶性論》的研究仍有不少突破處，個人認為是前人或多或少忽略的地方，有其特色：一、雖說勒那摩提是此論譯者，但實際上勒那摩提與菩提流支當時分別譯有此論，我們現在所看到的版本有可能是此二譯本的合本或會刊本，這代表現存本可能有版本流傳上的問題，過去學者雖知但未深究，我認為蔡先生在這方面有頗具意義的一些探討，值得參考。二、關於《究竟一乘寶性論》所引述經論的解析雖然過去如日本學者中村瑞隆等已有所分析，但未能深入與《寶性論》譯本譯出前之相關漢譯經典內容加以比較研究，以致忽略此論譯出時與北朝佛教思想間的淵源，蔡先生在文中不僅從文獻角度探索譯者勒那摩提在翻譯時的參考，在此次的修訂本中更以思想的角度進一步深刻探討。三、過去學者往往僅將《寶性論》視為中期如來藏思想的代表，認為僅具承先啟後的角色，由於對漢傳佛教思想的影響有限，所以向來未見重視；於此，我認為蔡先生對漢譯本《究竟一乘寶性論》的思想解讀已有其成一家之言的架構，綱舉目張，頗具層次。

或許讀者可說作者對梵藏相關文本未能深入掌握是其缺點，但也因為他不是從現存梵文本的角度切入，故未受其太多影響，反而能從漢傳佛教的角度歸納出一些有意義的分析。其實，將《寶性論》納為如來藏思想是二十世紀近代學者的看法；在藏傳佛教的傳統中，從未將如來藏列為另外一派，而認為《寶性論》（或者說彌勒五論）僅是從另一角度論述中觀空義，如果對此點有些許認知，在不受當代學者許多先入為主的思想成見影響下，我相信讀者將會看出此書對理解漢譯本《究竟一乘寶性論》的價值。

當時能在公餘閒暇致力於此有此成果已不簡單，這幾年來能於百忙中更加專心思索使其益加成熟完整，個人十分隨喜讚嘆孔章先生對佛法義理的投入。簡文為序，望有助識者明其微言大義。

劉國威

哈佛大學梵文與印度研究學系博士

國立故宮博物院副研究員

2014 年 8 月 27 日

自　序

自西晉 3 世紀末以來，竺法護譯《如來興顯經》、法顯譯《大般泥洹經》等如來藏系經典，開始傳譯入中國。在漢傳大乘佛教中，各宗派如涅槃宗、地論宗、攝論宗、禪宗等都或多或少的受到如來藏學說的影響，因此，「如來藏」學說開啟漢傳佛教思想重要依據。20 世紀以來，中國支那內學院批判如來藏思想的「性覺說」，是對印度佛教的背離；日本學者松本史郎則認為如來藏思想是建立在界（dhātu）基體上，而認為「如來藏思想不是佛教」。凡此種種，意在論證「如來藏思想」是否能見容於大乘佛教的中觀與唯識理論之外，而有獨特思想體系。《究竟一乘寶性論》是一部現存漢譯、藏文、梵文詮釋早期如來藏思想重要論典，該論引用 25 部經以譬喻、字詞定義方式來詮釋早期如來藏思想，鑑於筆者外語能力限制，未能直接引用梵文、藏文、英文等學者研究資料，以及個人佛學根淺，僅單純直接就漢譯《寶性論》的早期如來藏思想作深入分析，尤其以《寶性論》引述最多的三經，互為義理研究探討，冀圖探討早期如來藏思想特色。

本書共分二部分，第一部分，探討《寶性論》的文本，包括第一章和第二章，第一章探討《寶性論》作者、作者、譯者、歷史背景和分卷外，並陳述如來藏經典在《大藏經》數量，第二章對漢譯《究竟一乘寶性論》的文本予以概述，為探討《寶性論》的義理研究，對於「釋疏」的論述，除了部分以長行、白話方式呈現外，內文中有增添表格式的分析整理。雖無法完全詮釋本論之真意，但期望以分析整理使義理較為清楚而不失真。第二部分，包括第三章和第四章，敘述漢譯《究竟一乘寶性論》的思想特色，主要以三經一論為題材，從漢譯《寶性論》角度去探討所引述三經《如來藏經》、《不增不減經》、《勝鬘經》等經典，使其早

期如來藏思想體系更加清晰。

《究竟一乘寶性論》梵文「Ratna-gotra-vibhāga--Mahāyānotta-ratantra-śāstra」，《法界無差別論領要抄》將此論稱為《三寶性論》，表示寶性就是三寶性。Johnston 教授解說，Ratnagotra vibhāga 是表示論的思想內容，Mahāyānottaratantra 是表示本論的思想性地位。《寶性論》於卷一，開宗明義引用《陀羅尼自在王經》序分的七句金剛句即是早期如來藏思想體系。強調「如來（自性清淨法身）」藏，於無始世界來，用三寶「佛寶」、「法寶」、「僧寶」來闡述自性清淨法身。此法身從無始世來，過於恒沙，無邊煩惱所纏，隨順世間，曰「一切眾生有如來藏」，並用各種面相來描述，包括眾生（曰法、曰眾生、聲聞、阿羅漢、一闡提等）、煩惱（貪、嗔、癡、慢、疑等）、含煩惱自性清淨藏（雜垢清淨）、法（信、般若、三昧及大悲）、對治法（常、樂、我、淨）等，如何去除雜垢，還我自性清淨心。後三句用「佛菩提」、「佛功德」、「佛作業」等金剛句闡述身轉清淨成菩提（離垢清淨）各種面相，包括自性清淨藏、自利利他、常不休息等。各卷中利用《不增不減經》、《勝鬘經》的理論和輔以《如來藏經》、《如來莊嚴智慧光明入一切佛境界經》等經的譬喻，將「如來藏」思想予以明確敘述。其中尤以〈佛寶品第二〉、〈自然不休息佛業品第十〉之共同引用《如來莊嚴智慧光明入一切佛境界經》之九喻來作前後連結，使得《寶性論》連貫而形成完整思想體系。

本書較具特色論述及推論，包括：（一）心與煩惱關係，從三經一論談早期如來藏思想與後期的如來藏思想特色（與阿賴耶思想完全會通），會有不同論述結果。（二）關於「轉依」，在瑜伽學派中轉依的「依」者，乃指「依他起性」，是染淨法之所依。「轉」謂「轉捨轉得」，亦即轉捨不淨的遍計所執，使它「永改本性」後，轉得「永成本性」的清淨圓成實性。《寶性論》主張「轉依」，所「依」者是如來藏所依止。，而「轉」雜穢，即是自性本清淨，只是去除煩惱「且」得淨妙身，由轉

穢並且得到淨妙身。早期如來藏思想的「轉、依」與瑜伽學派的「轉依」有不同的詮釋。（三）關於空性，《寶性論》以虛空為譬喻，「如虛空相，諸佛亦爾者。此依第一義，諸佛如來清淨法身，自體相不共法故。」，並引《金剛般若波羅密經》言，「不可以三十二大人相成就見如來」，偈言：「**無始世來性**（dhātu）　**作諸法依止**　**依性有諸道**　**及證涅槃果**」，即自無始世來，自性本來清淨，如虛空相，不可以三十二大人相成就見如來。（四）從《寶性論》內容分析，自性清淨心有三（三者意義相同，只是流轉時各相不同），包括自性本來清淨、自性清淨、離垢清淨等。並且用三個角度去闡述如來藏：（一）以「如來藏十義」來描述如來藏總相，和引《如來藏經》「九喻」來描述如來藏別相。（二）引《陀羅尼自在王經》七句金剛句，用「佛寶」、「法寶」、「僧寶」，和「佛菩提」、「如來功德」、「自然不休息佛業」等六句來闡述「如來藏」（「眾生」、「佛性」），形成前後連貫的完整思想體系。（三）引《不增不減經》如來藏三義和《勝鬘經》空如來藏、不空如來藏，詮釋以「自性清淨心」為「界」分稱「自性清淨法身」、「自性本來清淨」（權稱雜垢清淨）和「離垢清淨」等三個面向來描述如來藏。（五）《寶性論》強調「信」、「信解」功能，從三經「不可思議法」之「唯信佛語」到著重修行實踐過程的「恆常清涼不變之有法」、「信法、般若、禪定、大悲」等四法之「信解」而「信為有」、「信畢竟得」、「信諸功德」之功能。

再版自序

時光荏苒，2014年10月出版《論漢譯《究竟一乘寶性論》的文本與思想特色》迄今亦五載餘，閒暇之餘，不忘經常拾起書本審視內容是否觀念正確或不夠嚴謹以致理論偏頗之處，亦不忘吸取新著作和新觀點來補正自己不足。此段期間關注《寶性論．如來藏》相關著作，包括 1. 黃寶生譯注，《梵漢對勘究竟一乘寶性論》（北京：中國社會科學出版社，2017年）。2. 郭朋，《印順佛學思想研究》（台北市：正聞出版社，1992年）。3. 吳汝鈞，《印度佛學的現代詮釋》（台北市：文津出版社，1994年）。4. 楊維中，《如來藏經典與中國佛教》（南京市：江蘇人民出版社，2012年）等著作。謹就以上著作與寶性論相關內容簡述補充，如來藏思想之所以受漢傳佛教重視理由：

一、郭朋法師之《印順佛學思想研究》（頁229）

如來藏、自性清淨心、不空與種性和轉依說，是印順法師對『寶性論』如來藏說中的『重要的幾點』內容。（1）如來藏，生殖－金胎－胎藏，這就是如來之「藏」的本來意義。而「如來」（『如來』一詞，原指「神我」，後又指佛。前者，是傳統的印度文化－印度宗教中所固有的含義；後者，則是佛教興起以後的一種佛化了的含義。）處在「胎藏」（所謂「因位」）之中，這就叫做「如來藏」。（2）自性清淨心，「心性本淨」而為「客塵所染」，成為『增一』以來的一種重要的佛學思想；繼而也成了如來藏學說的一項重要內容。早期的如來藏說，本性清淨心還不是所傳的第八識，或第九識，只是六識－平常心識的本性，不過習慣的稱迷妄的為六識而已。（3）不空，如來藏是本性清淨心，著重於客塵煩惱空。對本性清淨來說，煩惱是客性－外鑠的，附屬的，與心性清淨，是本來別異而相離的。以如來藏為自性清淨心，所以只說煩惱空，而如來藏、自性清淨心體是不空的。如來藏說，屬真常系。「空」的，只是生滅法，是各種煩惱雜染法。而如來藏－自性清淨心，卻是具有「無數不思議佛功德法」的，因而是「不空」的。（4）種性，『寶性論』引『華嚴經』，「乃至邪見聚等眾生身中，皆有如來日輪光照。」這樣，世間、出世間上上善法的根源，都是如來藏不思議功德的業用，是成佛的種姓，所以名為如來界，界就是「因義」。如來藏是世間、出世間一切「善法」的「根源」，所以它就成了成佛的「種性」。（5）轉依，依是依止，是生死與涅槃的所依體；依此；從生死而轉化為涅槃，就是轉依。『寶性論』說：「如來藏不離煩惱藏所　，以遠離諸煩惱，轉身得清淨，是名為（轉依的）實體。」因此，『寶性論』所說的轉依，菩提，一切功德是本具的，與瑜伽學者，顯然採取了不同的觀點。

二、吳汝鈞教授之《印度佛學的現代銓釋》（頁152至頁164）

其著作對於筆者學習佛學有很大的啟發，謹對於唯識學說轉依理論內容簡介，其中頁152至頁164，關於轉依理論與唯識理論的困難。（1）轉依理論，第八識是生死流轉的根本，又是轉依的根本。轉依是轉染依淨，是修行證果的一種表示。在轉染依淨中，將第八識的汙染的種子轉化為清淨善良的種子，染污的種子一定生出染污的行為，善的種子一定生出善的行為，除非有外在的因素加進去。第八識是生死的根源，無論人在生死的世界中流轉也好，最終能覺悟證得菩提智慧也好，基本上是以第八識作為轉染依淨的根本。基於第八識（阿賴耶識）和種子思想發展出來理論，就稱為轉識成智。阿賴耶識的種子有兩類，一種是本有的，一種是新薰（薰習）的。阿賴耶識種子透過薰習把原本有的善或惡改變或產生新的種子，令第八識加增行為的種子存於八識中。唯識說已為最有效的薰習是正聞薰習開導覺悟。正確正聞薰習有兩種，最佳者是聽覺物得道的佛或菩薩宣說佛法，次要者是透過佛經文字來理解，達到轉識成智目標。（2）唯識理論的困難，唯識理論雖然有其精彩處，但其轉依說不無困難。轉識成智將虛妄的心識轉化成清淨的智慧，轉識成智要靠薰習，最有效的薰習是正聞薰習。如上所說，正聞薰習有兩種，最佳者是聽覺物得道的佛或菩薩宣說佛法，次要者是透過佛經文字來理解。前者言，在佛教中宣稱自己得到覺悟的就只有釋迦摩尼，其他的人即使已達到這個境界都不敢說，所以要遇到一個覺悟的人是很困難的。後者言，閱讀佛教經典也是不可靠的，因為即使有佛經在手亦未必明白，經文真偽亦不容易分辨。因此，所謂覺悟只能訴之於偶然情況，發心者的覺悟成功與否，自己是無法把握的，轉識成智理想的實現，就流於偶然而無必然的保證。另外，釋迦摩尼如何成佛？未成佛時，如何從太子轉識成智？就唯識理論，也是要靠正聞薰習，使在他第八識中的種子現行。釋迦摩尼如何靠正聞來覺悟？如何解釋他在菩提樹下覺悟這事實？因此，出現了如來藏思想系統，以自性清淨心作為覺悟的動力，此動力是眾生來自生命的內部，是本有的非外來的，強調眾生生命本有一種成佛的可能基礎，只要發揮出來即可，無需外求。

三、楊維中教授之《如來藏經典與中國佛教》（頁3至頁21）

該著作主要是如來藏系經典的漢譯以及重要的如來藏經典文本所包含的思想的之研究。有1.《如來藏經》2.《央掘魔羅經》3.《不增不減經》4.《大法鼓經》5.《勝鬘經》6.《無上依經》7.《大雲經》8.《大般涅槃經》9.《圓覺經》10.《楞伽經》11.《楞嚴經》12.《究竟一乘寶性論》13.《佛性論》14.《大乘起信論》等共十四部經論。誠如作者在該著作導言明確敘述「如來藏思想是中國化佛教宗派建構自己教義體系的最主要的思想來源。大而言之，中國哲學之所以「心性」思想為其核心，更重要的是，中國哲學之所以以「心性」哲學的面目為自己獲得存在的證明，不能不說與如來藏思想有密切關聯。」，由於拙著是以漢譯寶性論為研究範圍，故引述其早期如來藏思想依據，俾助於讀者對於如來藏思想之重視。

（1）對於中國本土所流行如來藏思想的批判

包括（a）玄奘從印度歸來未語及如來藏思想，這不能作為此思想不存在的依據，恰好說明如來藏思想已經融入了唯識學之中。依照漢地所傳，古唯識學主九識，而唯識金學主八識。古唯識學所立的第九識是以真如為其體的，而「阿摩羅識」實際是「轉依」的「誤譯」。（b）20 世紀初期支那學院的歐陽竟無提出了中國佛教的「五蔽」說，以及呂澂《呂澂佛學論著選集》主張「性寂」說。以上學者專治唯識學說，並認同印度大乘佛教「無過二種，一則中觀，二乃瑜伽」，中國佛教亦認同大乘佛教僅有空、有二宗，因而，如來藏思想非正統思想。（c）判教是中國佛教基本特徵之一，是中國佛教發展過程中，南北朝各學派、隋唐各宗派普遍採用的一種認識和批判的思想結構，太虛大師為首的武昌佛學院提出的「真如宗」以及印順法師的「真常唯心論」，贊同現代的「大乘佛教三系」判教，其用意是為了如來藏思想在中國佛教傳承與發展建立合法化的理由。楊維中教授認為，在印度佛教中只存在如來藏經典的流傳，並不存在獨立的，可與「空」「有」二宗並立為三的如來藏體系，如欲為受如來藏思想深厚影響的中國化佛教諸宗的心性思想辯護，不一定非從三系立論。從義理和經典考據上，如《華嚴經》中，以譬喻、象徵的隱約表示如來藏思想；更如，早期如來藏、佛性思想與中觀思想有密切關聯，如《勝鬘經》以「空」與「不空」界定如來藏，佛性觀念則是由法性界說，後期如來藏思想則逐漸融於唯識思想中。

(2) 探討如來藏思想的淵源

大致有兩種思路：一、是從語詞的形成和使用著眼，二、是從觀念演變的角度去分析。(a) 如來藏語詞的形成和使用，由於梵文原本缺乏，現今國際學術界對於「如來藏」一語的梵文用法只能引自《究竟一乘寶性論》，根據日本學者小川一乘的統計，梵本《寶性論》中使用 buddhā-dhātu 共有六次，其中只有一次勒那摩提譯為如來性，其餘均譯為佛性。使用 tathāgata-garbha 的有三十三次，其中譯為佛性、如來藏、如來性的都有，但譯為如來性最多。使用 buddhā–garbha 的有三次，譯為如來藏或佛性。tathāgata-gotra 僅兩三次 ，兩次譯為佛性。綜上，漢譯「佛性」的「性」字，是以 dhātu 為主，但 garbha 及 gotra 較少，高崎直道《如來藏思想的形成》則直接考據出，「佛性」的觀念是由 garbha 及 gotra 逐漸向 dhātu 演進的，也就是由具體觀念轉向抽象。(b) 如來藏觀念演變，根據學術界研究，如來藏思想有三個觀念淵源：一是佛身觀念；二是佛之種性觀念；三是心性本淨觀念。一、佛身觀念，對於佛身談論，可能在佛陀涅槃之後就開始了，認為佛陀有「三十二相」、「八十種好」，並且具有「十力」、「四無畏」等特殊能力，至部派佛教時代，「分別論者」及「大眾部」主張佛身無漏之說，而「有部」則認為「生身」亦為煩惱之果，能屬有漏，但承認「十力」、「四無畏」等功德法，佛之教法屬無漏，稱其為「法身」。至大乘佛教，強調佛的真實自性，佛的內在本質即是法身，而自性就是客觀真理，此真理就是空性、法性的，也就是「真如法身」，更進而稱佛的「生身」為 「應身」，並在兩者之間別立「報身」，故構成佛之三身說。如來藏思想是接續中觀學所蘊含的哲學問題、信仰問題而發展出來的，如果沒有中觀學的空的觀念和中道的方法，用中觀學證明真如為體性的佛法身觀念，我為真我，避免非外道之神我之錯誤觀念。二、佛之種性觀念，高崎直道《如來藏思想的形成》對於 gotrabhu 一詞，解釋為捨凡夫種性而得聖人種性之意，可以理解為「成為種性」，與漢譯經論中所稱「種性地」同義。在原始佛教和部派佛教時期，已經使用「佛子」

和「種性」概念來說明佛地子的特質。在《雜阿含經》卷四五，佛稱阿羅漢為其子，「我為婆羅門，得般涅槃，…汝為其子，從我口生，從法化生，得法餘財。當懷受我，未令我若身若口若心有可嫌此事。」 佛稱讚舍利佛為其長子「…，譬如轉輪聖王第一長子，應受灌頂而未灌頂，已住灌頂儀法，如父之法，所可轉者，亦當隨轉」，說明佛陀與弟子和眾生關係是「種性平等」，而非印度婆羅門教種性制度的「種性（varna）」是膚色義，從「血統」來認定的。《法華經》所提出「佛子」和「一乘佛」理念。《華嚴經》的「華藏世界海」蘊含佛與眾生關係，可以說是如來藏思想直接孕育者。三、心性本淨觀念，印度部派佛教對於解脫主體染淨狀況的判定有二種說法：即心性本淨和心性本不淨。這兩種不同價值判斷影響了印度大乘佛教。玄奘的《異部宗輪論》將大眾系的「大眾部」、「一說部」、「說出世部」、「雞胤部」視為「本宗同義者」，並說這些部派在心性問題上主張是「心性本淨，客塵隨煩惱之所染染，說為不淨。」漢譯玄奘《順正理論》、世親《佛性論》、漢譯《舍利佛阿毗曇》等典籍均記載「分別論者」亦主張心性本淨說。如《順正理論》說：「分別論者作如是言：唯有貪心今得解脫，如有垢器後除其垢，如頗眡迦由所依處，顯色差別有異色生。如是淨心貪等所染，名有貪等後還解脫。」部派佛教在心性本淨和心性本不淨兩種理論對峙中，如來藏思想採納了心性本淨說法，大乘佛教結合法身遍在的觀念和佛陀的大悲精神，對心性思想做進一步探求，既然「法身」或「法性」遍於世間，有情眾生心性自然本淨。

四、黃寶生教授譯注之《梵漢對勘究竟一乘寶性論》（頁9）

該著作通過梵文本以現代漢譯今譯佛經對勘，包括：一、訂正梵文佛經校勘本和漢譯佛經的文字訛誤或提供可能的合理讀法。二、指出梵文佛經與漢譯佛經差異之處。三、指出漢譯佛經中的誤譯之處。四、疏通漢譯佛經中的文字晦澀之處。五、詮釋梵文佛經和漢譯佛經中的一些用語。同時，利用梵漢佛經對勘機會，對古代漢譯佛經進行標點。

總結上述，由於《究竟一乘寶性論》梵、藏文本的發現，導致 20 世紀初「如來藏」思想受到重視。個人淺見，早期如來藏思想之《究竟一乘寶性論》與中、晚期如來藏思想與唯識學說融合之《大乘起信論》關於心識覺悟之道不同，『轉依』是很重要思想差異。前者主張「心性本淨」而為「客塵所染」，煩惱是客性的，與心性清淨，是本來別異而相離的。後者主張『妄識（阿賴耶識）』，在轉染依淨中，將第八識的汙染的種子轉化為清淨善良的種子，染污的種子一定生出染污的行為，善的種子一定生出善的行為，除非有外在的因素加進去。第八識是生死的根源，無論人在生死的世界中流轉也好，最終能覺悟證得菩提智慧也好，基本上是以第八識作為轉染依淨的根本。基於第八識（阿賴耶識）和種子思想發展出來理論，就稱為轉識成智。阿賴耶識的種子有兩類，一種是本有的，一種是新薰（薰習）的。阿賴耶識種子透過薰習把原本有的善或惡改變或產生新的種子，令第八識加增行為的種子存於八識中。唯識說已為最有效的薰習是正聞薰習開導覺悟。筆者認為，兩者可以以巧克力和牛奶譬喻來解釋，比較容易理解，前者猶如牛奶球外裹一層巧克力，牛奶球猶如自性清淨，巧克力猶如煩惱雜穢，只要去除外裹的煩惱雜穢，即得自性清淨。後者猶如巧克力牛奶，種子裡有善和惡，如何將巧克力和牛奶分離，要靠薰習來去除惡的種子，達成覺悟目標。漢傳佛教重視大乘佛教六度波羅蜜、自利利他的「菩薩」境界，除中觀學派「空」、唯識學派「有」二宗外；對於「佛性」、「自性清淨心」等「心性」思想普遍被探討和重視，因而如來藏思想在漢傳佛教思想史上產生一定程度影響。

本書之所以再刷，主要是受到黃寶生教授譯注《梵漢對勘究竟一乘寶性論》之啟發，故對第二章《寶性論》概述，增添了許多援引註釋，並進行標點，期待能對《寶性論》有更深入了解。至於其他章節並無多大變動，其主要內容：援引三經一論，以漢譯《寶性論》文本為基礎，採用交叉比對方式，試圖建立早期如來藏思想理論架構。

目　次

表　次

圖　次

緒論

從思想演進而言，印度所傳的如來藏系經論分為三個時期：一、西元三世紀初期開始陸續出現主流經論：《如來藏經》、《不增不減經》、《勝鬘經》、《寶性論》等，其共同特點是眾生皆有如來藏，但為客塵煩惱所覆而不自知。此時期如來藏與阿賴耶思想還沒有明顯交流。二、中期如來藏思想說漸漸與瑜伽思想有所交流，如《大乘莊嚴經論》、《佛性論》，真諦譯的《攝大乘論釋》都反應出這種趨勢，尤其是真諦以第九識阿摩羅識為自性清淨心，試圖會通如來藏學。三、後期的如來藏思想特色，是與阿賴耶思想完全會通。例如《楞伽經》的如來藏藏識是「善不善因」，就是結合了如來藏和阿賴耶。而《大乘起信論》更是瑜伽和真常二學派對人性本質探討的大融合。[1]

西元二十世紀，中國化佛教復興運動中包括如支那內學院呂澂對於心性思想，認為印度佛教是「心性本寂說」。而中國佛教是「心性本覺說」，而斷言「性覺說」是對印度佛教的背離，而予以激烈之批判。出身漢藏教理院的印順導師對中、印佛教傳統思想分為三系「性空唯名」、「虛妄唯識」、「真常唯心」，將「真常唯心」的心性如來藏思想獨立出來，實際是對中國化佛教作為佛性如來藏思想的印度淵源之梳理。[2]凡此，皆是從後期的如來藏思想去梳理中國化佛教與印度佛教之結合性。

1　釋恆清著，《佛性思想》（台北市：東大圖書，1997 年），頁 74。
2　參考周貴華著，《唯識心性與如來藏》（台北市：宗教文化出版，2006 年），頁 6 及頁 191。

究竟早期如來藏思想是什麼？其所代表之意義是「性寂」、「性覺」抑或是「真常唯心」還是僅止於《如來藏經》譬喻式「一切眾生如來之藏，結跏趺坐，儼然不動」「譬如天眼之人。觀未敷花見諸花內有如來身結加趺坐。除去萎花便得顯現。如是善男子。佛見眾生如來藏已。欲令開敷為說經法。除滅煩惱顯現佛性。」？是否能論述完整思想體系？本書研究目的主要有二。一者、對《寶性論》的思想體系之探究，亦即從卷一引《陀羅尼自在王菩薩品》七句金剛句至卷四〈自然不休息佛業品第十〉，進而確認整部論之中心議題為卷三〈一切眾生有如來藏品第五〉。二者、從三經一論角度探討早期如來藏思想，整理歸納出三經一論之早期如來藏理論的主要內容。

基於上述，《寶性論》、《勝鬘經》、《不增不減經》、《如來藏經》為本書主要依據，而分見於《《大正藏》》第三十一冊、第十二冊及第十六冊中。至於《寶性論》所引之《大集經》、《陀羅尼自在王菩薩品》等七句金剛句和《如來莊嚴智慧光明入一切佛境界經》的佛業九喻，《金剛經》等各經論亦為本書重要依據，於第一章敘述並擷取自《《大正藏》》。

對於佛學名詞的斟酌，可能牽涉到思想義理的探討，諸如漢譯「佛性」對照梵文本有譯為「dhātu」和「gotra」等，本書重要字詞附以梵文，主要參酌中村瑞隆著《梵漢對照究竟一乘寶性論研究》及黃寶生譯注《梵漢對勘究竟一乘寶性論》之梵文佛學用語。

除漢譯《寶性論》為本書所依據外，過去專論《寶性論》文獻，主要有：

1、藏譯二譯本：

（1）彌勒（Maitreya，約 A.D.270-350）造《Theg pa chen po rgyud bla ma'i bstan bcos》（Mahāyānottaratantra- śāstra）。

（2）無著（Asaṅga，A.D. 310-390）造《Theg pa chen po rgyud bla ma'i bstan bcos kyi rnam par bshad pa》（Mahāyānottaratantra-śāstra-vyākhyā）。

2、梵文本《Ratnagotravibhāogo mahāyānottaratantra- śāstra》，1950 年由 Dr.E.H.Johnston 和 Dr.T.Chowhry 依印度藏僧 Rāhula sāmkṛtyānam 於西藏、尼泊爾發現之二種梵文寫本，並以 śaradā 字體的 A 寫本為底本，並與 Nepali 字體的 B 寫本校合，參照漢譯、西藏譯、英譯而予以出版。[3]

3、其他諸如：

（1）1931 年 E. Obermiller 將無著造藏譯本譯成英文，題為 *The Sublime Science of the Great Vehicle to Salvation being a Manual of Buddhist Monism*。

（2）宇井伯壽著《寶性論研究》，山喜房，1960 年。

（3）中村瑞隆著《梵漢對照究竟一乘寶性論研究》，東京，山喜房，1961 年。

（4）漢譯《寶性論》相關中文著作有：1、印順，《如來藏之研究》（台北市：正聞出版社，1992 年）。2、釋恆清，《佛性思想》（台北市：東大圖書，1997 年）。3、談錫永，《寶性論梵本新譯》（台北市：全佛出版社，2006 年）。4、賴賢宗，《如來藏說與唯識思想的交涉》（台北市：新文豐出版，2006 年）5、聖嚴《自家寶藏：如來藏經語體譯釋》（台北市：法鼓文化出版社，2009 年）。6、黃寶生譯注，《梵漢對勘究竟一乘寶性論》（北京：中國社會科學出版社，2017 年）。7、郭朋，《印順佛學思想研究》（台北市：正聞出版社，1992 年）。8、吳汝鈞，《印度佛學的現代銓釋》（台北市：文津出版社，1994 年）。9、楊維中，《如來藏經典與中國佛教》（南京市：江蘇人民出版社，2012 年）等。

鑑於筆者外語能力限制，未能直接引用梵文、藏文、英文等學者研

3 中村瑞隆著、李世傑譯，〈如來藏的體系〉（摘自《如來藏思想》，台北市，華宇出版社，1986 年），頁 99。

究資料，因此，本書主要是從漢譯本《《大正藏》》之《寶性論》談三經一論的如來藏思想理論體系和連貫性。

為闡述漢譯《寶性論》文本思想特色，本書以釋恆清教授著《佛性思想》第二章〈《寶性論》的如來藏思想〉論述關於《寶性論》的理論架構作為本書思想架構和義理探索外，其他，在漢譯著作中，如中村瑞隆著《梵漢對照究竟一乘寶性論研究》、談錫永著《寶性論梵本新譯》、黃寶生譯注《梵漢對勘究竟一乘寶性論》等，給予作者深入的學習和啟示，其著作亦為本書重要參考依據；惟上述著作並未純粹以漢譯《寶性論》文本作深入的剖析，包括以引述最多的《如來藏經》等三經的角度去探討早期如來藏的思想體系，也因此得以本書有發揮空間。

另外，基於筆者佛學根淺，對於中後期如來藏思想理論，諸如《佛性論》、《攝大乘論釋》、《楞伽經》、《大乘起信論》等，結合了如來藏和阿賴耶之與瑜伽行派融合之相關理論未做深入探討。因此，僅單純直接就《寶性論》的早期如來藏思想作深入分析，卻未能以中後期如來藏思想理論來追溯印證《寶性論》的思想內涵，殊感遺憾。本書以質性研究的漢譯文獻觀察為主要研究方法，包括從《寶性論》引《不增不減經》、《勝鬘經》之字詞比對來談如來藏思想，可比單從《不增不減經》、《勝鬘經》角度談如來藏思想，更能清楚顯示早期如來藏思想的真正意含。由於《勝鬘經》、《不增不減經》、《如來藏經》等三經並無梵文原本，皆轉述自約十至十一世紀時由 Sāradā、Nepali 體記載之《寶性論》梵文本，和十一世紀藏譯本之《寶性論》內容。漢譯《寶性論》推論約西元五一一至五一五年作品，較早於現行的梵文本或藏譯本。由於漢譯《寶性論》原典已佚失，只能從十世紀出土之梵文或藏譯本去佐證。漢譯《寶性論》與梵文本如有不同內容者，如佛性、性，與 dhātu 和 gotra 間用字等之關鍵用詞，本文中儘量附以梵文或說明，藉以探求真意。

對於《寶性論》義理探討，譬如，當漢譯本、梵文本、藏譯本《寶性論》所引述之《勝鬘經》）內容是一致的，但於漢譯《勝鬘經》裡卻找不到其所引述之字句時，諸如「恆常清涼不變法」，揣測該句的妥當性時，使得筆者對於《寶性論》是勒那摩提所譯之問題，除從《歷代三寶紀》等經錄推敲外，並從引述內容中，對於《寶性論》是否由勒那摩提單獨譯出而產生懷疑。

由於《勝鬘經》、《佛說不增不減經》於《寶性論》各被引述達二十六次及八次之多，經比照核對，對於字詞使用幾乎一樣；因此，本書透過《寶性論》與《勝鬘經》、《佛說不增不減經》彼此字詞之比照核對，並將《如來藏經》九喻說引入，進而探討出《寶性論》早期的如來藏思想特色。在此基礎下，從卷一引用《陀羅尼自在王經》的七句金剛句開始，至卷四〈佛業品〉引用《如來莊嚴智慧光明入一切佛境界經》，進而連結成一個完整的思想體系。

（一）《寶性論》思想體系連貫性探索

1、卷一除用論本偈三百偈總說外，並引用《陀羅尼自在王經》序分的七句金剛句概說如來藏。

2、從卷二到卷四依據七句金剛句串連出一個完整的思想體系。首先依據《佛說不增不減經》的「如來藏三義」轉換為「自性清淨法身」、「自性本來清淨」（權稱「雜垢清淨」，此字詞為本書自創，以別於「離垢清淨」，其用意用「雜垢」、「離垢」字詞，使兩者字意更清楚明確），和「離垢清淨」分見於《《大正藏》》第三十一冊，頁 824c 和頁 841b 中說明。

「如來藏三義」包括：（1）〈佛寶品第二〉〈法寶品第三〉〈佛寶品第四〉等三品論述「無始世界來自性清淨法身」，（2）〈一切眾生有如來藏品第五〉論述「雜垢清淨」，（3）〈身轉清淨成菩提品第八〉、〈如來功德品第九〉、〈自然不休息佛業品第十〉，論述「離垢清淨」。

3、為貫穿其思想脈絡，本書意圖利用三個組成要素和三個動態因子連結《寶性論》成一個完整的如來藏思想體系。三個組成要素，依七句金剛句，分別為「佛寶、法寶、僧寶」、「佛性（眾生）」、「佛菩提、佛功德、佛作業」；三個動態因子則是「三寶之因」、「轉依」、「信」，其轉成因子分見於《《大正藏》》第三十一冊，頁 826c，頁 841a，頁 846c 中說明。

4、各卷中利用《不增不減經》、《勝鬘經》的理論和輔以《如來藏經》、《如來莊嚴智慧光明入一切佛境界經》等經的譬喻，將「如來藏」思想予以明確敘述。其中尤以〈佛寶品第二〉、〈自然不休息佛業品第十〉之共同引用《如來莊嚴智慧光明入一切佛境界經》之九喻來作前後連結，使得《寶性論》連貫而形成完整思想體系。

5、整個思想體系中，主要是從「法」談如來藏思想，其理論思想源自《佛說不增不減經》的三義，此三法是異名而同義，即「不二」法、「無分別」法。另外，漢譯《寶性論》中，雖曰佛性或性，但比照梵文本《寶性論》時，除了原始以來的佛性使用 dhātu 外，大部份都以種性 gotra 來貫穿整部《寶性論》。由「佛法身遍滿」、「真如無差別」、而皆「實有佛性（gotra）」，而適用於善說或方便說，更能顯示《寶性論》的一致性。

6、探討漢譯《寶性論》分卷合適性，雖分四卷，但每卷皆能分別闡述「如來藏」思想，各卷分別以「雜垢清淨」闡述「一切眾生有來藏」之思想體系，卷一七句金剛句、卷二三寶性及雜染相應處，卷三以〈一切眾生有如來藏品第五〉為中心議題，卷四雖以「離垢清淨」為主，然將〈無量煩惱所纏品第六〉之論述「雜垢清淨」放在卷四，其用意即強調，法身隨順世間有煩惱藏之「自性本來清淨、雜垢清淨」之「一切眾生有如來藏」思想體系之整體性。

（二）《寶性論》引《不增不減經》、《勝鬘經》字詞比對談如來藏思想義理探索

1、《寶性論》引兩經之內容和兩經逐字比較和思考義理方向，並且挑出《寶性論》引《勝鬘經》、《不增不減經》之內容與義理不符合之地方，其中有《寶性論》完全引錯之字句，也有兩經對《寶性論》所引之內容或漏字有不同解釋之處，或是所引之內容有不同之解讀。

2、從《寶性論》角度對《不增不減經》義理研究；其中包括：（1）如來藏三義說之內容，發現語異而義同。（2）法身隨順世間化為三身：眾生、菩薩和如來。（3）一闡提定義。

3、從《寶性論》角度對《勝鬘經》義理研究；其中包括：（1）此經是如來對阿羅漢、辟支佛乘說法，因此，在「無明住地」探討上，較《寶性論》為深入。（2）延續《不增不減經》的如來藏三義說之「如來藏本際煩惱纏不清淨法」而稱「如來藏」是「過於恒沙不離不脫不異不思議法」。（3）詮釋該法是「滅諦法」，是「不空如來藏」，是「無量煩惱藏所纏如來藏」。

4、《寶性論》援引上述二經內容，定義為「一切眾生有如來藏」，並以此為中心議題，於卷三〈一切眾生有如來藏品第五〉和卷四〈無量煩惱所纏品第六〉中廣說。

5、定義「如來藏」是「一切眾生有如來藏」、「滅諦法」、「不空如來藏」、「過於恒沙不離不脫不異不思議佛法，如來智慧功德」，是「本際相應體不可思議法自性清淨心」、「本際不相應體煩惱所纏不清淨法」、「未來際平等清涼不變恒及有法」；是從「法」的觀點談「如來藏」，而「法」是「界」、「眾生」、「眾生界」。

(三)從《寶性論》引《如來藏經》、《勝鬘經》、《不增不減經》中,對於「信」的定義

1、三經對於「信」之定義:從《如來藏經》、《不增不減經》對如來藏定義是「不可思議法」,是唯「信」佛語;至《勝鬘經》最後一章〈真子章第十四〉時,有「隨信增上」,即已趨向「信實有」。

2、《寶性論》不只唯「信」佛語,另外提出法身隨順人間所產生的四顛倒想和四無明住地障想之「信法」、「般若」、「禪定」、「大悲」和「常恆清涼不變恒及有法」之「信實有」、「信畢竟得」、「信諸功德」的「信解」功能。

緒論中說明本書以漢譯《寶性論》為依據,由於過去學者並未專對漢譯《寶性論》與三經比照做義理分析,本書輔以梵文本《寶性論》的佛學用語加註於內容,期能更深入探討其早期如來藏思想特色。

第一章《寶性論》作者、譯者、歷史背景和分卷結合性,第一節略釋《寶性論》梵文本、藏文本和漢譯本及《寶性論》全稱和意義,於該節對《寶性論》作者和譯者的介紹和是否由譯者單獨譯出,提出不同看法。第二節略述《寶性論》引述之經典及譯著,由於《寶性論》引述之經典相當多,本文擬對該時代背景簡要分析,以驗證《寶性論》譯出時是成熟得且具有其歷史根據。也隱約透露出所引證南朝求那跋陀羅譯的《如來藏經》和佛陀跋陀羅譯的《勝鬘經》,此二經應是在北朝已有譯出,若以今日角度來看,很可能只是中間或有失佚而已。第三節略述漢譯《寶性論》分卷和結合性。本章內容,其用意在闡述《寶性論》思想連貫性。

第二章《寶性論》概論。第一節略說《寶性論》的理論架構,包括對《寶性論》內容架構仿梵文本,將卷一論本偈部分省略,而由卷一概說起論,至於各卷內容以重點彙總方式整理,尤其關於註釋偈部份,而

依其內容自行分至論疏偈，用意在其了解其本意。第二節《寶性論》卷一，概說七句金剛句。第三節《寶性論》卷二，概說佛寶、法寶、僧寶等三寶。第四節《寶性論》卷三，概說一切眾生有如來藏。第五節《寶性論》卷四，概說〈無量煩惱所纏品〉、〈菩提品〉〈佛功德品〉和〈自然不休息佛業品〉。本章內容，其用意在對漢譯《寶性論》各卷各品予以概述，其中仍以本文文言文為主，輔以白話文並刪除部分贅字，其用意希望能對《寶性論》較清楚理解。

第三章《寶性論》理論連貫性－關鍵佛學名詞。第一節略述《寶性論》整個思想體系是七句金剛偈的串連。其中三個要素為三寶，分別為自性清淨心、佛性（眾生）、如來藏，而連結此三個要素之因，分別為三寶之因、轉依和信。本文將從此關鍵佛學名詞來闡述。第二節略述自性清淨心，從淵源於《阿含經》之心性本淨論述《寶性論》用三個不同的自性清淨心用詞表達，但其詞異義同。第三節略述佛性，從《大般涅槃經》佛性思想論述一闡提是否成佛到《寶性論》關於佛性 dhātu、gotra 之共通性。第四節如來藏，略述如來藏之自性清淨藏和煩惱藏，並引如來藏三義：法身、真如、佛種性，和《如來藏經》九喻來闡述如來藏思想。第五節三寶之因，略述因義。雖《寶性論》將此因義只說明是三寶之因，至於其因之內容「善心不善心」，則以「難以了知」帶過。第六節轉依，略述此轉依與唯識等派之轉依不同，只是「去除」之意。第七節信，強調信的重要性。

第四章從《寶性論》談三經一論如來藏思想理論性與連貫性。第一節從《寶性論》談三經一論如來藏思想順序。第二節從《寶性論》談三經一論如來藏思想彙總。第三節從《寶性論》引《勝鬘經》、《不增不減經》談如來藏思想理論性。第四節《寶性論》思連貫性－雖分四卷而綜其成。第五節結論。本章主要綜合前三章論述，說明早期如來藏思想的完整思想體系。

第一章

《寶性論》作者、譯者、歷史背景和分卷結合性

本章針對《寶性論》作者、作者、譯者、歷史背景和分卷作探討，其探討方向大致分兩部分，第一節闡述《寶性論》漢譯本和全稱以及其著者和譯者，歷史背景之文獻研究，進而衍生出《寶性論》是否為勒那摩提單獨譯出之看法。第二節針對《寶性論》其所引述經典及其譯者詳細介紹，並試圖以文獻的角度說明在魏晉南北朝時代（尤其北朝時代）當時之譯者和引述經典對於《寶性論》之如來藏思想之成熟性。第三節《寶性論》傳譯經典分卷結合性，有謂三卷、四卷、五卷或六卷，或因傳譯佚本之不同，而有不同意見，因此，進而衍伸從其思想連貫性角度，探討《寶性論》四卷的適當性。

第一節
《寶性論》譯本、全稱和作者、譯者介紹

本節闡述《寶性論》漢譯文本全稱以及其著者，主要依據《《大正藏》》對於譯者作文獻研究，《究竟一乘寶性論》或云《寶性分別七乘增上論》或《三寶性論》或簡稱《寶性論》；關於《寶性論》譯者，有謂：「勒那摩提於趙欣宅出《究竟一乘寶性論》」；有謂：「勒那摩提譯《究竟一乘寶性論》，菩提流支譯《寶性論》」；有謂「後人合之共成通部」。筆者對於《寶性論》是否為勒那摩提單獨譯出提出看法。

壹、《寶性論》漢譯本和全稱[1]

一、梵文本

Ratnagotraribhāgo mahāyānottaratantra-śāstram，漢譯《分別寶性大乘的最上秘義論》，是一九五〇由 E.H.Johnston 和 T.Chowdhry 依印度藏僧 Rāhula Sāmkṛtyāna 於 1930 年代分別在西藏、尼泊爾發現之二種梵文寫本，並以 Sāradā 字體的 A 寫本為底本，並與 Nepali 字體的 B 寫本校合，參照藏譯予以出版。

1 中村瑞隆著、譯叢委員會譯，《梵漢對照究竟一乘寶性論研究》（台北市：華宇出版，1988 年），頁 6。

二、藏文本

（一）Theg　pa chen po rgyud bla ma'i　bstan　bcos

（梵文：Mahāyānottaratantra-śāstra，漢譯名《大乘最上秘義論》）。

（二）Theg　pa　chen　po rgyud bla ma'i bstan bcos rnam par bshad pa。

二者都是由 Rngog Blo ldan shes rab 於十一世紀譯出。前者只有論本偈與註釋偈，而後者則包括長行釋，後者與梵文本和漢譯本比較吻合。

三、漢譯本

《寶性論》收錄於《《大正藏》》第三十一冊，全名叫做《究竟一乘寶性論》。在《大周刊定眾經目錄》[2]，又一別名為《寶性分別大乘增上論》；《歷代三寶記》別名為《寶性分別七乘增上論》；《開元釋教錄》或云《寶性論》。

「寶性」，「寶性分別」與梵文本對應為 Ratna-gotra-vibhāga。「究竟一乘」，《大乘增上論》、《七乘增上論》或藏譯本《大乘最上秘義論疏》與梵文本對應為 Mahāyānotta-ratantra-śāstra，漢譯本與梵文本，論名一致，可簡稱《寶性論》。關於論名的解釋有種種說法，《法界無差別論領要抄》將此論稱為《三寶性論》，是表示寶性就是三寶性。西藏譯的論名和《至元錄》卷九中的「梵文為摩訶衍拏。烏怛囉 單特囉 沙悉特囉」完全相同。Johnston 教授解說，Ratnagotra vibhāga 是表示論的思想內容，Mahāyānottaratantra 是表示本論的思想性地位。

「究竟一乘」者，如《勝鬘經》：「大乘者即是佛乘，是故三乘即是一乘，得一乘者，得阿耨多羅三藐三菩提。阿耨多羅三藐三菩提者，即是涅槃界。涅槃界者，即是如來法身，得究竟法身者，則究竟一乘。

2　《大周刊定眾經目錄》卷十三，《《大正藏》》第五十五冊。及《開元釋教錄》卷九，《《大正藏》》第五十五冊。

無異如來，無異法身，如來即法身，得究竟法身者，則究竟一乘。究竟者即是無邊不斷。」[3]。

「寶」者，如《寶性論》：「一者，世間難得相似相對法，以無善根諸眾生等百千萬劫不能得故，偈言，真寶世希有故。二者，無垢相似相對法，以離一切有漏法故，偈言，明淨故。三者，威德相似相對法，以具足六通不可思議威德自在故，偈言，勢力故。四者，莊嚴世間相似相對法，以能莊嚴出世間故，偈言，能莊嚴世間故。五者，勝妙相似相對法，以出世間法故，偈言，最上故。六者，不可改異相似相對法，以得無漏法世間，八法不能動故，偈言，不變故。」[4]。

「性」者，如《寶性論》：「所言性者，如聖者。勝鬘經言，世尊，如來說如來藏者是法界藏，出世間法身藏，出世間上上藏，自性清淨法身藏，自性清淨如來藏故。」[5]

「寶性」者，是表示此論內容含有佛、法、僧、佛性（眾生）、菩提、功德、佛業等七句金剛句，敘說三寶是由性（如來藏之因）、菩提、功德、佛業的緣所建立的。尤其著重於三寶建立之因－如來藏[6]。

貳、《寶性論》的著者和譯者

一、《寶性論》的著者

依中國佛教的傳統說法，《寶性論》全論是堅慧（Sāramati）所造[7]。依中國史料記載中，最早提到堅慧造《寶性論》的是深信如來藏思想的華嚴宗三祖法藏法師，他在注疏《大乘法界無差別論》

3　宋、求那跋陀羅譯，《勝鬘師子吼一乘大方便方廣經》〈一乘章第五〉，《《大正藏》》第十二冊，頁 220c。
4　後魏、勒那摩提譯，《究竟一乘寶性論》卷二，《《大正藏》》第三十一冊，頁 826c。
5　後魏、勒那摩提譯，《究竟一乘寶性論》卷四，《《大正藏》》第三十一冊，頁 839a。
6　中村瑞隆著、譯叢委員會譯，《梵漢對照究竟一乘寶性論研究》（台北市：華宇出版，1988 年），頁 3。
7　釋恆清著，《佛性思想》（台北市：東大圖書，1997 年），頁 77。

（Mahāyānadharmadhatvaviśesa-śāstra）時曾言堅慧乃「地上菩薩，於佛滅後七百年時，出天竺大剎利種。聰叡逸群……以已所遊平等法界，傳示眾生，方為究竟廣大饒益，是故造《究竟一乘寶性論》，及《法界無差別論》等。」[8] 法藏是由提雲般若（Devaprajñā）獲知此事，提雲般若出生于闐（Khotan），是《大乘法界無差別論》的譯者。因之，至少在七世紀前的中亞，堅慧就已經被認為是《寶性論》的作者。[9]

二、《寶性論》譯者

（一）經錄記載有

1、《歷代三寶紀》卷九：「《究竟一乘寶性論》四卷（亦云《寶性分別七乘增上論》或三卷，於趙欣宅出，見《寶唱錄》。）勒那摩提，或云婆提，魏言寶意，正始五年來在洛陽殿內譯。初菩提流支助傳，後以相爭因各別譯。沙門僧朗覺意侍中崔光等筆受。」

2、《大唐內典錄》卷四：「菩提流支譯《寶性論》四卷。」「勒那摩提譯《究竟一乘寶性論》四卷。」

3、《古今譯經圖》卷四：「菩提流支譯《寶性論》四卷」「勒那摩提譯《究竟一乘寶性論》四卷」。

4、《開元釋教錄》卷六：「勒那摩提譯《究竟一乘寶性論》四卷（亦云《寶性分別七乘增上論》）或三卷或五卷於趙欣宅出見《寶唱錄》第二譯與菩提流支出者同本。」「菩提流支譯《寶性論》四卷（或五卷），初出與寶意出者同本，已上並見《長房錄》及《內典錄》。」

5、《貞元新定釋教目錄》卷九（內容同《開元釋教錄》）。

8　《大乘法界無差別論疏》，《《大正藏》》第四十四冊，頁 63c。
9　參考 釋恆清著，《佛性思想》（台北市：東大圖書，1997 年），頁 77。

6、《大周刊定眾經目錄》卷十三:「《究竟一乘寶性論》一部五卷(或四卷或三卷亦云《寶性分別大乘增上論》九十六紙),《寶性論》一部四卷(或五卷),《思塵論》(三紙),《觀所緣緣論》(三紙),《三具足論》(二十紙),右三論同卷,右五論十卷同帙。」[10]

7、《開元釋教錄》卷六:「菩提留支傳本,勒那.扇多參助,其後三德乃徇流言,名傳師習不相訪問。帝以弘法之盛略敘曲煩,敕三處各翻訖乃參校。其間隱沒互有不同,致有文旨時兼異綴,後人合之共成通部。見《寶唱》等錄。(所以《法華》、《寶積》、《寶性》等論各有兩本)。」

(二)綜上,關於《寶性論》譯者,有謂:「勒那摩提於趙欣宅出《究竟一乘寶性論》」;有謂:「勒那摩提譯《究竟一乘寶性論》,菩提流支譯《寶性論》」;有謂「後人合之共成通部」。本書傾向「兩人各有譯本,後人合共成通部」。

10 《歷代三寶記》卷九,《大正藏》第四十九冊,頁 86b;《大唐內典錄》卷四,《大正藏》第五十五冊,頁 269ab;《古今譯經圖》卷四,《大正藏》第五十五冊,頁 364a;《貞元新定釋教目錄》卷九,《大正藏》第五十五冊,頁 838c;《開元釋教錄》卷六,,《大正藏》第五十五冊,頁 540b;《大周刊定眾經目錄》卷十三;《大正藏》第五十五冊,頁 66b。

第二節
《寶性論》引述之經典及譯者介紹

《寶性論》依日本學者高崎直道等相關學者彙總整理，計引述 25 部經典，本節從文獻的角度介紹與《寶性論》有關之譯者和引述經典，對於譯史中地區名和譯者之年代，儘量依現代現代地名和西元來記載，俾能有較清晰的脈絡，比較容易掌握魏晉南北朝的歷史背景，冀圖能感受在魏晉南北朝時代(尤其北朝時代)，《寶性論》之如來藏思想之合理性和成熟性。

壹、《寶性論》引述之經典

高崎直道《如來藏思想的歷史與文獻》文章，將《寶性論》所引用之經論，羅列出約有二十五部[11]，除此，援引小野玄妙《佛教經典總論》[12]內譯僧所譯之經典添加，且以《《大正藏》》為內容，陳述如下：

一、《般若經》《八千頌般若》(小品系)及《二萬五千頌》(大品系)

11 高崎直道著、李世傑譯，〈如來藏思想的歷史與文獻〉(《如來藏思想》台北市：華宇出版社，1986 年)，頁 60。
12 小野玄妙著，楊白衣譯，《佛教經典總論》(台北市：新文豐出版社，1983 年)，頁 105-106。

二、《金剛般若經》(《金剛經》)

(一)(s)[13]ed. by Max Muller,1881 漢大 220(9)235~239(vol.8)

(二)姚秦 鳩摩羅什譯《金剛般若波羅蜜經》(一卷)《《大正藏》》第八冊 No.235

(三)元魏 菩提流支譯《金剛般若波羅蜜經》(一卷)《《大正藏》》第八冊 No.236

三、《法華經》

(一)(s)ed.by.H.Kern Q.Nanjio,1908-12 漢大 262,263,264(vol.9)

(二)姚秦 鳩摩羅什譯《妙法蓮華經》(七卷或八卷)《《大正藏》》第九冊,No.261

(三)西晉 竺法護譯《正法華經》(十卷)《《大正藏》》第九冊,No.263

(四)元魏 菩提流支譯《《妙法蓮華經憂波提舍》(二卷)《大正藏》》第二十六冊,No.1519

(五)後魏 勒那摩提共僧朗等譯《妙法蓮華經憂波提舍》(二卷)《《大正藏》》第 二十六冊,No.1520

四、《十地經》(《華嚴經・十地品》)

(一)(s)ed.by.R.Kondo,1936 漢大 278(22)(vol.9),279(26),285,286,287(vol.10)

(二)東晉 佛陀跋陀羅譯《大方廣佛華嚴經》(六十卷)〈十地品〉

13 (s)指梵文原典——依高崎直道著、李世傑譯,《如來藏思想的歷史與文獻》(台北市:華宇出版社,1986 年),頁 59。

《《大正藏》》第九冊，No.278.

（三）姚秦 鳩摩羅什譯《十住經》（四卷）《《大正藏》》第十冊，No.286

（四）元魏 菩提流支譯《《十地經論》（十二卷）《大正藏》》第二十六冊，No.1522.

五、《華嚴經、性起品》

（一）漢大 278（32）（vol.9），279（37），291（vol.10）

（二）東晉 佛陀跋陀羅譯《大方廣佛華嚴經》（六十卷）〈寶王如來性起品〉《《大正藏》》第九冊，No.278.

（三）兩晉 竺法護譯《佛說如來興顯經》《《大正藏》》第十冊，No.291

六、《入如來智德不思議境界經》

（一）漢大 302，303，304（vol.10）

（二）失譯《度諸佛境界智光嚴經》《《大正藏》》第十冊，No.301

七、《智光明莊嚴經》

（一）漢大 357，358，359（vol.12）

（二）元魏 曇摩流支譯《如來莊嚴智慧光明入一切佛境界經》《《大正藏》》第十二冊，No.357

八、《大寶積經・迦葉品》

（一）（s）ed.by stael-Holotein,1926 漢　大 310（43）（vol.11），

350，351，352

（二）失譯《大寶積經》〈普明菩薩會〉（古《大寶積經》）《《大正藏》》第十一冊，No.310

九、《維摩經》

（一）漢大，474，475，476（vol.14）

（二）姚秦 鳩摩羅什譯，No.475《維摩詰所說經》（三卷）《《大正藏》》第十四冊

十、《陀羅尼自在王經》

（一）漢大，397（1）（2），398（vol.13）

（二）北涼 曇無讖譯《大方等大集經》（六十卷）〈瓔珞品〉〈陀羅尼自在王菩薩品〉、《《大正藏》》第十三冊，No.397

（三）西晉 竺法護譯，No.398《大哀經》（八卷）《《大正藏》》第十三冊

十一、《寶女經》

（一）漢大，397（3），399（vol.13）

（二）北涼 曇無讖譯《大方等大集經》（六十卷）〈寶女品〉《《大正藏》》第十三冊，No.397

（三）西晉 竺法護譯《寶女所問經》《《大正藏》》第十三冊，No.399

十二、《海慧所問經》

（一）漢大 397（3），400（vol.13）
（二）北涼 曇無讖譯《大方等大集經》（六十卷）〈寶女品〉《《大正藏》》第十三冊，No.397

十三、《虛空藏所問經》

（一）漢大 397（8），404（vol.13）
（二）北涼 曇無讖譯《大方等大集經》（六十卷）〈虛空藏品〉《《大正藏》》第十三冊，No.397

十四、《寶髻經》

（一）漢大 397（11）（vol.13） 310（47）（vol.11）
（二）北涼 曇無讖譯《大方大集經》（六十卷）〈寶髻菩薩品〉《《大正藏》》第十三冊，No.397
（三）西晉 竺法護譯《《大寶積經》（百二十卷）〈寶髻菩薩會〉《大正藏》》第十一冊，No.310

十五、《無盡意所說經》

（一）漢大 397（12），403（vol.13）
（二）宋 智嚴共寶雲譯《大方等大集經》（六十卷）〈無盡意菩薩品〉《《大正藏》》第十三冊，No.397
（三）西晉 竺法護譯《阿差末菩薩品》（七卷）《《大正藏》》第十三冊，No.403

十六、《堅固深心品》

十七、《六根聚經》

十八、《瑜伽論菩薩地》

（一）（s）ed.by.V.Wogihara,1934 漢大 1579（1-15），1581，1582，1583（vol.30）
（二）北涼 曇無讖譯《菩薩地持經》（十卷）《《大正藏》》第三十冊，No.1581
（三）劉宋 求那跋摩譯，《菩薩善戒經》（九卷）《《大正藏》》第三十冊 No.1582
（四）劉宋 求那跋摩譯《菩薩善戒經》（一卷）《《大正藏》》第三十冊，No.1583

十九、《大乘阿毘達磨經》

二十、《現觀莊嚴論》

（一）（s）ed.by.E.Conze,1956

二十一、《如來藏經》

（一）漢大 666（vol.16）漢大 667（vol.16）
（二）東晉 佛陀跋陀羅譯《大方等如來藏經》（一卷）《《大正藏》》第十六冊，No.666

二十二、《不增不減經》

（一）漢大 668（vol.16）
（二）元魏 菩提流支譯《不增不減經》（一卷）《《大正藏》》第十六冊，No.668

二十三、《勝鬘經》

（一）漢大 353（vol.12）. 310（48）（vol.11）
（二）劉宋 求那跋陀羅譯《勝鬘師子吼一乘大方便方廣經》（一卷）《《大正藏》》第十二冊，No.353
（三）唐 菩提流支譯《大寶積經》〈勝鬘夫人會〉《《大正藏》》第十一冊，No.310

二十四、《涅槃經》

（一）漢大 374（北本），375（南本），376（六卷本）（vol.12）
（二）北涼 曇無讖譯《大般涅槃經》（四十卷）《《大正藏》》第十二冊，No.374
（三）宋 慧嚴等依泥洹經加之《大般涅槃經》（三十六卷）《《大正藏》》第十二冊，No.375
（四）東晉 法顯譯《佛說大般泥洹經》（六卷）《《大正藏》》第十二冊，No.376

二十五、《大乘莊嚴經論》

（一）（s）ed.by.sylvain.Le'vi，paris，1907 漢大 1604（vol.31）

貳、《寶性論》引述經典譯者介紹

雖然《寶性論》引述經論談經典傳譯，已如上文使其範圍縮小很多。但是要能明確勾勒出《寶性論》引述經論出於何者之手，仍屬不易。在小野玄妙著《佛教經典總論》中，將中國傳譯之史實與其時代劃分為六期，對應本書相關為第三舊譯時代前期（以《出三藏集》（十五卷）梁僧佑撰為依據）和第四舊譯時代後期（以《歷代三寶記》（十五卷）隋費長房等撰為依據）[14]，第四舊譯時代後期再細分為南朝佛教和北朝佛教。

（一）東晉以前佛教譯史

中國北部至印度之通路，在新疆分為南北二路，一路由涼州出發至敦煌、鄯業、于闐，而罽賓（印度迦濕彌羅，印度西北部）稱南道。一路由涼州出發至敦煌、伊吾、焉耆、龜茲、疏勒而罽賓稱北道。故除涼州為中印度往來必駐之路外，另外于闐、龜茲、罽賓等三國為交通重鎮。當時，印度西北為大乘盛行之地，故傳至中國北方之佛教多《般若》、《方等》，而罽賓為一切有部發祥之區，以是《發智》、《毘婆沙》諸要籍均在北方傳譯。于闐似為《華嚴經》盛行之地，故慧遠弟子支法領至于闐得《華嚴》梵本三萬六千偈以歸南方。[15]

1、竺法護（A.D.220-308）梵語曇摩羅剎，其先祖月支人，世居敦煌，八歲，事外國沙門竺高座為師，遂稱竺姓。於西晉武帝秦始

14　小野玄妙著，楊白衣譯《佛教經典總論》（台北市：新文豐，1983 年）。頁 5-6，及頁 100。

15　關於譯史及譯者之介紹，大抵參考黃懺華著，《中國佛教史》（台北市：國家出版社，2001 年），第二章〈中國佛教進展時代〉和湯錫予撰，《漢魏兩晉南北朝佛教史》（台北市：國史研究室編印，1973 年），第十二章〈傳譯求法與南北朝之佛教〉。轉載《大正藏》經錄，《高僧傳》、《開元釋教錄》等，本書對於譯史中地區名和譯者之年代，儘量依現代現代地名和西元來記載，俾能有較清晰的脈絡，比較容易掌握魏晉南北朝的歷史背景。

二年（A.D.266）自敦煌至長安，沿路傳譯，寫為晉文。其所護之大小乘經，計有《維摩》，《大哀》，《法華》，《普曜》等凡一百四十九部，或謂一百五十四部，三百九卷。武帝末年，法護隱居深山，後立寺於長青門外，止住於此。後值惠帝西幸長安，百姓流移，法護與門徒避地東下，至繩池得疾卒，時年七十八。其傳譯之經典如表 1-1

表 1-1 竺法護關於《寶性論》傳譯之經典

傳譯之經典及轉載《《大正藏》》經錄	出二[16]	歷六	內二	譯二	開二	貞三	大正
一、《光讚般若波羅蜜經》	○	○	○	○	○	○	八 222
二、《正法華經》（十卷）	○	○	○	○	○	○	九 263
三、《大哀經》	○	○	○	○	○	○	十三 398
四、《寶女所問經》	○	○	○	○	○	○	十三 399
五、《如來興顯經》	○	○	○	○	○	○	十 291
六、《寶髻菩薩所問經》	○	○	○	○	○	○	十一 310
七、《阿差末經》	○	○	○	○	○	○	十三 403

2、鳩摩羅什（A.D.309~409）譯云童壽，其先天竺人，羅什其父鳩摩羅炎東渡蔥嶺，龜茲王迎請為國師，羅什九歲到罽賓，後還龜茲。前秦符堅建元十九年（A.D.383），呂光破龜茲殺王獲什，至後秦弘始三年（A.D.401），秦主姚興遣使迎使，其年十二月二十日，什至長安（時道安寂後十六後，慧遠六十八歲），待以國師之禮，遂請入西明閣及逍遙園，什手持梵本，口自傳譯，興執舊經，以相讎校，與諸宿舊義學沙門僧契，僧遷等五百餘人，詳其義旨，然後書之。二十餘年間，譯經凡三十五部二百九十四卷，如《大

16　出二：指《出三藏記集》二卷；歷：歷代三寶記；內：大唐內典錄；譯：古今譯經圖記；開：開元釋教錄；貞：大唐貞元續開元釋教錄。該類圖書均轉載自小野玄妙著，楊白衣譯《佛教經典總論》（台北市：新文豐，1983 年）。

品般若經》《中論》《十二門論》《新法華經》等。其傳譯之經典如表 1-2

表 1-2 鳩摩羅什關於《寶性論》傳譯之經典

傳譯之經典及轉載《《大正藏》》經錄	出二	歷八	內三	譯三	開四	貞六	大正
一、《金剛般若波羅密經》	○	○	○	○	○	○	八 235
二、《妙法蓮華經》	○	○	○	○	○	○	九 262
三、《十住經》	○	○	○	○	○	○	十 286
四、《維摩詰所說經》	○	○	○	○	○	○	十四 475

3、佛陀跋陀羅（A.D.358-429）譯云覺賢，本姓釋氏，北天竺人，與同學僧伽達多共遊罽賓，會沙門智嚴。至西域，遂於東晉安帝義熙二年（A.D.406）來長安。時鳩摩羅什在長安，倒屐迎之，共論法相，振發玄微。又有疑義，必共諮決。不久，為羅什門下諸僧道恒等擯斥，乃涉江入廬山，應慧遠之請，譯出《達摩多羅禪經》於義熙八年（A.D.412）入荊州，尋入晉都建康，住道場寺。義熙十二年（A.D.416）與法顯共譯出《摩訶僧祇律》。義熙十三年（A.D.417），又與法顯共譯出六卷《泥洹經》。自十四年（A.D.418）至劉宋高祖武帝永初二年，譯出《大方廣佛華嚴經》等，自義熙二年至劉宋元嘉六年（429 年）二十餘年間，共譯出十一部六十九卷。其傳譯之經典如表 1-3

表 1-3 佛陀跋陀羅關於《寶性論》傳譯之經典

傳譯之經典及轉載《《大正藏》》經錄	出二	歷六	內二	譯二	開二	貞三	大正
一、《大方廣佛華嚴經》	○	○	○	○	○	○	九 278
二、《大方等如來藏經》	○	○	○	○	○	○	十六 666

4、曇無讖，譯云法豊，中天竺人，初隨佛陀耶舍學小乘，後從白頭禪師受樹皮《涅槃經》，因觸怒罽賓國王，乃攜《大涅槃經》本等，避於龜茲，後至姑臧（北涼張擴）[17]河西王沮渠蒙遜見讖，接待甚厚，並請求翻譯經本，然讖以未善漢語，不許即翻，於是學語三年，後手執《涅槃經》之梵文，口宣漢語，慧嵩、道朗等筆受，其後更譯出，大乘經及其他經典，讖以《涅槃經》本品數不足，還國尋求，值其母喪，遂留歲餘，後於于闐得經本，後還姑臧，繼續翻譯，完成三十六卷本，據說爾後讖欲再度尋求《涅槃》殘品，於回國途中為蒙遜刺客所害，在涼期間（A.D.412~A.D.433）譯經共有十二部。其傳譯之經典如表 1-4

表 1-4 曇無讖關於《寶性論》傳譯之經典

傳譯之經典及轉載《《大正藏》》經錄	出二	歷九	內三	譯三	開四	貞六	大正
一、《大方等大集經》	○	○	○	○	○	○	十三 397
二、《菩薩地持經》	○	○	○	○	○	○	三十 1581
三、《大般涅槃經》	○	○	○	○	○	○	十二 374
四、《勝鬘經》	×	○	○	○	○	○	闕 653

（二）北朝譯經

後魏太武帝（元嘉十六年，A.D.439）滅北涼，統一北地，與南地之劉宋相對，史稱南北朝時代。時北朝沙門佛事俱東，又七年（太平真君七年，元嘉二十三年，A.D.446）下詔毀法。此期間，南朝翻譯義學俱稱極盛，而北方除涼土外，黃河流域，佛事殊寂然，及後魏文成帝下詔興

17　黃懺華著，《中國佛教史》（台北市：國家出版社，2001 年）認為曇無讖入姑臧時為東晉義熙八年（北涼 武宣王玄始元年，AD412），參考頁 68。湯錫予撰，《漢魏兩晉南北朝佛教史》（台北市：國史研究室編印，1973 年）則認為是河西王蒙遜於玄始十年（AD422）滅西涼時至姑臧，參考頁 392。

復佛法，領袖沙門為師賢，乃罽賓人。賢卒，曇曜代之，更名沙門統，及後元魏孝文帝於太和十八年（A.D.494）遷都洛陽，其後宣武帝，孝明帝及胡太后均奉佛法，洛陽譯經之盛，前代所無，而永寧寺譯場之壯麗，世未曾有，當時，譯經之僧人為曇摩流支、法場、菩提流支、勒那摩提、佛陀扇多、瞿曇般若流支等六人。

1、曇摩流支——譯云法希，南天竺人，於齊梁之交來北地。後魏宣武帝景明二年（A.D.501），於洛陽白馬寺，為宣武帝譯出如來入一切諸佛境界經，復於宣武帝正始元年（A.D.504），譯出《信力入印法門經》。其傳譯之經典如表 1-5

表 1-5 曇摩流支關於《寶性論》傳譯之經典

傳譯之經典及轉載《《大正藏》》經錄	出	歷九	內四	譯四	開六	貞九	大正
一、《如來莊嚴智慧光明入一切佛境界經》	×	○	○	○	○	○	十 305

2、勒那摩提（在華期間，後魏宣武帝正始五年 - 東魏孝靜帝元象二年 A.D.506-539）——譯云寶意，中天竺人。於後魏宣武帝正始五年（A.D.506）至洛陽，於殿內譯出《十地經論》等六部二十四卷，由僧朗、覺意，侍中崔光等任筆受，初，菩提流支曾助其翻譯，後因二人相爭，故各別翻譯云。其傳譯之經典如表 1-6

表 1-6 勒那摩提關於《寶性論》傳譯之經典

傳譯之經典及轉載《《大正藏》》經錄	出	歷九	內四	譯四	開六	貞九	大正
一、《妙法蓮華經》（一卷）	×	○	○	○	○	○	二十六 1520
二、《究竟一乘寶性論》	×	○	○	○	○	○	三十一 1611
三、《十地經論》（菩提流支共譯）	×	○	○	○	×	×	

3、菩提流支——譯云道希，北天竺人，於後魏宣武帝永平年間（A.D.508年）至洛陽。至東魏孝靜帝天平二年（A.D.535年）三十餘年間，在洛陽與鄴都，翻譯三十餘部百餘卷經論，譯出《入楞伽經》、《深密解脫經》、《不增不減經》、《唯識論》、《金剛般若經論》等。但經錄所傳，與般若流支所譯，頗多混同，如《續高僧傳》云：「菩提流支與般若流支前後出經，而眾錄傳寫，率多輕略，各云上字，但云流支，而不知是何流支，迄今群錄，譯目相涉，難得詳定。」（此般若流支，總稱瞿曇般若流支，譯云智希，南天竺人，於北魏孝明帝熙平元年（A.D.516）來洛陽，也在東魏鄴都譯經。）其傳譯之經典如表1-7

表1-7 菩提流支關於《寶性論》傳譯之經典

傳譯之經典及轉載《《大正藏》》經錄	出	歷九	內四	譯四	開六	貞九	大正
一、《金剛般若波羅蜜經》	×	○	○	○	○	○	八236
二、《妙法蓮華經》	×	○	○	○	○	○	二十六1519
三、《十地經論》	×	○	○	○	○	○	二十六1522
四、《不增不減經》	×	○	○	○	○	○	十六668

（三）南朝譯經

晉末，廬山慧遠之提倡僧伽提婆之傳授毗曇，佛陀跋多羅譯經授禪使得南朝翻譯義學俱稱極盛。當時，與佛陀跋多羅[18]同來南方者，有慧觀等四十餘人，而智嚴、寶雲亦南下。約在同時法顯亦至建業（A.D.413）所住或係道場寺（與覺醒同譯，泥洹經和僧祇律已如上述），時慧嚴、

18　僧伽明確記載由北朝南下至南朝大規模移動者為佛陀跋多羅南下的方向，參考嚴耕望遺著、李啟文整理，《魏晉南北朝佛教地理稿》（臺北市：中央研究院歷史語言研究所出版，2005年）。由於現今的江西地區當時被稱為荒中（蠻區），所以佛陀跋多羅先由西南至廬山，經慧遠邀請，後轉至健康（這也說明廬山為當時僧伽駐錫地原因）。

慧義並住東安寺，學行精整，為道俗所推。時鬪場寺多禪師，京師為之語曰：「鬪場禪師窟，東安談義林。」除此之外，當時，南中國與南海諸之交通貿易，似乎相當興盛，故晉末入印度之西遊高僧，如法顯至宋時係乘船歸朝。其他之禪僧如求那跋摩、求那跋陀羅、求那毘地等，咸自南方而聚於建業和廣州。

1、求那跋陀羅——（A.D.397~A.D.468）譯云功德賢，中天竺人。於宋太祖文帝元嘉十二年（A.D.435）乘船至廣州，後至建業，住祇洹寺，應眾僧之請，於祇洹寺集義學之僧，譯出《雜阿含經》，續於東安寺出《法鼓經》，後於丹陽郡譯出《勝鬘經》。其傳譯之經典如表 1-8

表 1-8 求那跋陀羅關於《寶性論》傳譯之經典

傳譯之經典及轉載《《大正藏》》經錄	出二	歷十	內四	譯三	開五	貞七	大正
一、《勝鬘師子吼一乘大方便方廣經》	○	○	○	○	○	○	十二 353

參、《寶性論》引述之經典在北朝（北魏）時期之流通情形

一、前文中對於《寶性論》所引述之論典已於該論之魏晉南北朝前已有流通，自不待言，然如，劉宋求那跋陀羅譯的《勝鬘經》是否能流傳於北朝，而為譯僧能幾乎相同字詞引用於《寶性論》中，不無疑問。參酌嚴耕望遺著《魏晉南北朝佛教地理稿》記載：（一）北方僧眾集中在長安、洛陽、鄴城與太行山脈東麓走廊，以及泰山迤南地區，而長安在東晉時代之前後秦為多；南北朝時代以末期西魏北周為多；鄴城以東魏北齊為多；洛陽自西晉末年之荒落，僅魏孝文帝洛陽後

四十年為盛。北方大都市佛教盛衰極不穩定，此由於政治不穩定之故；南方以建康、會稽、荊益與廬山為盛且甚穩定。就中建康先小盛而後大盛，僧傳所記南北朝高僧，建康幾居事數，顯見南國國都佛教之特盛。（二）東晉時代，南方高僧已遠較北方為多，南北朝時代，此種現象更為顯著，約略計之，北方得四之一，南方得四之三，而建康、會稽之地佔全國二分之一以上。（三）由於北朝政治不穩定，而影響北人高僧向南流離[19]，因此，實須依《開元釋教錄》與《大正新修大藏經勘同目錄》對於重譯經[20]考據，以為旁證實為必要。並補述失譯經如表 1-9

表 1-9 重譯經之考據

重譯經典及時代考據	北朝 （以洛陽、長安、鄴城為高僧駐錫地）	南朝 （以建康為高僧駐錫地）
1.《金剛般若波羅蜜經》 （一卷）	姚秦、鳩摩羅什譯 （第一譯，存）	
	元魏、菩提流支譯 （第二譯，存）	
2.《法華經》 －《正法華經》（十卷）	西晉、竺法護譯 （第三譯，存）	
－《妙法蓮華經》（八卷）	姚秦、鳩摩羅什譯 （第六譯，存）	
－《妙法蓮華經憂波提舍》（二卷）	元魏、菩提流支共曇林等譯（第二譯，存）	
	元魏、勒那摩提共僧朗等譯（第一譯，存）	

19　嚴耕望遺著、李啟文整理，《魏晉南北朝佛教地理稿》（臺北市：中央研究院歷史語言研究所出版，2005 年）頁 58。

20　關於重譯經整體，請參考王文顏，《佛典重譯經研究與考錄》（台北市：文史哲出版社，1993 年），頁 90-106。

3.《華嚴經、性起品》 －《如來興顯經》（四卷）（此為舊《華嚴經》〈寶王如來性起品〉及〈十忍品〉同本異譯）	西晉、竺法護 （第一譯，存）	
－大方廣佛華嚴經（六十卷）		東晉、佛陀跋陀羅譯（第一譯，存）
4.《十地經》 －《大方廣佛華嚴經》（六十卷）		東晉、佛陀跋陀羅譯（第一譯，存）
－《十住經》（四卷）	姚秦、鳩摩羅什譯 （第三譯，存）	
－《十地經論》（十二卷）	元魏、菩提流支譯（存）	
5.《如來莊嚴智慧光明入一切佛境界經》（二卷）	元魏、曇摩流支譯 （第一譯，存）	
6.《大寶積經、迦葉品》 －〈善明菩薩會〉（按《開元釋教錄》註云「今編入《寶積》當第四十三會，改名〈善明菩薩會〉，第三出，與《摩訶衍寶嚴》，《佛遺曰摩尼寶》二經同本異譯」）	西秦、（失譯）	
7.《維摩經》 －《維摩詰所說經》（三卷）	姚秦、鳩摩羅什譯 （第六譯，存）	
8.《大集經》 －《大方等大集經》（六十卷）	北涼、曇無讖譯 （第三譯，存）	
－《大哀經》（八卷）（此經與曇無讖本《陀羅尼自在王菩薩品》同本異譯）	西晉、竺法護譯 （第一譯，存）	
－《寶女所問經》（三卷）（此經與曇無讖本〈寶女品〉同本異譯）	西晉、竺法護譯 （第一譯，存）	
9.《大寶積經》 －〈寶鬘菩薩會〉（二卷）	西晉、竺法護譯 （第二譯，存）	

10.《如來藏經》 －《大方等如來藏經》（一卷）	西晉、法立、法炬共譯 （第一譯，佚）	
	西晉、帛法祖譯 （第二譯，佚）	
		東晉、佛陀跋陀羅譯（第三譯，存）
11.《不增不減經》（一卷）	元魏、菩提流支譯 （第一譯，存）	
12.《大寶積經》 －《勝鬘經》（一卷）	北涼、曇無讖譯 （第一譯，佚）	
		劉宋、求那跋陀羅譯（第三譯，存）
	唐、菩提流支譯 （第三譯，存）	

二、由上推論：諸如（一）引述之《華嚴經》系列中，除了北方于闐是《華嚴經》的盛行之地，慧遠弟子支法領至于闐取得三萬六千偈，以歸南方外，在北朝時代已有竺法護譯《如來興顯經》和鳩摩羅什譯《十住經》之譯經。（二）《如來藏經》已有西晉法炬等譯經（失佚）。（三）《勝鬘經》已有北涼曇無讖譯（失佚），因此，雖無明確證據說明《寶性論》所引之經典，非引自南朝的佛陀跋陀羅譯《華嚴經》、《如來藏經》和求那跋陀羅譯《勝鬘經》，但卻可說明該類譯經已在北朝早有譯出。當然也間接確認了在北魏時代已有如來藏思想理論依據。

第三節

漢譯《寶性論》的分卷和結合必要性

依據《《大正藏》》對於《寶性論》傳譯經典分卷結合性，有謂三卷、四卷、五卷或六卷，或因傳譯佚本之不同，而有不同意見。因此，本節試圖探討其思想連貫性，並從「此論廣門有十一品，中則七品，略惟一品」此句意義談《寶性論》四卷的結合性和適當性。

壹、依經錄對《寶性論》的分卷

一、《法經錄》、《仁壽錄》、《靜泰錄》、《譯經圖記》所載是四卷；《三寶記》是四卷或三卷；《內典錄》是四卷；《大周錄》是勒那摩提譯的是五卷或四卷，或是三卷，亦云《寶性分別大乘增上論》九十六紙；菩提流支譯的是四卷或五卷；《開元錄》、《貞元錄》是四卷，不過認為菩提流支是第一佚，其譯本已失，而勒那摩提是第二佚，其譯本存。上述《古經錄》記載以四卷本為多（僅《三寶記》有三卷和《大周錄》六卷）應仍以四卷本為佳。

二、就四卷本和五卷本的分卷分品作一比較為：

（1）四卷本是以卷首所列舉的三百偈，及漢譯說「初釋一品具攝此論法義體相」的論的大綱的部份為第一卷；五卷本是以卷首所列舉的三百偈，至終了說「已說論本偈經竟」的部份為第一卷。

（2）四卷本是以敘說三寶的部份為第二卷，〈僧寶品〉中包含有三寶建立的理由、唯有佛寶才是可歸依處、佛法僧皆是寶的理由等等；五卷本是將敘說論的大綱部份收在第二卷，以及將佛法僧分為三品，廣泛論說三寶的部份（即〈三寶品〉之餘）也收在第二卷。

（3）〈如來藏品〉是敘說此論的精要部份，將如來藏詳釋為體、因、果、業、相應、行、時差別、遍所、不變、無差別等十義。四卷本將〈如來藏品〉當作第三卷；五卷本將十義中的中、體、因、果的前半列為〈如來藏品〉第五，果的後半、業、相應、行、時差別、遍所、不淨時的不變（第九義不變被區分為不淨時、淨不淨時、淨時的三時）列為〈如來藏品〉之二，此〈如來藏品〉第五、〈如來藏品〉之二即是第三卷。而三分位中的淨不淨時和淨時不變，以及最後的無差別被列為〈如來藏品〉之餘，與其次的〈煩惱所纏品〉合為第四卷。又四卷本是將從〈無量煩惱所纏品〉至最後的〈校量信功德品〉的六品當作第四卷。五卷本是將〈為何義品〉第七至〈校量品〉為止的五品，當作第五卷。圖示如圖 1-1：

圖 1-1《《大正藏》》所載宋、元、明、宮本之四卷本與五卷本比較

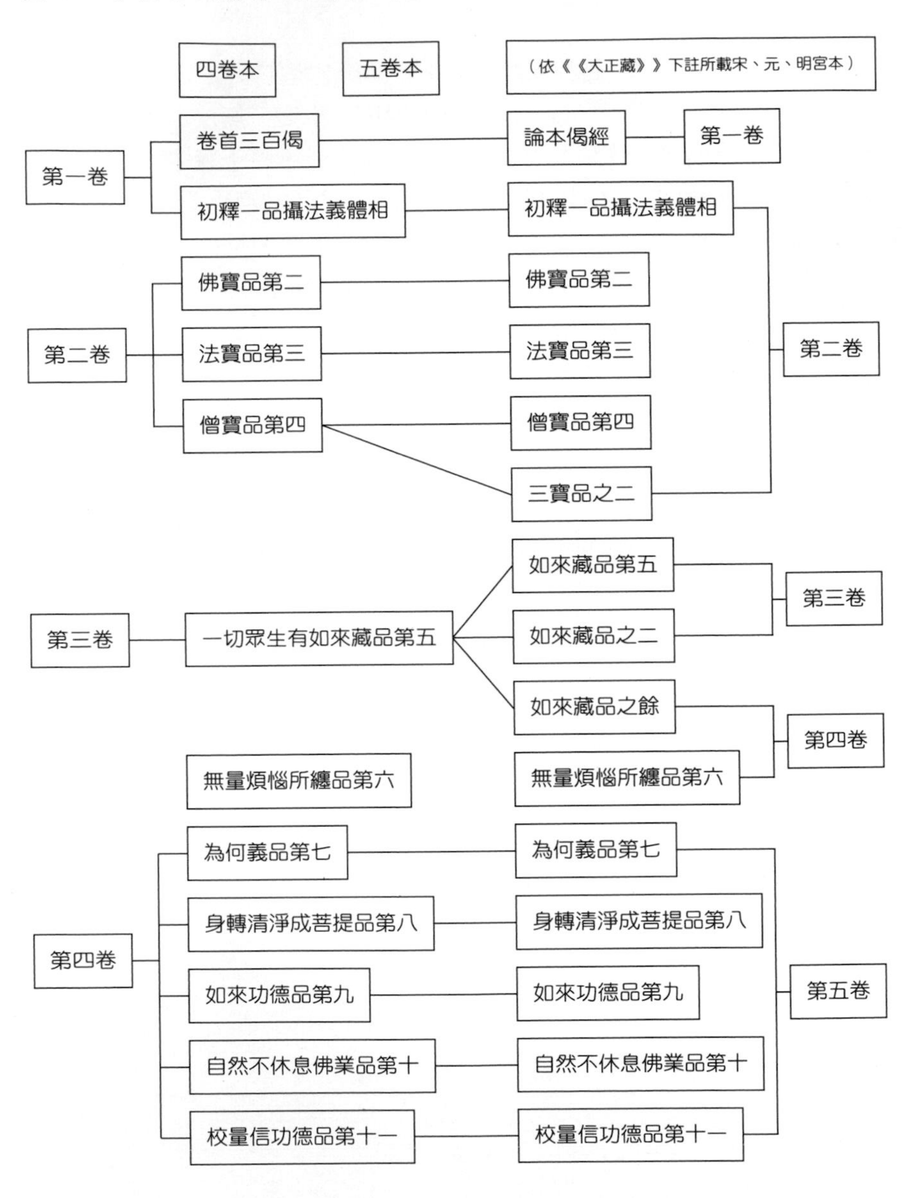

貳、從漢譯分卷談《寶性論》思想連貫性

一、從論典書寫方式，雖分四卷，但每一卷皆能各別獨立說如來藏思想，即每一卷皆能從不同角度談自性清淨法身，隨順世間有煩惱藏之「雜垢清淨」，「一切眾生有如來藏」之思想理論體系。在本書第三章論述中，《寶性論》為強調思想體系連貫性和動態性，使用三個動態因子，三寶之因、轉依、信等來串連「三寶」、「眾生」、「菩提、功德、佛業」等七句金剛句，使其成為完整的思想體系，因此，立意上，仍以四卷論述為佳。

二、對於四卷的分立性，從《寶性論》引述經典之如來藏思想依據，本書以各卷內容、引述經典有譬喻、詞句定義等，簡要彙總整理如表 1-10：

表 1-10《寶性論》引述經典之思想依據

各卷內容	如來藏思想	主要引述經典	經典補助說明
卷一〈教化品第一〉	總說一二八二首『論本偈』，依七句金剛句概說如來藏思想	《陀羅尼自在王經》	《勝鬘經》、《不增不減經》、《十地經》
卷二〈佛寶品第二〉〈法寶品第三〉〈僧寶品第四〉	依三寶說如來藏自性本來清淨	《如來莊嚴智慧光明入一切佛境界經》	《勝鬘經》、《不增不減經》、《陀羅尼自在王經》、《華嚴經。性起品》
卷三〈一切眾生有如來藏第五〉	此為全論中心議題。依十義說如來藏總相。	《勝鬘經》、《不增不減經》、《如來藏經》	〈虛空藏品〉、〈海慧菩薩品〉、《寶鬘經》
卷四〈無量煩惱所纏品第六〉〈為何說義品第七〉	此為全論中心議題。依如來藏三義，說如來藏別相（雜垢清淨）	《勝鬘經》、《不增不減經》、《如來藏經》	《如來莊嚴智慧光明入一切境界經》、《大般涅槃經》

〈身轉清淨成菩提品第八〉	（離垢清淨）		
〈如來功德品第九〉	菩提 如來功德	《不增不減經》、《陀羅尼自在王經》、《寶女經》	《金剛經》
〈自然不休息佛業品第十〉 〈校量信功德品第十一〉	佛業	《如來莊嚴智慧光明入一切佛境界經》	

參、從「此論廣門有十一品，中則七品，略惟一品」意義談四卷結合性

一、《寶性論》卷三十一，頁 820c 敘述「此論廣門有十一品，中則七品，略惟一品」（此梵、藏本無），中村瑞隆（依漢譯本）對此有二種不同看法：

（一）《梵漢對照究竟一乘寶性論研究》頁 6[21]，將此句解釋為「此即是依據廣門十一品來區分，從《教化品》至《校量品》的十一品。對於論本身的教理性區分的七種句義（即中則七品）加上〈教化品〉，再將附屬於如來藏的煩惱論，獨立為〈煩惱所纏品〉，說明如來藏的理由，獨立為〈為何說義品〉，最後再加上闡明信、謗之禍福的〈校量功德品〉。」[22]。

（二）世界佛學名著譯叢《如來藏思想》〈如來藏的體系〉一文中，頁 90，主張「略惟一品是總說，漢譯的廣門有十一品，是〈攝法義體相品〉。」即總說為〈教化品第一〉，並將三寶

21 中村瑞隆著、譯叢委員會譯，《梵漢對照究竟一乘寶性論研究》（台北市：華宇出版，1988 年），頁 6。
22 中村瑞隆對此有不同敘述，想係〈如來藏的體系〉一文較晚於《梵漢對照究竟一乘寶性論》著作所致。

分開為〈佛寶品第二〉，〈法寶品第三〉，〈僧寶品第四〉，再將如來藏和附說於如來藏之「煩惱」與「教說目的」開為〈如來藏品第五〉。〈煩惱所纏品第六〉，〈為何說義品第七〉，又再加上菩提、佛德、佛業、校量信功德第八、九、十、十一的。

（三）〈校量功德品第十一〉：「論曰，問說四種法」，於〈如來藏的體系〉一文中，主張於梵、藏譯本譯為「如此，於上來所說四義」，認為四種法指佛界、佛菩提、佛法、佛業以作四義，或四種法。而認為梵文本與西藏譯是將總論、三寶、佛界合為〈如來藏品〉第一，〈佛菩提〉為第二品，〈佛法即佛功德〉為第三品，〈佛業〉為第四品，而將起信的功德，與敘述謗法因果之品為第五。本書傾向主張四種法應指如卷一述說《陀羅尼自在王經》後四句金剛句，即「佛性」、「佛菩提」、「佛如來功德」、「如來業」等四種「恒常清涼不變之有法」。「佛性」：有六十淨業功德，四種菩薩莊嚴、八種菩薩光明、十六菩薩大悲、三十二菩薩業。「佛菩提」：有十六種無上菩提大慈悲心。「佛如來功德」：有十力、四無畏、十八不共法。「如來業」：三十二種無上大業。理由有二：

1、卷四包含「無量煩惱所纏如來藏、菩提、佛功德、佛業」等品後，將〈校量信功德品〉放在最後品，為信解「恒常清涼不變之有法」，至於「不思議法」，唯信佛語矣。

2、《寶性論》整部論思想體系，大致分為三個部分，承襲《不增不減經》三義：一為本際相應體自性清淨心不可思議法，用「佛法僧三寶」來說明「自性清淨心」。二為本際不相應體煩惱纏不清淨之不可思議法，用「一切眾生有如來藏、無量煩惱所纏品」來說明「自性本來清淨」（權稱雜垢清淨）。三為未來際平等恒及有法，用「菩提、功德、業」

來說明「離垢清淨」。另外，仿《勝鬘經》〈真子章第十四〉將隨信增上而信為有，放於最後一品〈校量功德品十一〉，本書傾向認為，信解為恒及有法，得「信為有」、「信有德」和「信有能」。

二、因此，本書認為該句的意義應解釋為「略惟一品，指〈教化品第一〉，中則七品（句），而廣門細分有十一品」。今分卷說明如下：

（一）卷一：該句全文為「此論廣門有十一品，中則七品，略惟一品，初釋一品，其攝此論法義體相。」另該卷卷尾：「已說一品具攝此論法義體相，次說七品具攝此論法義體相」，因知，本卷有二種意義：一者，略惟一品，〈教化品第一〉除歸敬十八偈（由於此內容並無釋論、長行、梵本、藏譯本亦無記載，可能後加）外，論本偈二百八十二首。二者，初釋一品攝法義體相，概說七句金剛句，總稱〈教化品第一〉。

（二）卷二：有〈佛寶品第二〉、〈法寶品第三〉、〈僧寶品第四〉，有三句金剛句，分三品，應無疑義。

（三）卷三：有三分之一金剛句，分一品。〈一切眾生有如來藏第五〉。將「佛性義」或「眾生義」一句金剛句分為三品，此卷用如來藏十義，敘說「一切眾生有如來藏」。

（四）卷四：有三又三分之二金剛句。

1、承卷三，將「佛性義」或「眾生義」三分之二金剛句，分二品。分為〈無量煩惱所纏品第六〉，和〈為何說義品第七〉。前者用如來藏三義別相並引《如來藏經》九喻說此品。後者則為眾生說如來境界。

2、〈身轉清淨成菩提品第八〉，有一句金剛句，分一品。

3、〈如來功德品第九〉，有一句金剛句，分一品。

4、〈自然不休息佛業品第十〉，和〈校量功德品第十一〉，有一句金剛句，分二品。將〈校量功德品第十一〉，放在七句金剛句後面理由：

（1）仿《勝鬘經》將隨信增上有大利益放在最後〈真子章第十四〉。即不只有「信」（śraddhā）還有信解（abhisampratyaya）之「信實有」、「信有德」和「信有能」。

（2）該品開頭即說「向說四種法」，筆者傾向認為，此四種法應指應指如卷一述說《陀羅尼自在王經》後四句金剛句，對應卷四後四品，即「佛性」、「佛菩提」、「佛如來功德」、「如來業」等四種「恒常清涼不變之有法」。

第二章

《寶性論》概述

本章就漢譯《寶性論》本文作概述，研究探討該論的義理分析，除偈頌外，主要以「釋疏」論述，除了部分以長行、白話方式呈現外，內文中有增添表格式的分析整理。雖無法完全詮釋本論之真意，但期望以分析整理使義理較為清楚而不失真。本章共分五節，主要依四卷為次序而分，第一節為《寶性論》理論架構，參照釋恆清法師著作《佛性思想》第二章頁78之〈《寶性論》內容架構〉內容並加以分析整理。第二節為《寶性論》卷一，「初釋一品，具攝此論法義體相」，卷一論本偈共三百首，將歸納至次卷以避免重複，本節就卷一註釋偈六首，概說七句金剛句定義。第三節概述《寶性論》卷二，包括〈佛寶品第二〉、〈法寶品第三〉、〈僧寶品第四〉等共三品。第四節概述《寶性論》卷三，包括《寶性論》中心議題〈一切眾生有如來藏品第五〉第五節概述《寶性論》卷四，包括五品〈無量煩惱所纏品第六〉〈為何說義品第七〉〈身轉清淨成普提品第八〉〈如來功德品第九〉〈自然不休息佛業品第十〉〈校量信功德品第十一〉。

第一節

《寶性論》的理論架構

本節闡述《寶性論》的內容架構，主要參照釋恆清法師著作《佛性思想》第二章有關《寶性論》內容架構，並仿梵文本將卷一論本偈歸入各卷中，加以分析整理。另外，對於《寶性論》引用經論及引用次數與以歸納整理，將有助於瞭解各該經論對《寶性論》的重要性。

壹、《寶性論》的內容架構

依據釋恆清法師著作《佛性思想》中，說《寶性論》四卷十一品之內容，包括二大部份：即「論本偈」和「釋論」。其中「論本偈」即是五言四句的偈頌。共計三百偈，其內容均是以偈頌方式揭示本論的中心思想。即使沒有「釋論」亦成構成一部獨立的偈頌方式論典。「釋論」則包括重複前面的「論本偈」、「註釋偈」和長行的「釋疏」。其中「註釋偈」是以偈頌方式解釋「論本偈」的意義；「釋疏」則是以長行註解「論本偈」或「註釋偈」，其內容架構如下：

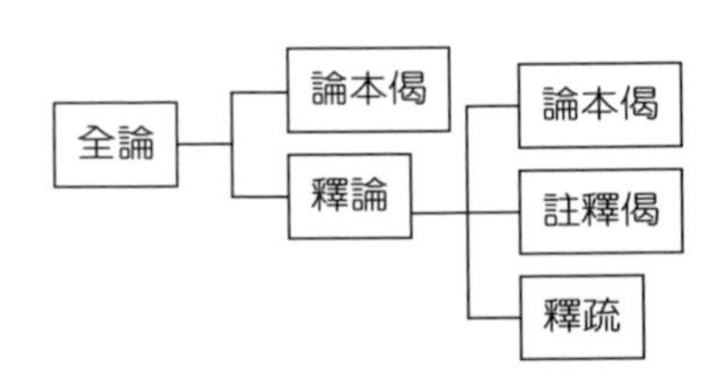

本書在上述基礎下，並參照原漢譯《寶性論》內容，說《寶性論》共有四卷，包括、註釋偈二百六十三首和長行。其中，卷一：論本偈三百首[1]、註釋偈六首及長行。卷二至卷四：論本偈（重複）一百六十二首、註釋偈二百五十七首及長行。

由於卷一的內容除論本偈外，僅闡述七金剛句。而卷二以後釋論的論本偈則可增加卷一之論本偈所未重複之部份。主要的差異在於如來藏九喻共佔五十四首和佛業九喻共佔六十六首。總共包括論本偈二百八十二首（〈教化品〉十八首除外）、註釋偈[2]二百六十三首（含釋疏偈六十五首），以下本文仿梵文本，將卷一論本偈歸入各卷中，再就下列的內容架構做詳細的分析整理：

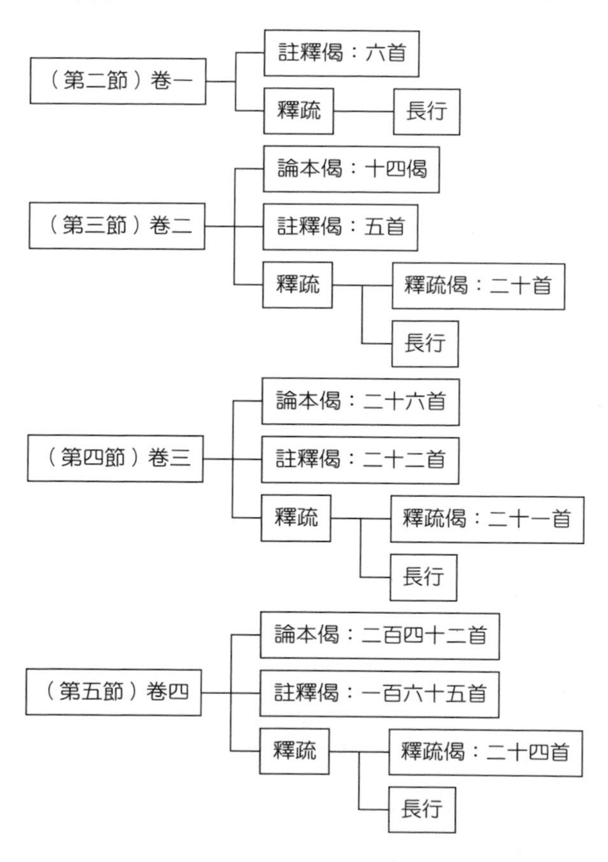

貳、《寶性論》引用經論[1][2]

一、分別於《寶性論》中引用經論：

（一）明確標示經典（次數）（如表 2-1）：

表 2-1《寶性論》明確標示經典

<table>
<tr><th>卷一</th><th>卷二</th><th>卷三</th><th>卷四</th></tr>
<tr><td rowspan="2">《陀羅尼自在王經》（2 次）</td><td rowspan="2">《如來莊嚴智慧光明入一切佛境界經》（1 次）</td><td>《華嚴經、性起品》（1 次）</td><td rowspan="2">《大集經、陀羅尼自在品》（1 次）</td></tr>
<tr><td>《大集經、虛空藏品》（1 次）</td></tr>
<tr><td rowspan="7">《十地經》（1 次）</td><td>《摩訶般若波羅蜜經》（1 次）</td><td>《大集經、海慧菩薩品》（1 次）</td><td>《如來藏經》（1 次）</td></tr>
<tr><td>《勝鬘經》（5 次）</td><td>《大集經、寶髻品》（2 次）</td><td>《大般涅槃經》（1 次）</td></tr>
<tr><td rowspan="5">《不增不減經》（1 次）</td><td>《勝鬘經》（11 次）</td><td>《金剛般若波羅蜜經》（1 次）</td></tr>
<tr><td>《不增不減經》（5 次）</td><td>《寶女經》（1 次）</td></tr>
<tr><td>《寶積經》（1 次）</td><td rowspan="3">《勝鬘經》（8 次）</td></tr>
<tr><td>《六根聚經》（1 次）</td></tr>
<tr><td>《大般涅槃經》（1 次）</td></tr>
</table>

1　卷一、第一品〈教化品〉的十八偈，梵、藏版均缺，可能是後人所增加，故不予列入描述。（依釋恆清著，《佛性思想》（台北市：東大圖書，1997 年），頁 81。）

2　釋疏即是說明，為簡化並清楚表達論本偈之內容，將部份以白話文簡化表達，一部份仍援用長行。另外，註釋偈有部份應該為為「解釋註釋偈」所作之偈。應該予以劃分為開（雖然很難劃分，仍儘量予以劃分），並定義在釋疏下，稱「釋疏偈」。（參考：中村瑞隆著、譯叢委員會譯，《梵漢對照究竟一乘寶性論研究》（台北市：華宇出版，1988 年），頁 25。）

（二）只標示《如來經》或「經云」、「偈云」之經典（次數），（如表 2-2）：

表 2-2《寶性論》只標示《如來經》或「經云」、「偈云」之經典

卷一	卷二	卷三	卷四
〈堅固深心品〉（1 次）	《智光明莊嚴經》（1 次）	《如來莊嚴智慧光明入一切佛境界經》（1 次）	《如來莊嚴智慧光明入一切佛境界經》（1 次）
《如來莊嚴智慧光明入一切佛境界經》（1 次）	《陀羅尼自在王經》（3 次）	《大乘莊嚴經論》（數次）	《如來藏經》（1 次）
	《華嚴經、性起品》（1 次）		《大般涅槃經》（1 次）
《勝鬘經》（1 次）			
《不增不減經》（2 次）			

其中引經次數最多的依次為《勝鬘經》、《不增不減經》。另外引自《大集經》包括[3]〈陀羅尼自在王品〉等。以下依序排列出次第：（1）、《勝鬘經》、（2）、《不增不減經》。（3）《大集經》、（〈陀羅尼自在王品〉、〈虛空藏品〉、〈海慧菩薩品〉、〈寶髻品〉、〈寶女經〉）、（4）、《如來莊嚴智慧光明入一切佛境界經》、（5）、《如來藏經》、（6）、《寶積經》（〈普明菩薩會〉）、（7）、《大般若經》，《金剛般若波羅蜜經》、（8）、《六根聚經》、（9）、《大般涅槃經》、（10）、《華嚴經》（〈性起品〉、〈十地品〉）、（11）、〈堅固深心品〉、（12）、《智光明莊嚴經》等。依此可以大約了解《寶性論》之思想來源和依據。

由上述資料，可知《寶性論》是依經而論（除《大乘莊嚴經論》有

3　依釋恆清著，《佛性思想》（台北市：東大圖書，1997 年），頁 88，90。所引次數不同。其所載為《勝鬘經》27 次、《不增不減經》9 次。可能《寶性論》未明確標示經典或未標示「經云」，但長行卻來自《勝鬘經》、《不增不減經》。

偈但無明示出處），其引述內容為[4]：

（1）、《大集經》、（《陀羅尼自在王經》、《瓔珞品》）：七金剛句。

（2）、《大集經》、（《寶女品》）：六十四種佛功德。

（3）、《如來藏經》：如來藏九喻。

（4）、《如來莊嚴智慧光明入一切佛境界經》：佛業九喻。

（5）、《大乘莊嚴經論》：佛菩提八義和註釋偈「大乘信為子，般若以為母，禪胎大慧乳，諸佛如實子」。

（6）、《不增不減經》：一切眾生如來藏十義之「無差別」義。

（7）、《勝鬘經》：一切眾生如來藏十義之「空智」。

《寶性論》論典中，《大集經》、《如來藏經》、《如來莊嚴智慧光明入一切佛境界經》都是譬喻或義同而「引經」。《大乘莊嚴經論》也只有偈或是意義相同卻無明示其「出處」。而《勝鬘經》和《不增不減經》卻不只意義相同，甚至連字句的表達亦近相同[5]。因此本章之內容在作《寶性論》本意概述時，將充分參考此二經之依據和本意，並於註解中補充說明，以期能貫徹《寶性論》之思想，而探討該論的真正意含。

4　同上。
5　所稱「相同」，除第一章已討論關於此二經之背景外，其思想亦是一脈相傳的，將於第四章結論中補充說明。

第二節
《寶性論》卷一（《《大正藏》》第三十一冊，頁820c-822b）

卷一仿梵文本，將論本偈歸入各卷中，因此，本節以註釋偈六首及長行概說七種金剛句義。七種金剛句總攝於《陀羅尼自在王經》，至於其意義則分別引自〈堅固深心品〉《不增不減經》《勝鬘經》《如來莊嚴智慧光明入一切佛境界經》等經，並引《十地經》，以譬喻形容佛性為清淨。

壹、《寶性論》概論（七金剛句）

一、《寶性論》概說（序分）

「註釋偈一首」

佛法及眾僧　　性道功德業　略說此論體　　七種金剛句[6]

釋疏：

「金剛」者，以此論句，能與證義為根本故，其所證之義，難可沮壞。換言之，內身證法，無言之體，以聞思智難可證得，猶如金剛。名為「句」者，其名字章句能詮釋於法理中證智，隨順正道，而作根本。「金剛字句」

6　後魏、勒那摩提譯，《究竟一乘寶性論》卷一，《大正藏》第三十一冊，頁820c。

者，有二義：一者、難證義，經言：『第一義諦者，所謂心緣尚不能知，何況名字章句故。』。二者、因義，經言：『世諦者，謂世間中所用之事，名字章句言語所說故。』。何為「義」？何為「字」？「義」者，有七種證義：一者佛義、二者法義、三者僧義、四者眾生義（dhātvartha）、五者菩提義、六者功德義、七者業義。「字」者，能隨時以何等名字、章句、言語、風聲、能表、能說、能明、能示七種證義。此七種金剛句 (vajrapada) 義，得於經中廣說。

（一）佛（buddha）、法（dharma）、僧（saṅgha）三寶：引自〈堅固深心品〉[7]

「佛義：阿難！所言如來者，非可見法，是故眼識不能得見故。

法義：阿難！所言法者，非可說事，是故非耳識所聞故。

僧義：阿難！所言僧者，名為無為，是故不可身心供養禮拜讚歎故。」

（二）眾生（dhātu）義：引自《不增不減經》：

「舍利弗！言眾生者，乃是諸佛如來境界。一切聲聞、辟支佛等，以正智慧不能觀察眾生之義，何況能證毛道凡夫。於此義中，唯信如來。是故，舍利弗！隨如來信此眾生義。舍利弗！言眾生者，即是第一義諦。舍利弗！言第一義諦者，即是眾生界。舍利弗！言眾生界者，即是如來藏。舍利弗！言如來藏者，即是法身故。[8]」

（三）菩提（bodhi）義：引自《勝鬘經》：

「菩提義：世尊！言阿耨多羅三藐三菩提者，名涅槃界。世尊！言涅槃界者，即是法身故。[9]」

（四）功德（guna）義：引自《不增不減經》[10]：

---

7 中村瑞隆著、李世傑譯，＜如來藏的體系＞（《如來藏思想》台北市：華宇出版社，1986年），頁 94 及談錫永譯著，《寶性論梵本新譯》（台北市：全佛出版社，2006 年），頁 25。

8 元魏、菩提流支譯，《佛說不增不減經》，《大正藏》第十六冊 ，頁 467a。

9 宋、求那跋陀羅譯，《勝鬘師子吼一乘大方便方廣經》〈一乘章第五〉，《大正藏》第十二冊，頁 220c。一乘章第五：「三乘即是一乘，如來是究竟法身，究竟者無邊不斷。」

10 元魏、菩提流支譯，《佛說不增不減經》，《大正藏》第十六冊 ，頁 467a。

「功德義，如來經中告舍利弗言：舍利弗！如來所說法身義者，過於恒沙、不離不脫不思議佛法如來智慧功德。舍利弗！如世間燈，明、色及觸不離不脫。又如摩尼寶珠，明、色、形相不離不脫。舍利弗！法身之義亦復如是。過於恒沙、不離不脫不思議佛法如來智慧功德故。[11]」

（五）業（karman）義：引自《如來莊嚴智慧光明入一切佛境界經》[12]：

「業義，如來經中告舍利弗言：文殊師利！如來不分別。不分別，無分別，而自然無分別，如所作業自然行故。[13]」

二、總攝於《陀羅尼自在王經》、《大方等大集經》

「註釋偈二首」

七種相次第　總持自在王　菩薩修多羅　序分有三句
餘殘四句者　在菩薩如來　智慧差別分　應當如是知[14]

釋疏：

如《陀羅尼自在王經》序分中三句總持陀羅尼[15]。餘四句在彼修多羅菩薩[16]如來法差別分。於陀羅尼序分中，初言三種根本字句：「婆伽婆平等證一切法，善轉法輪，善能教化調伏無量諸弟子眾。」，而次第示現佛、法、僧三寶，說此三寶次第升起成就。餘修多羅四句者，說隨順三寶「因」，成就三寶「因」。此明何義？

11　後魏、勒那摩提譯，《究竟一乘寶性論》卷一，《大正藏》第三十一冊，頁 821b。
12　元魏、曇摩流支譯，《如來莊嚴智慧光明入一切佛境界經》，《大正藏》第十二冊。
13　同上，頁 240c。
14　後魏、勒那摩提譯，《究竟一乘寶性論》卷一，《大正藏》第三十一冊，頁 821b。
15　轉載於黃寶生譯注，《梵漢究竟一乘寶性論》（北京：中國社會科學出版社，2017 年），頁 40。總持陀羅尼（dhārani），記誦佛經和佛法的超能力。修多羅（sūtra），經。婆伽婆（bhagavat），世尊。
16　北涼、曇無讖譯，《大方等大集經》〈瓔珞品〉、〈陀羅尼自在王菩薩品〉，《大正藏》第十三冊，頁 1-28b。

說聲聞、菩薩諸功德。八地菩薩[17]，坐於道場勝妙處，以十自在[18]為目標，於一切法中，具足得一切自在。是故經言：『婆伽婆平等證一切法故。』。九地菩薩，於一切法中，得為無上最大法師，善知一切諸眾生心，到一切眾生根機第一彼岸，能斷一切眾生煩惱習氣，是故菩薩成大菩提。是故經言：『善轉法輪故』。十地菩薩，得住無上法王位，後能於一切佛所作業，自然而行，常不休息。是故經言：『善能教化調伏無量諸弟子眾故。』，彼善能教化調伏無量諸弟子眾。

即彼經中次第示現，是故經言：『與大比丘眾俱，如是乃至復有無量菩薩眾俱。』。如是次第，善能教化聲聞位地（bodhi）及佛菩提，善能調伏一切煩惱，如是畢竟有無量功德。

說聲聞菩薩諸功德已。次說諸佛如來不可思議三昧境界。又說諸佛如來三昧境界已，次說無垢大寶莊嚴寶殿成就。又說無垢大寶莊嚴寶殿成就已，次說大眾雲集種種供養、讚歎如來，雨種種衣，雨種種華，雨種種香。如是等，示現『佛寶』不思議事。

復次說妙法莊嚴法座。又說妙法莊嚴法座已，次說法門名字及示現功德。此明『法寶』功德差別。

又復次說諸菩薩摩訶薩迭共[19]三昧行境界，示現種種功德。此明『僧寶』功德差別。

復次說如來放大光明，授諸菩薩摩訶薩太子法王位職。又復次說與大無畏不怯弱辯才。又復讚歎諸佛如來第一功德。又復次說最上第一大乘之法，示現如實修行彼大乘故，於法中證果，即彼三寶無上功德次第差別。

「釋疏偈一首」：

17　菩薩修行位階，華嚴十地：1. 歡喜地。2. 離垢地。3. 發光地。4. 焰慧地。5. 難勝地。6. 現前地。7. 遠行地。8. 不動地。9. 善慧地。10. 法雲地。

18　參閱《華嚴經》「十地品」，十自在：命、心、財、業、願、信解、如意、智和法。

19　迭共（anyaoyam），互相。黃寶生譯注，《梵漢究竟一乘寶性論》（北京：中國社會科學出版社，2017 年），頁 44。

譬如石鑛中　真金不可見　能清淨者見　見佛亦如是。[20]

釋疏：

序分中義大都已竟，應如是知。已說《自在王菩薩修多羅》序分中三寶，示現「佛法僧三寶」不可思議法相。次說「佛性[21]義」，有六十種法，具清淨彼無量功德性，為清淨彼性，故修六十種法。為此義故，於《十地經》中，數數說金，以為譬喻，為清淨此「佛性」義故。又復即於此《陀羅尼自在王經》中，說「如來業」已，次說不清淨大毘琉璃摩尼寶喻[22]。是故經言：『善男子。譬如善巧摩尼寶師，善知清淨大摩尼寶，向大摩尼寶性山中，取未清淨諸摩尼寶。既取彼寶，以嚴灰洗，嚴灰洗已，然後復持黑頭髮衣，以用揩磨。不以為足，勤未休息。次以辛味飲食汁洗。食汁洗已，然後復持衣纏裹木以用揩磨。不以為足，勤未休息。次後復以大藥汁洗。藥汁洗已，次後復更持細軟衣，以用揩磨。以細軟衣，用揩磨已，然後遠離銅鐵等礦毘琉璃垢，方得說言大琉璃寶。善男子。諸佛如來亦復如是，善知不淨諸眾生性。知已乃為說無常、苦、無我、不淨，為驚怖彼樂世眾生，令厭世間，入聲聞法中。而佛如來不以為足，勤未休息。次為說空、無相、無願，令彼眾生少（稍）解如來所說法輪。而佛如來不以為足，勤未休息。次復為說不退法輪，次說清淨波羅蜜行。謂不見三事，令眾生入如來境界。如是依種種因，依種種性，入佛法中。入法中已，故名無上最大福田。』。

（一）「佛性」：有六十淨業功德，四種菩薩莊嚴、八種菩薩光明、十六菩薩大悲、三十二菩薩業。[23]

20　後魏、勒那摩提譯，《究竟一乘寶性論》卷一，《大正藏》第三十一冊，頁 822a。

21　佛性（buddhadhātu），黃寶生譯注，《梵漢究竟一乘寶性論》（北京：中國社會科學出版社，2017 年），頁 45。

22　後魏、勒那摩提譯，《究竟一乘寶性論》卷一，《大正藏》第三十一冊，頁 822a。（本項譬喻，另在第四章第五節第貳大項中補述。）

23　轉載於談錫永譯著，《寶性論梵本新譯》（台北市：全佛出版社，2006 年），頁 31。（四種菩薩莊嚴：依《大哀經》，一者戒瓔珞莊嚴；二者三昧瓔珞莊嚴；三者智慧瓔珞莊嚴；四者陀羅尼瓔珞莊嚴。一一莊嚴皆具多種，廣如經說。）（八種菩薩光明：依上揭經，一

（二）「佛菩提」：有十六種無上菩提大慈悲。
（三）「佛如來功德」：有十力、四無畏、十八不共法。
（四）「如來業」：三十二種無上大業。

釋疏：

此七種金剛句義，於修多羅中廣說體相。問曰？此七種具有何次第？答曰偈言：

「釋疏偈兩首」

從佛次有法　次法復有僧　僧次無礙性　從性次有智
十力等功德　為一切眾生　而作利益業　有如是次第[24]

已說一品具攝此論法義體相，次說七品具攝此論法義體相。解釋偈義，應知歸敬三寶者。此明何義？所有如來教化眾生，彼諸眾生歸依於佛。尊敬如來，歸依於法。尊敬如來，歸依於僧。次於《寶性論》卷二，依於三寶，說十二偈。初說「佛寶」，說四偈。

者念光；二者意光；三者行光；四者法光；五者智光；六者實光；七者神通光；八者無礙光。一一莊嚴皆具多種，廣如經說。）（十六種菩薩大悲：依上揭經，一者除眾生貪著我見；二者除眾生顛倒；三者除眾生眾生嬌慢；四者除眾生五蓋；五者拔眾生沈沒；六者除眾生七種慢；七者斷眾生世道惡道；八者令眾生出離惡道；九者令眾生遠離惡友親近善友；十者斷眾生慳貪無明及愛；十一者令眾生知十二因緣法；十二者斷眾生種種薩迦邪見；十三者斷眾生三有；十四者令眾生離魔網；十五者示眾生真實樂因；十六者為眾生開涅槃門。）

24　後魏、勒那摩提譯，《究竟一乘寶性論》卷一，《大正藏》第三十一冊，頁 822b。

第三節
《寶性論》卷二（《《大正藏》》第三十一冊，頁822b-828a）

本節概說卷二，分別為〈佛寶品第二〉、〈法寶品第三〉、〈僧寶品第四〉等三品，論述「無始世來，本際寂靜時，即見自性清淨法身」。筆者認為《寶性論》對於自性清淨有三種不同定義，三者意義相同，只是流轉時各相不同，除本卷的「自性清淨法身」外，於卷四明示清淨有二，「自性清淨」和「離垢清淨」，此二名相分別於卷三〈一切眾生有如來藏品第五〉論述「自性清淨」（雜垢清淨），於卷四〈身轉清淨成菩提品第八〉、〈如來功德品第九〉、〈自然不休息佛業品第十〉，論述「離垢清淨」。

壹、〈佛寶品第二〉（本品與卷四〈自然不休息佛業品第十〉互相呼應）

『論本偈四首』

佛體無前際　及無中間際　亦復無後際　寂靜自覺知
既自覺知已　為欲令他知　是故為彼說　無畏常恒道
佛能執持彼　智慧慈悲刀　及妙金剛杵　割截諸苦芽
摧碎諸見山　覆藏顛倒意　及一切稠林　故我今敬禮[25]

25　後魏、勒那摩提譯，《究竟一乘寶性論》卷一，《大正藏》第三十一冊，頁822b。。言「佛體」，非真有體，意在形容。

「註釋偈一首」

無為體自然　　不依他而知　　智悲及以力　　自他利具足[26]

釋疏：

此偈略明佛（自，體）性（buddhatva）之八種功德（guna內容）。一者、無為體。二者、自然。三者、不依他知。四者、智。五者、悲。六者、力。七者、自利益。八者、他利益。

「註疏偈三首」

非初非中後　　自性無為體　　及法體寂靜　　故自然應知
唯內身自證　　故不依他知　　如是三覺知　　慈心為說道
智悲及力等　　拔苦煩惱刺　　初三句自利　　後三句利他[27]

釋疏：

（一）、無為（asamskrta）：

1、遠離有為（生、住、滅）法，非初、中、後，名為無為法身。

2、「偈言：佛體無前際。及無中間際。亦復無後際故。」

（二）、自然（anābhogena）：

1、遠離一切戲論、虛妄分別，寂靜體故。

2、「偈言：寂靜。」

（三）、不依他知而自覺（apara pratyayābhisambodhi）：

1、不依他因緣證知、不依他因緣生，自覺而不依他覺，而依於如來無為法身相。一切佛事，本來從無始世來，自然而行，常不休息，為希有不可思議諸佛境界。而不從他聞，不從師聞，自自在智無言之體[28]而自覺知。

26　後魏、勒那摩提譯，《究竟一乘寶性論》卷二，《大正藏》第三十一冊，頁 822c。
27　同上。
28　無言之體（nirabhiālpyasvabhāva），不可言說自性。黃寶生譯注，《梵漢究竟一乘寶性論》

2、「偈言：自覺知故。」

（四）智、（五）悲、（jñana，karuṇā）：

1、已自覺知，為他生盲眾生，令得覺知，為彼證得無為法身，說無上道，是故名為「無上智悲」。

2、「偈言：既自覺知已，為欲令他知，是故為彼說無畏常恒道故。明道無畏是常是恒。」

（六）力（sakti）：

1、以出世間不退轉法，次第又拔他苦煩惱根本。「如來智慧、慈悲及神力」三句，以刀、金剛杵為譬喻顯現，喻刀割截苦芽（duhkha）喻金剛杵摧碎（śakti）稠林煩惱（kleśa）。

2、何為苦為根本？三有（bhaveṣu）[29] 生明色。何為煩惱根本？身見等虛妄邪見疑戒取等。

3、（1）「名色」者，是彼所攝所生苦芽。而如來智慧、慈悲心，能割彼芽。用「刀」譬喻，偈言：「佛能執持彼智慧慈悲刀故。割截諸苦芽故。」（2）邪見疑所攝煩惱，見道（darsanamārgo）[30] 遠離，為世間智所不能知，稠林煩惱不能破壞，如世間中樹林牆等，以如來力能破壞。用「金剛杵」譬喻。

4、偈言：「及妙金剛杵故。摧碎諸見山覆藏顛倒意及一切稠林故。」

（七）自利益（svārthasampad）：

有「無為」、「自然」、「不依他知」等三種句，謂無為等功德。如來法身相應示現自利益，以有智慧故，證得第一寂靜法身。

（八）他利益（parāthasampad）：

依「智」、「悲」和「力」等餘三種句，一切眾生平等轉大法輪，常不休息，示現他利益。

（北京：中國社會科學出版社，2017 年），頁 54。

29　《大集法門經》卷上「復次三有。是佛所說。謂欲有色有無色有」。三有，或稱三界，欲界、色界、無色界。

30　《大乘阿毘達磨集論》，修行的進程：資糧道→加行道→見道→修道→究竟道（無學位）

此六種句，（一）～（六），《如來莊嚴智慧光明入一切佛界經》[31]佛業九喻[32]經中廣說次第。應云何知，彼經中言：

（一）「文殊師利，如來、應、正遍知，不生不滅者。」，此明如來無為之相。

（二）復說無垢清淨琉璃地中帝釋王身鏡像現等，如是乃至九種譬喻，皆明如來不生不滅。又言：「文殊師利。如來、應、正遍知，清淨法身亦復如是。不動不生，心不戲論，不分別。」不分別，無分別，不思，無思，不思議，無念，寂滅，寂靜，不生不滅，不可見，不可聞，不可嗅，不可嘗，不可觸，無諸相，不可覺，不可知。如是等句皆說寂靜差別之相。此明何義？明佛一切所作事中，遠離一切戲論分別，寂靜自然。

（三）次說餘殘修多羅，彼中說言如實覺知一切法門者，此明如來不依他故證大菩提。又復次說如來菩提有十六種[33]。是故經言：「文殊師利。能覺知一切諸法，觀察一切眾生法性不淨有「垢」、有「點」（習氣）、「奮迅」（方便），於諸眾生大悲現前，此明如來無上智悲。文殊師利。如來如是如實覺知一切法者。」。如前所說，無體為體。如實覺知者，如實無分別佛智知故。觀察一切眾生法性，乃至邪聚眾生，如我身中法性、法體、法界、如來藏等，彼諸眾生亦復如是無有差別，如來智眼了了知故。「不淨」者，以諸凡夫煩惱障故。有「垢」者，以諸聲聞、辟支佛等有智障故。有「點」者、以諸菩薩摩訶薩等依彼二種習氣障故。「奮迅」者、

31 元魏、曇摩流支譯，《如來莊嚴智慧光明入一切佛境界經》，《大正藏》第十二冊，頁239。

32 參考後魏、勒那摩提譯，《究竟一乘寶性論》卷四〈自然不休息佛業品第十〉之「佛業九喻」。

33 轉載於談錫永譯著，《寶性論梵本新譯》〈台北市：全佛出版社，2006年〉，頁40。（十六種菩提：1、正遍知意清淨；2、無等正行；3、到諸佛等法心無障礙；4、到不退轉法；5、不捨無邊佛事；6、安住不可思議境界；7、問無相法；8、三世平等；9、身遍滿法界；10、知法無疑一切法身；11、智慧無量為諸大菩薩之所受持；12、已到諸佛無等禪那；13、究竟滿足；14、得解脱智；15、大慈大悲轉於法輪；16、究竟無邊有色身。）

能如實知種種眾生可化方便，入彼眾生可化方便種種門故。「大悲」者，成大菩提得於一切眾生平等大慈悲心，為欲令彼一切眾生如佛證智，如是覺知證大菩提故。

次於一切眾生平等轉大法輪，常不休息。如是三句能作他利益，故名為力。

應知又此六句次第。初三種句謂無為等功德，如來法身相應示現自利益。餘三種句所謂智等示現他利益。又復有義，以有智慧故，證得第一寂靜法身，是故名為自利益。又依慈悲力等二句轉大法輪示現他利益。已說佛寶，次明法寶。

貳：〈法寶品第三〉

『論本偈四首』

非有亦非無　亦復非有無　亦非即於彼　亦復不離彼
不可得思量　非聞慧境界　出離言語道　內心知清涼
彼真妙法日　清淨無塵垢　大智慧光明　普照諸世間
能破諸曀障　覺觀貪瞋癡　一切煩惱等　故我今敬禮[34]

「註釋偈一首」：

不思議不二　無分淨現對　依何得何法　離法二諦相[35]

釋疏（如圖 2-1）：

說明法寶之八種功德（內容），一者不思議。二者不二。三者無分別。四者清淨。五者顯現。六者對治。七者離果。八者離因。

34　後魏、勒那摩提譯，《究竟一乘寶性論》卷二，《大正藏》第三十一冊，頁 823b。
35　同上，頁 823c。

圖 2-1 法寶之八種功德[36]、[37]、[38]、[39]

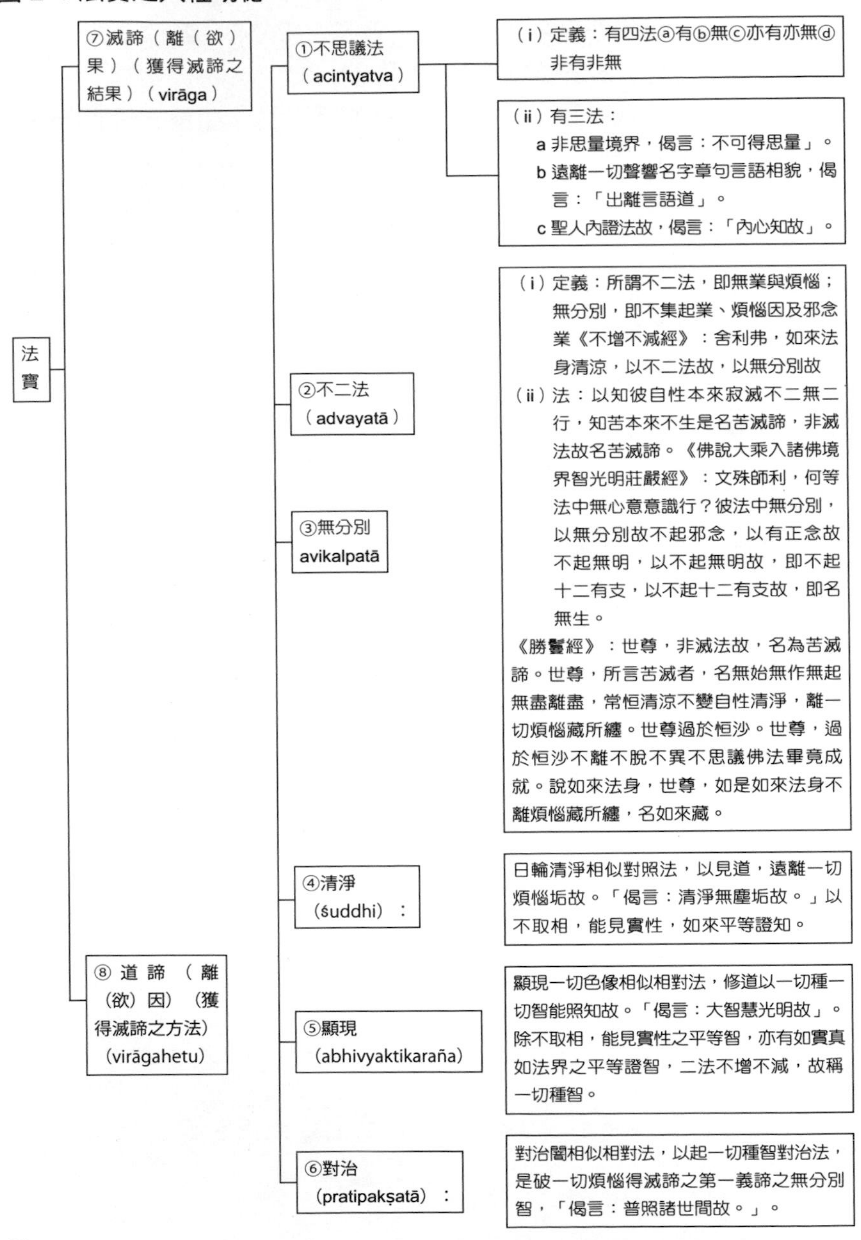

「釋疏偈一首」

滅諦道諦等　　二諦攝取離　　彼各三功德　　次第說應知[40]

釋疏：

前六功德中，初三種功德，「不思議」、「不二」及「無分別」等，示現彼「滅諦」，攝取離煩惱。餘三種功德「淨」、「顯現」、「對治」等，示現彼「道諦」攝取斷煩惱因。應知又證法所有離，名為「滅諦」。以何等法修行斷煩惱，名為「道諦」。此二諦合稱為『（清）淨』法，以二諦相，名為『離（欲）』法。

「釋疏偈二首」

不思量無言　　智者內智知　　以如是義故　　不可得思議
清涼不二法　　及無分別法　　淨顯現對治　　三句猶如日[41]

釋疏：

滅諦有三種法：（1）「不可思議」法，有四種定義：一者、為無。二者、為有。三者、為亦有亦無。四者、為非有非無。「偈言：非有亦非無。亦復非有無。亦非即於彼。亦復不離彼故。」。有三種方法：一者、非思量境界故。「偈言：不可得思量。非聞慧境界故。」二者、遠離一切聲響、名字、章句、言語、相貌故。「偈言：出離言語道故。」三者、

36　元魏、菩提流支譯，《佛說不增不減經》，《大正藏》第十六冊 ，頁 467b。（法身有常、恒、清涼及不變。法身清涼是不二法是無分別法。）
37　全稱《佛說大乘入諸佛境界智光明莊嚴經》，《大正藏》第十二冊，頁 261c。（文同漢譯本：後魏、勒那摩提譯，《究竟一乘寶性論》卷二，《大正藏》第三十一冊 ，頁 824a。）
38　宋、求那跋陀羅譯，《勝鬘師子吼一乘大方便方廣經》〈法身章第八〉，《大正藏》第十二冊 ，頁 221c。（說明滅諦：所謂苦滅，不是有形之滅（生死之滅）之法，而是無始、無作、無起、無盡、離盡，是無作第一聖諦。）
39　本表另於第四章第四節第貳大項中用表 4-3 由譬喻來論證如來藏思想理論化之「相似相對法」綜合說明。
40　同上。
41　同上。

聖人內證法故。「偈言:內心知故。」(2)「不二」法及(3)「無分別」法,如《不增不減經》中如來說言:「舍利弗。如來法身清涼,以不二法故。以無分別法故」。「偈言:清涼故」。「二」者,謂業與煩惱。「分別」者,謂集起(samudaya)業、煩惱因及邪念等。「苦滅諦法」者,以知彼自性本來寂滅,不二無二行,知苦本來不生,非滅法故,名苦滅諦。是故《佛說大乘入諸佛境界智光明莊嚴經》言:「文殊師利。何等法中無心、意、意識行,彼法中無分別。以無分別故,不起邪念。以有正念故,不起無明。以不起無明故,即不起十二有支。以不起十二有支故,即名無生。」。是故聖者《勝鬘經》言:「世尊。非滅法故,名苦滅諦。世尊。所言苦滅者,名無始、無作、無起、無盡、離盡、常恒、清涼、不變、自性清淨,離一切煩惱藏所纏。世尊。過於恒沙,不離不脫不異不思議佛法畢竟成就,說如來法身。世尊。如是如來法身不離煩惱藏所纏。名如來藏。」。

又以何因得此滅諦如來法身?道諦者,謂於「見道」及「修道」(bhāvanāmārga)中「無分別智」三種日,「偈言:彼真妙法日故。」用「相似相對法」來說明,有三種法:(1)「淨」法,日輪清淨相似相對法,以遠離一切煩惱垢故,「偈言:清淨無塵垢故。」。(2)「顯現」法,顯現一切色像相似相對法,以一切種一切智能照知故,「偈言:大智慧光明故。」。(3)「對治」法,對治闇相似相對法,以起一切種智對治法故,「偈言:普照諸世間故。」。

由於「依取不實事相,產生虛妄分別念心,生貪瞋癡,結使煩惱。」等現象,生生不斷不絕。因此,愚癡凡夫,依結使煩惱,取不實事相念故,生起「貪心」。依瞋恚故,生起「瞋心」。依於無明虛妄念故,生起「癡心」。又復依貪、瞋、癡等虛妄分別,取不實事相念,起邪念心。依邪念心,起於結使。依於結使,起貪瞋癡。身、口、意等造作貪業、瞋業、癡業。依此業故,復有生生不斷不絕。如是一切愚癡凡夫,依結使煩惱,集起邪念。依邪念故,起諸煩惱。依煩惱故,起一切業。依業起生如是此一切種諸煩惱染、業染、生染。愚癡凡夫不如實知,不如實見一實性界。如欲彼如實性,其「對治法」:一、觀察如實性而不取相,以不取相故,能見實性，如是實性諸佛如來平等證知。二、不見如是虛妄法相，如實知見，如實有法真如法界，以見第一義諦故。如是二法不增不減，是故，名為平等證智，是名一切種智。所治障法應如是知。三、以起真如智對治法故，彼所治法畢竟不復生起現前。「偈言：能破諸曀障覺觀貪瞋癡一切煩惱等故。」。又此得滅諦如來法身，因於見道中及修道中無分別智，廣說如《摩訶般若波羅蜜》等修多羅中言：『須菩提。真如如來真如平等無差別。』，如是等應知。已說法寶，次說僧寶。

參、〈僧寶品第四〉

依大乘法寶，有不退轉菩薩僧寶。以是義故，次法寶後，示現僧寶。

一、不退轉菩薩：

『論本偈四首』

正覺正知者　見一切眾生　清淨無有我　寂靜真實際
以能知於彼　自性清淨心　見煩惱無實　故離諸煩惱
無障淨智者　如實見眾生　自性清淨性　佛法僧境界[42]
無閡淨智眼　見諸眾生性　遍無量境界　故我今敬禮[43]

「註釋偈一首」

如實知內身　以智見清淨　故名無上僧　諸佛如來說[44]

「註釋偈一首」

42　佛法身（sambuddhatā），佛性。黃寶生譯注，《梵漢究竟一乘寶性論》（北京：中國社會科學出版社，2017 年），頁 67。
43　後魏、勒那摩提譯，《究竟一乘寶性論》卷二，《大正藏》第三十一冊，頁 824c。
44　同上。

如實見眾生　寂靜真法身　以見性本淨　煩惱本來無[45]

釋疏：

不退轉菩薩僧寶，觀見自性清淨，證「如實見」，本際以來「我空、法空。」。「偈言：正覺正知者。見一切眾生清淨無有我。寂靜真實際故。」。又證「如實知」，無始世來本際寂靜時「無我、無法」。「偈言：見煩惱無實。故離諸煩惱。非滅煩惱證時始有。」，即見「自性清淨法身」。

（一）所謂自性清淨法身，包括：（1）、見性本來自性清淨；
（2）、見諸煩惱本來寂滅。

「偈言：以能知於彼自性清淨心，見煩惱無實故，離諸煩惱故。」，然而自性清淨心本來清淨，卻常為煩惱所染，此二種法於彼無漏真如法界（an āsravadhātu）中，法界中善心、不善心俱，更無第三心。如是義者，難可覺知。《勝鬘經》言：「世尊。剎尼迦（kṣanika）善心，非煩惱所染。剎尼迦不善心，亦非煩惱所染。煩惱不觸心，心不觸煩惱。云何不觸法而能得染心？世尊。然有煩惱，有煩惱染心。自性清淨心而有染者，難可了知。[46]」如是等聖者《勝鬘經》中廣說自性清淨心及煩惱所染應知。

（二）「自性清淨法身」，有二種修行。第一即是如實修行（yathāvadbhāvikata），第二即是遍修行（yāvadbhāvikatā）。如實修行者，謂見眾生自性清淨佛性境界故。「偈言：無障淨智者，如實見眾生，自性清淨性，佛法身境界故。」。遍修行者，謂遍十地一切境界故，見一切眾生有一切智故。又遍十地一切境界者，以遍一切境界，依出世間慧，有如來藏見一切眾生乃至畜生，有

45　同上。

46　宋、求那跋陀羅譯，《勝鬘師子吼一乘大方便方廣經》〈自性清淨章第十三〉，《大正藏》第十二冊，頁 222b。（世尊，如來藏者，是法界藏。法身藏，出世間上上藏，自性清淨藏……。）。剎尼迦（ksanika），剎那的。

真如佛性見一切眾生，初地菩薩摩訶薩以遍證一切真如法界。如是內身自覺知，無漏法界無障無閡。「偈言：無閡淨智眼，見諸眾生性，遍無量境界故。」不共二乘凡夫人等，依於二法：一者如實修行，二者遍修行。此明何義？謂出世間如實內證真如法智，不共二乘凡夫人等應知。此明何義？菩薩摩訶薩出世間清淨證智。略說有二種，勝聲聞、辟支佛證智。何等為二？一者無障。二者無礙。無障者，謂如實修行。見諸眾生自性清淨境界，故名無障。無閡者，謂遍修行，以如實知無邊境界，故名無閡。

（三）

「釋疏偈一首」

如實知見道　　見清淨佛智　　故不退智人　　能作眾生依[47]

釋疏：

依初地菩薩摩訶薩證智清淨，見道不退地乘，能作見彼無上菩提清淨勝因應知。「偈言：如實知見道，見清淨佛智故」。此初地證智，勝餘菩薩摩訶薩布施、持戒等波羅蜜功德。以是義故，菩薩摩訶薩依如實見真如證智。是故能與一切眾生、天龍八部、聲聞、辟支佛等作歸依處。「偈言：不退聖人能作眾生依故。」問曰：以何義故，不明歸依聲聞僧寶？答曰：菩薩僧寶功德無量，是故應供。以應供故，合應禮拜、讚歎、供養。聲聞之人無如是義。以是義故，不明歸依聲聞僧寶。

（四）

「釋疏偈二首」

境界諸功德　　證智及涅槃　　諸地淨無垢　　滿足大慈悲
生於如來家　　具足自在通　　果勝最無上　　是勝歸依義[48]

47　後魏、勒那摩提譯，《究竟一乘寶性論》卷二，《大正藏》第三十一冊，頁 825a。
48　同上，頁 825b。

釋疏：

略說菩薩十種勝義，超過諸聲聞辟支佛。一者、觀勝，謂觀真如境界。「偈言：境界故。」二者、功德勝，菩薩修行無厭足不同二乘少欲等。「偈言：功德故。」三者、證智勝，證二種無我。「偈言：證智故」。四者、涅槃勝，教化眾生故，「偈言：涅槃故。」五者、地勝，所謂十地等。「偈言：諸地故。」六者、清淨勝，菩薩遠離智障。「偈言：淨無垢故。」。七者、平等心勝，菩薩大悲遍覆。「偈言：滿足大慈悲故。」。八者、生勝，諸菩薩生無生故。「偈言：生於如來家故。」。九者、神力勝，謂三昧自在神通等力勝。「偈言；具足三昧自在通故。」。十者、果勝，究竟無上菩提故。「偈言：果勝最無上故。」。

有黠慧人（pandita，智者），知諸菩薩功德無量，修習菩提無量無邊廣大功德，諸菩薩功德無量，有大智慧慈悲圓滿，照知彼無量眾生性行稠林，猶如初月。唯除諸佛如來滿月。菩薩摩訶薩和猶如星宿之諸聲聞乃至證得阿羅漢道者，少智慧無大悲心，為照自身，無法依如實見真如證智，無法為一切眾生、天龍八部、聲聞、辟支佛等作歸依處，因此，無有是處。當棄捨初月和其餘星宿聲聞辟支佛者，應取如來大滿月身，修菩提道。

（五）

「釋疏偈四首」：

若為自身故　修行於禁戒　遠離大慈心　捨破戒眾生
以為自身故　護持禁戒財　如是持戒者　佛說非清淨
若為他人故　修行於禁戒　能利益眾生　如地水火風
以為他眾生　起第一悲心　是名淨持戒　餘似非清淨[49]

釋疏：

何以無有是處？明為利益一切眾生，初始發起菩提之心，諸菩薩等

49　同上，頁 825c。

已能降伏不為他利益眾生身、為自利益修持無漏清淨禁戒乃至證得阿羅漢果聲聞之人。何況其餘得十自在等無量無邊功德菩薩摩訶薩，而同聲聞辟支佛等少功德人，無有所得。

二、總說三寶歸依處：

「註釋偈一首」[50]：

依能調所證　　弟子為三乘　　信三供養等　　是故說三寶[51]

釋疏：

依三種義，為六種人故，說此三寶。三種義者。一者調御師。二者調御師法。三者調御師弟子。「偈言：依能調所證弟子故。」。六種人者。一者大乘。二者中乘。三者小乘。四者信佛。五者信法。六者信僧。「偈言：為三乘信三供養等故。」

初釋第一義，第一大乘及第四信佛之人，「歸依兩足中最勝第一尊佛，示現調御師大丈夫義故。」「偈言：依能調故。」。為取佛菩提諸菩薩人故。「偈言：為大乘故」。為信供養諸佛如來福田人故。「偈言：信佛供養故。」。以是義故，說立佛寶。「偈言：是故說佛寶故。」。

次釋第二義，第二中乘及第五信法之人，「歸依離煩惱中最勝第一法，示現調御師所證功德法故。」。「偈言：依所證故。」。為自然知不依他知深因緣法辟支佛人故。「偈言：為中乘故。」。為信供養第一妙法福田人故。「偈言：信法供養故。」以是義故，說立法寶。「偈言：是故說法寶故。」

次釋第三義，第三小乘及第六信僧之人，「歸依諸眾中最勝第一諸菩薩僧，示現調御師弟子於諸佛如來所說法中如實修行不相違義故。」。

50　同上，頁 825c。本註釋偈，論其內容，應歸為論本偈。主要在說明「總說三寶歸依處」。
51　同上。

「偈言：依弟子故。」為從他聞聲聞人故。「偈言：為小乘故。」為信供養第一聖眾福田人故。「偈言：信僧供養故。」以是義故，說立僧寶。「偈言：是故說僧寶故。」。

諸佛如來，依三種義，為六種人說此三寶，又為可化眾生令次第入，依於世諦示現明說立三歸依。「偈言：依能調所證弟子為三乘信三供養等是故說三寶故。」。

「**釋疏偈一首**」：

可捨及虛妄　　無物及怖畏　　二種法及僧　　非究竟歸依[52]

釋疏：

（一）聲聞法僧二寶是少分歸依，非究竟歸依

聲聞法有二種。一者、「所說法」者，謂如來說修多羅等名字、章句身（kayā 類）所攝故，彼所說法，於證道時滅，如捨船筏。「偈言：可捨故。」。二者、「所證法」，依因果二種差別，以依何法證何法，又分二種：（一）有道、有為相攝。若為「有為相」所攝者，此法虛妄。「偈言：及虛妄故。」。（二）若虛妄者，彼法非實。若非實者，彼非真諦。非真諦者，即是無常。若無常者，非可歸依。若依彼聲聞道所得滅諦，彼亦無物，猶如燈滅，只斷少分諸煩惱苦。若是如此，則是無物。若無物者，如何為他之所歸依。「偈言：無物故。」。

僧者凡有三乘之人。三乘人中如聲聞僧常有怖畏，常求歸依諸佛如來，求離世間。此是學人所應作者，而未究竟故，猶進趣向阿耨多羅三藐三菩提故。云何怖畏？如阿羅漢雖盡有漏，卻不斷一切煩惱習氣。故於一切有為行相，極怖畏心常現在前。因此，《勝鬘經》言：「阿羅漢

52　同上，頁 826a。

有恐怖。何以故？阿羅漢於一切無行怖畏想（相）住，如人執劍欲來害己。是故，阿羅漢無究竟樂。何以故？世尊。依不求依。如眾生無依，彼彼恐怖。以恐怖故，則求歸依。如是阿羅漢有怖畏。以恐怖故，歸依如來。」[53]。故若如有怖畏者，此人畢竟為欲遠離怖畏處求無畏處。名為學者，當有所作，欲得阿耨多羅三藐三菩提無畏之處。因此，聲聞法僧二寶是少分歸依，非究竟歸依。「偈言：二種法及僧非究竟歸依故」[54]。

「釋疏偈一首」：

眾生歸一處　　佛法身彼岸　　依佛身有法　　依法究竟僧[55]

釋疏：

（二）、彼岸佛法身，眾生歸一處

諸佛如來不生不滅，寂靜不二，離垢法身故，以唯一法身究竟清淨處故。又三乘之人無有救者、無歸依者，以唯有於彼岸無始本際畢竟無盡是可歸依、恒可歸依。所謂唯是諸佛如來故，如是常恒、清涼、不變，故可歸依。《勝鬘經》[56]言：「諸佛如來故，如是常恆清涼不變，故可歸依。」。問曰：以何義故，佛法眾僧說名為寶？答曰偈言：

「釋疏偈一首」：

53　宋、求那跋陀羅譯，《勝鬘師子吼一乘大方便方廣經》〈一乘章第五〉，《大正藏》第十二冊，頁 219b。（說明阿羅漢、辟支佛智，我生已盡，梵行已立，所作已辦，可是由於無明住地煩惱未除，仍無法不受後有。）

54　本意應包括辟支佛才能銜接上文。

55　後魏、勒那摩提譯，《究竟一乘寶性論》卷二，《大正藏》第三十一冊　，頁 826b。

56　元魏、菩提流支譯，《佛說不增不減經》，《大正藏》第十六冊，頁 467b。（如來法身常。以不異法故。以不盡法故。舍利弗。如來法身恒。以常可歸依故。以未來際平等故。舍利弗。如來法身清涼。以不二法故。以無分別法故。舍利弗。如來法身不變。以非滅法故以非作法故。）

真實世希有　　明淨及勢力　　能莊嚴世間　　最上不變等。[57]

釋疏：

（三）、總說三寶歸依

佛、法、眾僧，說名為「寶」，可依六種相似相對法說明：一者、「世間難得」相似相對法，以無善根諸眾生等百千萬劫不能得故。「偈言：真寶世希有故。」。二者、「無垢」相似相對法，以離一切有漏法故。「偈言：明淨故。」。三者、「威德」相似相對法，以具足六通不可思議威德自在故。「偈言：勢力故。」。四者、「莊嚴世間」相似相對法，以能莊嚴出世間故。「偈言：能莊嚴世間故。」。五者、「勝妙」相似相對法，以出世間法故。「偈言：最上故。」。六者、「不可改異」相似相對法，以得無漏法世間八法[58]不能動故。「偈言：不變故。」。

三、三寶之因（依世間、出世間清淨生處（yoni））

『論本偈[59]二首』：

真如有雜垢　　及遠離諸垢　　佛無量功德　　及佛所作業
如是妙境界　　是諸佛所知　　依此妙法身　　出生於三寶[60]

「註疏偈一首」：

如是三寶性　　唯諸佛境界　　以四法次第　　不可思議故[61]

57　後魏、勒那摩提譯，《究竟一乘寶性論》卷二，《大正藏》第三十一冊 ，頁 826c。
58　世間八法：利、衰、毀、譽、稱、譏、苦、樂。依《佛地經論》卷五，參見中華佛教百科全書
59　此註釋偈與一切眾生有如來藏第五之論本偈重複，亦可為論本偈，主要是說明從三寶到眾生（世間）之出世間清淨性法。
60　後魏、勒那摩提譯，《究竟一乘寶性論》卷二，《大正藏》第三十一冊 ，頁 826c。
61　性（gotra），界（dhātu）。

釋疏：

（一）有四種界：

1、雜垢真如（samalātathatā）：謂真如佛性未離諸煩惱所纏，如來藏故。

2、離垢真如（nimalātathatā）：如來藏轉身（āśrayaparivrtti）到佛地得證法身，名如來法身故（tathāgata-dharmakāya）。

3、佛無量功德（vimala-baddha-gaña）：彼轉身如來法身相中，所有出世間、十力、四無畏等，一切諸功德無量無邊故。

4、佛所作業（jina-kriyā）：佛法自然常作無上佛業，常不休息，常不捨離，常授諸菩薩記。

（二）依四種界，次第起四種法不可思議，是故為如來境界。何等四處，偈言：

「**釋疏偈一首**」

染淨相應處　　不染而清淨　　不相捨離法　　自然無分別[62]

釋疏：

1、雜垢真如：同一時中有淨有染。此處不可思議。不可思議者，信深因緣法，聲聞、辟支佛於彼非境界故，「偈言：染淨相應處」。

《勝鬘經》[63]中：

「佛告勝鬘言：天女，自性清淨心而有染污難可了知。有二法難可了知，謂自性清淨心難可了知；彼心為煩惱所染亦難了知。天女，如此二法，汝及成就大法菩薩摩訶薩乃能聽受。諸餘聲聞辟支佛等，唯依佛語信此二法故。[64]」。

62　後魏、勒那摩提譯，《究竟一乘寶性論》卷二，《大正藏》第三十一冊，頁 827a。

63　宋、求那跋陀羅譯，《勝鬘師子吼一乘大方便方廣經》〈自性清淨章第十三〉，《大正藏》第十二冊，頁 222c。

64　後魏、勒那摩提譯，《究竟一乘寶性論》卷二，《大正藏》第三十一冊，頁 827a。

2、離垢真如：真如非本有，染後時言清淨。此處不可思議。「偈言：不染而清淨」。

《陀羅尼自在王經》[65]：

「心自性清淨。自性清淨心本來清淨。如彼心本體。」如來如是知。是故經言：「如來一念心相應慧，得阿耨多羅三藐三菩提故。」[66]。

3、佛無量功德：謂前際後際於一向染凡夫地中，常不捨離真如法身，一切諸佛法無異無差別。此處不可思議。「偈言：不相捨離法」。

《華嚴經、性起品》[67]：

「復次，佛子。如來智慧無處不至。何以故。以於一切眾生界中終無有一眾生身中而不具足如來功德及智慧者。但眾生顛倒（想），不知如來智。遠離顛倒，起一切智、無師智、無礙智。佛子。譬如有一極大經卷，如一三千大千世界，大千世界一切所有無不記錄。若與二千世界等者，悉記二千世界中事。若與小千世界等者，悉記小千世界中事。四天下等者，悉記一切四天下事。須彌山王等者，悉記須彌山王等事。地天宮等者，悉記地天宮殿中事。欲天宮等者，悉記欲天宮殿中事。色天宮等者，悉記色天宮殿中事。若與無色天宮等者，悉記一切無色界天宮殿中事。彼等三千大千世界極大經卷，在一極細小微塵內，一切微塵皆亦如是。時有一人出興於世，智慧聰達，具足成就清淨天眼。見此經卷在微塵內，作如是念：【云何如此廣大經卷在微塵內而不饒益諸眾生耶？我今應當勤作方便，破彼微塵，出此經卷，饒益眾生。】作是念已，爾時彼人即作方便，破壞微塵出此經卷饒益眾生。佛子。如來智慧、無相智慧、無閡智慧具足在於眾生身中。但愚癡眾生顛倒想覆，不知不見，不生信心。爾時如來以無障閡清淨天眼，觀察一切諸眾生身。既觀察已，作如是言：【奇哉！奇哉！云何

65 轉載於談錫永譯著，《寶性論梵本新譯》〈台北市：全佛出版社，2006 年〉，頁 59。（〈陀羅尼自在王菩薩品〉，《大正藏》第十三冊 ，頁 20b。）
66 後魏、勒那摩提譯，《究竟一乘寶性論》卷二，《大正藏》第三十一冊 ，頁 827a。
67 轉載於談錫永譯著，《寶性論梵本新譯》〈台北市：全佛出版社，2006 年〉，頁 59。

如來具足智慧在於身中而不知見？我當方便教彼眾生覺悟聖道，悉令永離一切妄想顛倒垢縛，令具足見如來智慧在其身內與佛無異。】如來即時教彼眾生修八聖道，捨離一切虛妄顛倒，離顛倒已，見如來智，與如來等饒益眾生故。」[68]。

4、佛所作業：同一時，一切處外，一切時，自然，無分別，隨順眾生心，隨順可化眾生根性，不錯不謬，隨順作佛業。此處不可思議。「偈言：自然無分別」故。依《陀羅尼自在王經》[69]：

「善男子。如來為令一切眾生入佛法中故，無量如來業作有量說。善男子。如來所有實作業者，於彼一切世間眾生，不可量不可數，不可思議不可知，不可以名字說。何以故？以難可得與前眾生故，以於一切諸佛國土不休息故，以一切諸佛悉平等故，以過一切諸世間心所作事故，以無分別猶如虛空悉平等故，以無異無差別法性體故。」如是等廣說已，又說不淨大毘琉璃摩尼寶珠譬喻言：「善男子。汝依此譬喻，應知如來業不可思議故，平等遍至故，一切處不可呵故，三世平等故，不斷絕三寶種故。諸佛如來雖如是住不可思議業中，而不捨離虛空法身。雖不捨離虛空法身，而於眾生隨所應聞名字、章句為之說法。雖為眾生如是說法，而常遠離一切眾生心所念觀。何以故？以如實知一切眾生諸心行故。」[70]。

（三）依此妙法身出生於三寶，有一因三緣，偈言：

「釋疏偈二首」

所覺菩提法　　依菩提分知　　菩提分教化　　眾生覺菩提

初句為正因　　餘三為淨緣　　前二自利益　　後二利益他[71]

68　後魏、勒那摩提譯，《究竟一乘寶性論》卷二，《大正藏》第三十一冊，頁 827b-827c。
69　轉載於談錫永譯著，《寶性論梵本新譯》〈台北市：全佛出版社，2006 年〉，頁 61。
70　後魏、勒那摩提譯，《究竟一乘寶性論》卷二，《大正藏》第三十一冊，頁 827c。
71　同上。菩提分（bodhyanga），覺支。達到覺悟的種種修行方法。

釋疏：

1、一正因：所覺菩提法，謂所證法應知，以彼證法名為菩提。「偈言：所覺菩提法故。」

2、三淨緣：①依菩提分知：以諸佛菩提功德能作佛菩提因故。「偈言：依菩提分知故。」

②菩提分教化者。「偈言：以菩提分令他覺故。」

③眾生覺菩提者。「偈言：所化眾生覺菩提故。」

3、此四種句，總攝一切所知境界。次第不取相，依此行，得清淨菩提出生三寶。「偈言：所覺菩提法，依菩提分知、菩提分教化、眾生覺菩提故。」。以一句因、三因緣故。如來得阿耨多羅三藐三菩提，以得菩提者(一正因，自利)，十力等諸佛如來法，三十二種諸佛如來作業，依如來業，眾生聲聞(三淨緣，利他)依彼法故，得清淨因緣出三寶應知。是故「偈言：初句為正因，餘三為淨緣故」。

第四節
《寶性論》卷三（《《大正藏》》第三十一冊，頁 828a-836）

承卷二，自性清淨法身，從無始世來，過於恒沙無邊煩惱所纏，隨順世間，曰「一切眾生有如來藏」，本卷為《寶性論》中心議題，自性清淨為煩惱所纏，依《如來藏經》論述，以「如來藏十義」來描述如來藏總相。

壹〈一切眾生有如來藏第五〉

「註釋偈二首」

真如有雜垢　　及遠離諸垢　　佛無量功德　　及佛所作業
如是妙境界　　是諸佛所知　　依此妙法身　　出生於三寶[72]

釋疏：自此以後餘殘論偈，次第依四句廣門差別說。

「註釋偈一首」

佛法身遍滿　　真如無差別　　皆實有佛性　　是故說常有[73]

釋疏：

72　後魏、勒那摩提譯，《究竟一乘寶性論》卷三，《大正藏》第三十一冊同上，頁 828a。
73　同上。

「真如有雜垢」，闡述一切眾生有如來藏。

（一）總說：有三種義，是故，如來說一切時一切眾生有如來藏。此三義，依《如來藏經》論述，本文於卷三〈無量煩惱所纏品第六〉之「如來藏三自性」中詳述。

1、法身（dharmakāra）：如來法身遍在一切諸眾生身，「偈言：佛法身遍滿故」。

2、真如（tathā）：如來真如無差別，「偈言：真如無差別故」。

3、種性（gotra）：一切眾生皆悉實有佛性，「偈言：皆實有佛性故」。

（二）別說：，略說此偈有十種義，依此十種說第一義實智境界佛性差別應知。

『論本偈四首』

一切眾生界　不離諸佛智　以彼淨無垢　性體不二故
依一切諸佛　平等法性身　知一切眾生　皆有如來藏
體及因果業　相應及以行　時差別遍處　不變無差別
彼妙義次第　第一真法性　我如是略說　汝今應善知[74]

釋疏：何等為十？依次為：

（一）體（自性，svbhāva）、（二）因（hetu）、（三）果（phala）、（四）業（karman）、（五）相應（yoga）、（六）行（vrtti）、（七）時差別（avasthāprabheda）、（八）遍一切處（sarvatraga）、（九）不變（avikāra）、（十）無差別（asambheda）。

（一）自性義

『論本偈上半首』

74　同上，頁 828b。

自性常不染　　如寶空淨水[75]

「註釋偈一首」

自在力不變　　思實體柔軟　　寶空水功德　　相似相對法[76]

釋疏（表 2-3）：如來法身三種清淨功德，有三種義，次第依於自相、同相。如如意寶珠、虛空、淨水相似相對法。此明何義？思者（同相）依如來法身，所思所修（自相）皆悉成就故。

表 2- 3 自性清淨相似相對法

自性清淨	相似相對法
法身	寶珠（自在力，所思所修能滿一切願）
真如	虛空（不變，不變異性如虛空）
種性	水（柔軟，眾生慈悲之柔軟如水）

（二）因義

『論本偈下半首』

信法及般若　　三昧大悲等[77]

「註釋偈二首」

有四種障礙　　謗法及著我　　怖畏世間苦　　捨離諸眾生[78]

闡提及外道　　聲聞及自（緣）覺　　信等四種法　　清淨因應知[79]

75　同上。
76　同上。
77　後魏、勒那摩提譯，《究竟一乘寶性論》卷三，《大正藏》第三十一冊同上，頁 828b。
78　世間（sāṃsāra），生死輪迴。黃寶生譯注，《梵漢究竟一乘寶性論》（北京：中國社會科學出版社，2017 年），頁 97。
79　後魏、勒那摩提譯，《究竟一乘寶性論》卷三，《大正藏》第三十一冊同上，，頁 828c。

釋疏：

1. 定義眾生（圖 2-2）：

一切眾生界中，有三種眾生：一者、求有。二者、遠離求有。三者、不求彼二。

「求有」者，有二種：一者、謗解脫道，無涅槃性，常求住世間，不求證涅槃。二者、於佛法中闡提同位，以謗大乘故。是故《不增不減經》言：「舍利弗。若有比丘比丘尼優婆塞優婆夷。若起一見，若起二見，諸佛如來非彼世尊，如是等人非我弟子。舍利弗。是人以起二見因緣，從闇入闇，從冥入冥，我說是等名一闡提故。」。「偈言：謗法故。闡提故。」。

「遠離求有」者，亦有二種：一者、無求道方便。二者、有求道方便。無求道方者，亦有二種，一者、多種外道種種邪計，謂僧佉、衛世師、尼揵陀若提子[80]等。二者、於佛法中同外道行，雖信佛法而顛倒取，如犢子[81]等，見身中有我等，不信第一義諦，不信真如法空。佛說此種人無異外道，復有計空為有，以我相憍慢故。何以故？以如來為說空解脫門令得覺知，而此種人仍猶計唯空無實。為彼人故，『寶積經』中佛告迦葉：「寧見計我如須彌山，而不用見憍慢眾生計空為有。迦葉。一切邪見解空得離。若見空為有，彼不可化令離世間故。」。「偈言：及著我故，及外道故。」。有方便求道者，亦有二種，一者、聲聞。「偈言：怖畏世間苦故。聲聞故。」二者、辟支佛。「偈言：捨離諸眾生故。及自覺故。」。

「不求彼二」者，即第一利根眾生諸菩薩摩訶薩也。何以故？諸菩薩見世間涅槃道平等，不住涅槃心，以世間法不能染，而修

80 僧佉、衛世師指數論（sāṃkhya）和勝論（vaiśesika）。尼揵陀若提子（nigranthiputra）指耆那教徒。黃寶生譯注，《梵漢究竟一乘寶性論》（北京：中國社會科學出版社，2017 年），頁 99。

81 犢子指部派佛教中的犢子部（vātisputriya），他們持有補特伽羅見，即我見。

圖 2-2 眾生義 [82][83][84][85]

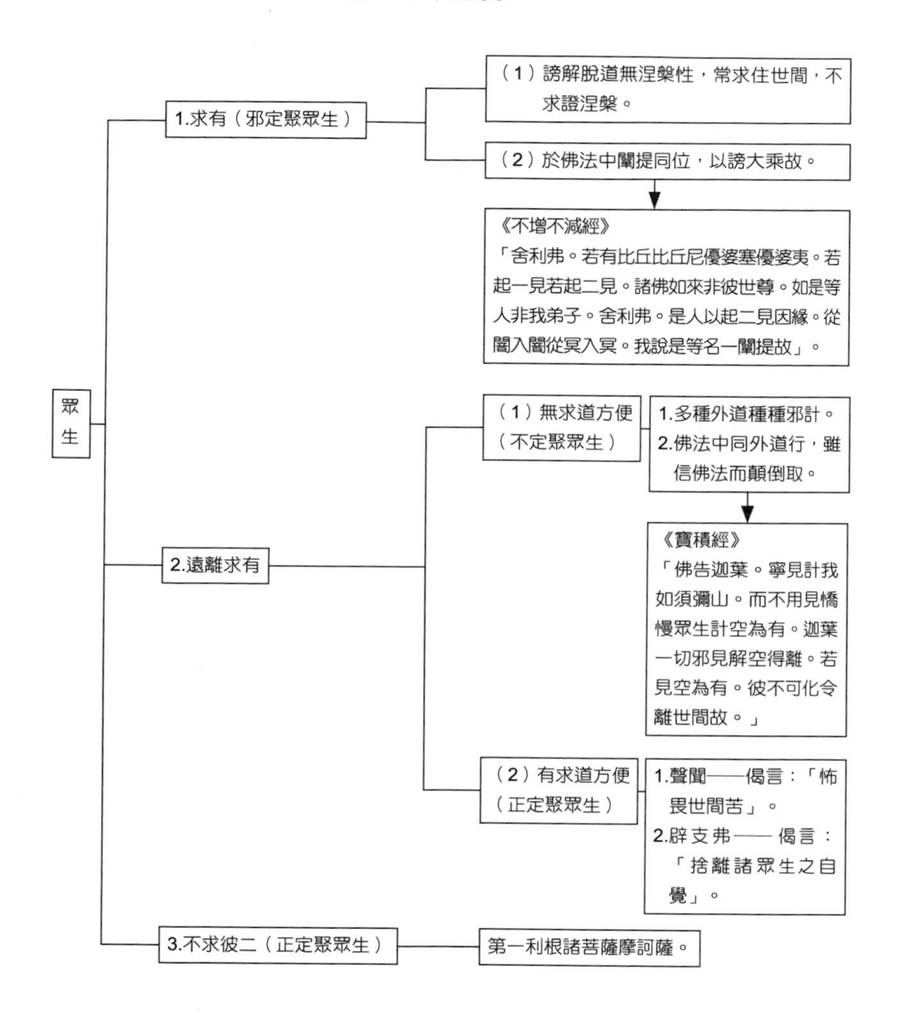

82　元魏、菩提流支譯，《佛説不增不減經》，《大正藏》第十六冊，頁 467c。
83　同上。
84　轉載於談錫永譯著，《寶性論梵本新譯》〈台北市：全佛出版社，2006 年〉，頁 67。（《大寶積經》錄於《大正藏》第十二冊）
85　後魏、勒那摩提譯，《究竟一乘寶性論》卷三，《大正藏》第三十一冊 ，頁 828c。

行世間，行堅固、慈悲、涅槃心，善住根本清淨法中。因此，不會如一闡提求有、種種外道等無方便求道、聲聞辟支佛有方便求道。

「求有眾生一闡提人，及佛法中同闡提位」，稱為「邪定聚眾生」。又「遠離求有眾生中，無方便求道眾生」，名為「不定聚眾生」。又「遠離求有眾生中，求離世間方便求道聲聞辟支佛、及不求彼二平等道智菩薩摩訶薩」。名為「正定聚眾生。」。

2. 眾生障（表 2-4），依次第（除求於無障碍道大乘眾生外）如下：

除求於無障礙道大乘眾生外，餘有四種眾生障，一者、闡提。二者、外道。三者、聲聞。四者、辟支佛。

此四眾生，有四種障，不能證、不能會、不能見如來之性。一者、謗大乘法一闡提障，對治之道，謂諸菩薩摩訶薩信大乘故，「偈言：信法故。」。二者、橫計身中有我諸外道障，對治之道，謂諸菩薩摩訶薩修行般若波羅蜜故，「偈言：及般若故。」。三者、怖畏世間諸苦聲聞人障，對治之道，謂諸菩薩摩訶薩修行虛空藏、首楞嚴等諸三昧[86]故，「偈言：三昧故。」。四者、背捨利益一切眾生捨大悲心辟支佛障，對治之道，謂諸菩薩摩訶薩修行大悲，為利益眾生故，「偈言：大悲故。」。是名四種障，障四種眾生。

表 2-4 眾生障對治 (因) 法

眾生	障碍	對治（因）
1. 一闡提	謗大乘法，一闡提障	諸菩薩摩訶薩，信大乘故。偈言：「信法故」。
2. 外道	橫計身中有我，諸外道障	諸菩薩摩訶薩，修行波若波羅密多故。偈言：「及般若故」。

86　虛空藏（gaganagañja）、首楞嚴（śūrangama）為三昧（samādhi）名稱。黃寶生譯注，《梵漢究竟一乘寶性論》（北京：中國社會科學出版社，2017 年），頁 101。

3. 聲聞	怖畏世間苦，聲聞人障	諸菩薩摩訶薩，修行虛空藏、首楞嚴等諸三昧。偈言：「三昧故」。
4. 辟支佛	背捨眾生利益捨大悲心，辟支佛障	諸菩薩摩訶薩，修行大悲，為利益眾生故。偈言：「大悲故」。

3、說因：

釋疏：

諸菩薩摩訶薩，信修行大乘等四種對治法，得無上清淨法身，到第一彼岸[87]。何以故？依此四種清淨法界修習善法，此是諸佛隨順法子於佛家生，「偈言：信等四種法清淨因應知故。」。彼信等四法，如來法身因此能清淨。

「釋疏偈一首」

大乘信為子　　般若以為母　　禪胎大悲乳　　諸佛如實子[88]

（三）果義

『論本偈上半首』

淨我樂常等　　彼岸功德果[89]

「註釋偈一首」

略說四句義　　四種顛倒法　　於法身中倒　　修行對治法[90]

87　第一彼岸（paramatāmadhigacchanti），達到最高清淨。黃寶生譯注，《梵漢究竟一乘寶性論》（北京：中國社會科學出版社，2017 年），頁 102。

88　後魏、勒那摩提譯，《究竟一乘寶性論》卷三，《大正藏》第三十一冊 ，頁 829b。黃寶生譯注，《梵漢究竟一乘寶性論》譯註為「虔信至上大乘是種子，產生佛法的般若是母親，禪是樂胎藏，慈悲乳母，他們由此生為摩尼之子。」

89　後魏、勒那摩提譯，《究竟一乘寶性論》卷三，《大正藏》第三十一冊 ，頁 829b。。

90　同上。

釋疏：

有四種法，如來法身四種功德波羅蜜果，彼次第對治四顛倒。「偈言：略說四句義故。」。

1. 有四顛倒想，於色等五蘊中，無常起於常想，苦起於樂想，無我起於我想，不淨起於淨想，列表說明（表 2-5）：

一者、於色等無常中起常想。二者、於苦法中起樂想。三者、於無我中起我想。四者、於不淨中起淨想。「偈言：四種顛倒法故。」。對治此四種顛倒想，有四種非顛倒想法，於色等無常中生無常想、苦想、無我想、不淨想等，是名四種不顛倒想對治。「偈言：修行對治法故。」。

四種顛倒想對治，依如來功德法身，卻是復顛倒想。「偈言：於法身中倒故。」。對治此倒，說有如來法身功德四種波羅蜜果。常波羅蜜、樂波羅蜜、我波羅蜜、淨波羅蜜等四種波羅蜜果。「偈言：修行對治法故。」。是故聖者《勝鬘經》[91]言：「世尊。凡夫眾生於五陰法起顛倒想，謂無常常想，苦有樂想，無我我想，不淨淨想。世尊。一切阿羅漢、辟支佛空智者，於一切智境界及如來法身本所不見。若有眾生，信佛語故，於如來法身起常想、樂想、我想、淨想，世尊。彼諸眾生非顛倒見，是名正見。何以故？唯如來法身，是常波羅蜜、樂波羅蜜、我波羅蜜、淨波羅蜜。世尊。若有眾生於佛法身作是見者，是名正見。世尊。正見者是佛真子，從佛口生，從正法生，從法化生，得法餘財。[92]」

四種如來法身功德波羅蜜，從因向果，次第說淨、我、樂、常。

一者、誹謗大乘一闡提障，實無有淨，而心樂著取世間淨。此障對治，謂諸菩薩摩訶薩「信大乘」修行，證得第一「淨」波羅蜜果。二者、於五陰中見有神我諸外道障，實無神我（ātman）而樂著取我。此障對治，謂諸菩薩摩訶薩修行「般若」波羅蜜，證得第一「我」波羅蜜果。三者、

91 宋、求那跋陀羅譯，《勝鬘師子吼一乘大方便方廣經》〈顛倒真實章第十二〉，《大正藏》第十二冊，頁 222a。（凡夫識者二見顛倒。一切阿羅漢、辟支佛智者，則是清淨。但非如來之一切智境界。）

92 後魏、勒那摩提譯，《究竟一乘寶性論》卷三，《大正藏》第三十一冊，頁 829c。

諸聲聞人畏世間苦，為對治彼畏世間苦，諸菩薩摩訶薩修行一切世間出世間諸三昧故，證得第一「樂」波羅蜜果應知。四者、辟支佛人棄捨利益一切眾生樂住寂靜，為對治彼棄捨眾生，諸菩薩摩訶薩修行大悲，住無限齊世間，常利益眾生，證得第一「常」波羅蜜果應知。

諸菩薩摩訶薩信、般若、三昧及大悲四種修行，次第得如來身淨我樂常四種功德波羅蜜果。

表 2-5 眾生四顛倒想對治法之因和果

眾生四顛倒想	對治法（因）	法身功德（果）
1、（誹謗大乘）一闡提障：實無有淨，而心樂取世間淨。	信大乘修行	淨波羅密
2、（五陰中，見有神我）諸外道障：實無神我，而樂著取我。	修行般若波羅密	我波羅密
3、人畏世間苦	修行一切世間、出世間諸三昧。	樂波羅密
4、辟支佛：棄捨一切眾生利益，樂住寂靜	修行大悲	常波羅密

「註釋偈一首」

如清淨真空　　得第一無我　　諸佛得淨體　　是名得大身

釋疏：

一切外道執著色等非真實事，以為有我，取著我相。不知我相，虛妄顛倒，一切法無我；如來如實智，知一切法無我到第一彼岸。如來無我、無自我相，以一切時如實見知，不虛妄、非顛倒故。「無我」者，無彼外道虛妄神我；「有我」者，如來有彼得自在我。

「得大身」者，謂如來得第一清淨真如法身，諸佛如來實我，以得自在體，以得第一清淨身。「偈言：諸佛得淨體故。」，因此，諸佛得清淨自在。「偈言：是名得大身故。」。

諸佛如來於無漏界中得為第一最自在我。（1）如來法身不名為「有」，以無我相、無法相，不得言「有」，以如彼相無故。（2）如來法身不名為「無」，以唯有真如我體，不得言「無」法身，以如彼相有故。

因此，若諸外道問，如來死後為有身耶？為無身耶？有如是等。是故，如來『不記不答』。

四種如來法身，一者、諸佛如來究竟如虛空盡未來際，廣大如法界修行「信大乘」。二者、諸佛如來常得清淨法界到第一彼岸，廣大如法界修行「般若」。三者、諸佛如來成就虛空法身，以器世間究竟無我，廣大如法界修行「虛空藏等無量三昧」。四者、諸佛如來於一切處一切法中皆得自在究竟如虛空，廣大如法界修行「大悲」。於一切眾生無限齊時得慈悲心平等，是故說言盡未來際。此四種波羅蜜等住無漏界中，聲聞辟支佛得大力自在。

2、有四障：雖住無漏界中，但仍有四障無法證得如來功德法身第一彼岸：

①緣相障：無明住地緣，即此無明住地與行作緣，如無明緣行，無明住地緣亦如是故。

②因相障：謂無明住地緣行，即此無明住地緣行為因，如行緣識，無漏業緣亦如是故。

③生相障：無明住地緣依無漏業因，生三種意生身，如四種取，緣依有漏業因而生三界，三種意生身生亦如是故。

④壞相障：謂三種意生身緣不可思議變易死，如依生緣，故有老死，三種意生身緣不可思議變易死亦如是故。

（1）無明住地四障，如表 2-6

（2）一切煩惱染皆依無明住地為根本。以不離無明住地，聲聞、辟支佛、大力菩未能遠離無明住地垢，故未得究竟無為「淨」波羅蜜。又依彼無明住地緣，以細相戲論習未能永滅，是故未得究竟無為「我」波羅蜜。又依彼無明住地緣，有細相戲論集因

表 2-6 無明住地四障對治法之因和果

無明住地四障	對治法（因）	如來法身（果）
1、緣相障，依無明住地，有煩惱染。	1、本來自性清淨 2、離垢清淨	淨波羅密
2、因相障，依無明住地，以細相戲論習，未得永滅。	1、遠離諸外道邊，以離虛妄我戲論 2、遠離諸聲聞邊，以離無我戲論	我波羅密
3、生相障，依無明住地，有細相戲論集，因無漏業生，於意陰未得永滅。	1、遠離一切苦 2、遠離一切煩惱習氣	樂波羅密
4、壞相障，以諸煩惱染、業染、生染未得永滅。	1、不滅一切諸有為行，以離斷見邊故 2、不取無為涅槃，以離常見邊故	常波羅密

無漏業生，於意陰未能永滅，故未得究竟無為「樂」波羅蜜。又依諸煩惱染、業染、生染未能永滅，則無法證得究竟甘露如來法身。因未遠離不可思議變易生死，故未得究竟。是故未得究竟不變異體，是故未得究竟無為「常」波羅蜜。又如煩惱染，無明住地亦如是。如業染，無漏業行亦如是。如生染，三種意生身及不可思議變易死亦如是。如聖者《勝鬘經》言[93]：「世尊。譬如取緣有漏業因而生三有。如是，世尊。依無明住地緣無漏業因，生阿羅漢、辟支佛、大力菩薩三種意生身。世尊。此三乘地三種意生身生，及無漏業生，依無明住地有緣非無緣。[94]」

聲聞、辟支佛、大力菩薩三種意生身中，無淨、我、樂、

93　宋、求那跋陀羅譯，《勝鬘師子吼一乘大方便方廣經》〈一乘章第五〉，《大正藏》第十二冊，頁 220a。（謂以無明住地為緣，以為漏業為因，生阿羅漢、辟支佛、大力菩薩三種意生身。此三種意生身及無漏業，緣於無明住地煩惱。）

94　後魏、勒那摩提譯，《究竟一乘寶性論》卷三，《大正藏》第三十一冊，頁 830b。

常波羅蜜彼岸功德身。是故，聖者《勝鬘經》[95]：「唯如來法身。是常波羅蜜、樂波羅蜜、我波羅蜜、淨波羅蜜。[96]」

（3）因此，（一）以如來法身自性清淨，離一切煩惱障、智障習氣，故名為「淨」。是故說言：「唯如來法身是淨波羅蜜」。有二種法，一者、本來自性清淨，以因相故。二者、離垢清淨，以勝相故。（二）以得寂靜第一自在我故，離無我戲論，究竟寂靜，故名為「我」。是故說言：「唯如來法身是我波羅蜜」。有二種法，一者、遠離諸外道邊，以離虛妄我戲論故。二者、遠離諸聲聞邊，以離無我戲論故。（三）以得遠離意生陰身因，故名為「樂」。是故說言：「唯如來法身是樂波羅蜜」。有二種法，一者、遠離一切苦，以滅一切種苦故，以滅一切意生身故。二者、遠離一切煩惱習氣，以證一切法故。（四）以世間涅槃平等證，故名為「常」。是故說言：「唯如來法身是常波羅蜜」，有二種法，一者、不滅一切諸有為行，以離斷見邊故。二者、不取無為涅槃，以離常見邊故。聖者《勝鬘經》言[97]：「世尊。見諸行無常。是斷見非正見見涅槃常。是常見非正見。妄想見故。[98]」

3、說果

「釋疏偈一首」

無分別之人　不分別世間　不分別涅槃　涅槃有平等[99]

釋疏：

依如是向說，法界法門第一義諦，說即世間法名為涅槃，以此二法

95 宋、求那跋陀羅譯，《勝鬘師子吼一乘大方便方廣經》〈顛倒真實章第十二〉，《大正藏》第十二冊，頁 222a。
96 後魏、勒那摩提譯，《究竟一乘寶性論》卷三，《大正藏》第三十一冊，頁 829c。
97 宋、求那跋陀羅譯，《勝鬘師子吼一乘大方便方廣經》〈顛倒真實章第十二〉，《大正藏》第十二冊，頁 222a。
98 後魏、勒那摩提譯，《究竟一乘寶性論》卷三，《大正藏》第三十一冊，頁 830c。
99 同上，頁 831a。

不分別，以證不住世間涅槃。聖者《勝鬘經》言：「世尊。若無如來藏者，不得厭苦樂求涅槃，亦無欲涅槃，亦不願求。」

（四）業義

『論本偈下半首』

厭苦求涅槃　　欲願等諸業[100]

「註釋偈一首」[101]：

若無佛性者　　不得厭諸苦　　不求涅槃樂　　亦不欲不願[102]

釋疏：

此明何義？略說佛性清淨正因，於不定聚眾生能作二種業。一者、依見世間種種苦惱，厭諸苦，生心欲離諸世間中一切苦惱。「偈言：若無佛性者不得厭諸苦故」。二者、依見涅槃樂，悕寂樂故，生求心、欲心、願心。「偈言：若無佛性者，不求涅槃樂，亦不欲不願故」。又欲者，求涅槃故。求者，悕涅槃故。悕者，於悕求法中不怯弱故。欲得者，於所求法中方便追求故，諮問故。願者，所期法故。期法者，心心相行。

「釋疏偈一首」

見苦果樂果　　此依性而有　　若無佛性者　　不起如是心[103]

100　同上，頁 829b。

101　宋、求那跋陀羅譯，《勝鬘師子吼一乘大方便方廣經》〈自性清淨章第十三〉，《大正藏》第十二冊　，頁 222b。（世尊，若無如來藏者，不得厭苦，樂求涅槃。何以故？於此六識及心法智，此七法剎那不住，不種眾苦，不得厭苦，樂求涅槃。世尊，如來藏者，無前際、不起、不滅法，種諸苦，得厭苦，樂求涅槃。）

102　後魏、勒那摩提譯，《究竟一乘寶性論》卷三，《大正藏》第三十一冊，頁 831a。

103　同上。

釋疏：

此偈明何義？凡所有見世間苦果、所有見涅槃樂果者。此二種法，善根眾生有一切因依因真如佛性而有。若離佛性，無因緣，不起如是心。「偈言：見苦果樂果。」，此依性而有故。若無因緣，不生如是心者，如一闡提等無涅槃性者，應發菩提心。「偈言：若無佛性者，不起如是心故。」。由於，因性未離一切客塵煩惱諸垢，於三乘中未曾修習一乘信心，又未親近善知識等，未修習親近善知識因緣。是故《華嚴經性起品》中言：「次有乃至邪見聚等眾生身中，皆有如來日輪光照，作彼眾生利益，作未來因善根，增長諸白法故。」。一闡提常不入涅槃，無涅槃性者，無量時[104]，欲示現謗大乘因故，為欲誹謗大乘心，而不求大乘心故。事實上，一闡提實有清淨性，不能否定一闡提沒有常、畢竟清淨性。

（五）相應義

『論本偈上半首』

大海器寶水　　無量不可盡[105]

「註釋偈一首」

佛法身慧定　　悲攝眾生性　　海珍寶水等　　相似相對法[106]

釋疏（如表 2-7）：

此偈明何義？於如來性依「因」，畢竟成就相應義，次第有大海、珍寶、水等三種相似相對法。一者、法身清淨因，信修行大乘，器相似相對法，因無量不可盡，故喻「海」相似相對法故。「偈言：佛法身故。」。

104 無量時（kālāntara），一段時間、暫時。黃寶生譯注，《梵漢究竟一乘寶性論》（北京：中國社會科學出版社，2017 年），頁 118。
105 後魏、勒那摩提譯，《究竟一乘寶性論》卷三，《大正藏》第三十一冊，頁 831b。
106 同上。

二者、集佛智因，般若三昧，珍寶相似相對法，無分別不可思議有大勢力功德，故喻「珍寶」相似相對法故。「偈言：慧定故。」。三者、得如來大悲因，大慈悲心水相似相對法，於一切眾生柔軟大悲得一味等味相行。故喻「水」相似相對法故。「偈言：悲攝眾生性故」。因此，此三種法與三種因和合，畢竟不相捨離，故名「相應」。

表 2-7 因性之相似相對法 (相應)

因	對治	相似相對法（相應）
法身清淨	信修行大乘器	海（以彼無量不可盡故，偈言：「佛法身」故。）
佛集智	般若三昧	珍寶（以彼無分別不可思議，有大勢力功德相應故，偈言：「慧定」故。）
如來大悲	大慈悲心	水（以於一切眾生柔軟大悲，得一味等味相行故，偈言：「悲攝眾生」故。）

『論本偈下半首』

如燈明觸色　　性功德如是[107]

「註釋偈一首」

通智及無垢　　不離於真如　　如燈明煖色　　無垢異相似[108]

釋疏 (如表 2-8)：

此偈明何義？於如來法界依「果」相應義，次第有通、煖、無垢等三種相似相對法。一者、通，有五通光明相似相對法，以受用事能散滅彼與智相違所治闇法，能治相似相對法。「偈言：通故，明故」。二者、知漏盡智，無漏智，煖相似相對法，以能燒業煩惱無有餘殘，能燒相似相對法。「偈言：智故，煖故。」。三者、漏盡，轉身漏盡，色相似相對法。

107 同上。
108 同上，頁 831c。

無垢以離煩惱障，清淨以離智障，光明如自性清淨體，以常無垢清淨光明具足相無垢相似相對法。「偈言：無垢故，色故。」

六種無漏智。離煩惱，學身所攝法，於無漏法界中彼此迭共不相捨離，不差別、法界平等畢竟，名「相應」義。

表 2-8 果性之相似相對法（相應）

果	對治	相似相對法（相應）
通	五通光明	燈之明（光）（受用及能散滅，治闇法能治，偈言：「明」故，「通」故。）
知漏盡智	無漏智	燈之煖（熱）（燒業煩惱，無有殘餘，偈言：「智」故，「煖」故。）
漏盡	轉身漏盡	燈之色（轉身漏盡，得無垢清淨。無垢者，雜煩惱障，清淨者，離智障。煩惱及智是客塵煩惱，而光明是自性清淨之體，偈言：「色」故。）

（六）行義

『論本偈一首』

見實者說言　凡夫聖人佛　眾生如來藏　真如無差別 [109]

「註釋偈一首」

凡夫心顛倒　見實異於彼　如實不顛倒　諸佛離戲論 [110]

釋疏（如表 2-9）：

此偈明何義？如來法界中一切法真如清淨明同相，依般若波羅蜜無

109 同上。
110 同上。

分別智法門等，為諸菩薩摩訶薩說。此以何義？略明依三種人：凡夫、聖人、佛三種人，雖真如無差別，但其行（顯現）卻不相同。依三種人，一者、不實見凡夫。二者、實見聖人。三者、畢竟成就如來法身。次第依三種行，一者、取顛倒。二者、離顛倒。三者、離戲論。（一）取顛倒者，謂諸凡夫三種虛妄想心見故。「偈言：凡夫心顛倒故」。（二）離顛倒者，以聖人遠離虛妄想心見故。「偈言：見實異於彼故」。（三）離戲論者，正離顛倒及諸戲論，以煩惱障智障及煩惱習氣諸佛如來根本永盡故。「偈言：如實不顛倒諸佛離戲論故」。

自此以下即依此行，餘四種義廣差別說。

表 2-9 三種人行義 (顯現)

三種人	行（顯現）
凡夫（不實見）	取顛倒
聖人（實見）	離顛倒
如來（畢竟成就）	離戲論

(七) 時差別

『論本偈一首』

有不淨有淨　　及以善淨等　　如是次第說　　眾生菩薩佛[111]

「註釋偈一首」

體等六句義　　略明法性體　　次第三時中　　說三種名字[112]

釋疏 (如表 2-10)：

上述，如來依攝聚體、因果、業、相應及行等六種句義廣說無漏法

111 同上，頁 832a。
112 同上。

性種種法門。「偈言：體等六句義略明法性體故」。

依時差別，於三時中，次第說三種名字。「偈言：次第三時中說三種名字故。」。一者、不淨時名為眾生。「偈言：有不淨故。」二者、不淨淨時名為菩薩。「偈言：有淨故。」。三者、善淨時名為如來。「偈言：及以善淨故以是義故。」。《不增不減經》言：「舍利弗。即此法身過於恒沙、無量煩惱所纏，從無始來隨順世間生死濤波去來生退，名為眾生。舍利弗。即此法身厭離世間生死苦惱，捨一切欲，行十波羅蜜，攝八萬四千法門，修菩提行，名為菩薩。舍利弗。即此法身得離一切煩惱使纏，過一切苦，離一切煩惱垢，得淨得清淨，得住彼岸清淨法中，到一切眾生所觀之地，於一切境界中更無勝者，離一切障，離一切礙，於一切法中得自在力，名為如來、應、正遍知故。」。「偈言：如是次第說眾生、菩薩、佛故。」。

表 2-10 法身隨順世間三時差

三種人	三時（《不增不減經》[113]）	界（dhatu）
眾生	此法身過於恒沙，無量煩惱所纏，從無始來隨順世間生死濤波去來生退名為眾生。	不淨
菩薩	此法身厭離世間生死苦惱，捨一切欲，行十波羅蜜，攝八萬四千法門，修菩提法。	有淨
佛	此法身得離一切煩惱、使、纏。過一切苦，離一切煩惱垢，得淨、得清淨，得住彼岸清淨法中，到一切眾生所觀之地，於一切境界中更無勝著，離一切障，離一切碍，於一切法中得自在力，名為如來、應、正遍知。	淨

113 元魏、菩提流支譯，《佛說不增不減經》，《大正藏》第十六冊 ，頁 467b。（是故舍利弗，不離眾生界有法身，不離法身，有眾生界。眾生界即法身，法身即眾生界。舍利弗，此二法者義一名異。）

（八）如來法性遍一切處

『論本偈一首』

如空遍一切　　而空無分別　　自性無垢心　　亦遍無分別[114]

「註釋偈一首」

過功德畢竟　　遍至及同相　　下中勝眾生　　如虛空中色[115]

釋疏：

此偈明何義？次依三時，說如來法性遍一切處。所有凡夫、聖人、諸佛如來，自性清淨心平等無分別的。雖然於過失時、於功德時、於功德清淨畢竟時，有三時中次第差別，但是，從總相說，猶如虛空在瓦、銀、金三種器中，同樣是平等、無異、無差別的。如《不增不減經》言：「不離眾生界有法身，不離法身有眾生界。眾生界即法身，法身即眾生界。舍利弗。此二法者，義一名異。」[116]

（九）（染淨）時不變不異

釋疏：

次依三時，說如來法性遍至一切處，並說依染淨時不變不異，有十五偈。

「釋疏偈一首」

諸過客塵來　　性功德相應　　真法體不變　　如本後亦爾[117]

114 後魏、勒那摩提譯，《究竟一乘寶性論》卷三，《大正藏》第三十一冊，頁 832b。
115 同上。
116 元魏、菩提流支譯，《佛說不增不減經》，《大正藏》第十六冊，頁 467b。
117 後魏、勒那摩提譯，《究竟一乘寶性論》卷三，《大正藏》第三十一冊，頁 832b。

「**釋疏偈三首**」

十一偈及二	次第不淨時	煩惱客塵過	第十四十五
於善淨時中	過恒沙佛法	不離脫思議	佛自性功德
本際中間際	及以後際等	如來真如性	體不變不異[118]

釋疏：

自性清淨為客塵所染，而在不淨、淨不淨、善淨均是不變異。論本偈共有十五偈，依次第說明，第一偈至第十一偈是不淨時的不變不異，第十二、十三偈是淨不淨時不變不異，第十四、十五偈是善淨時不變不異。

1、不淨時不變不異

『**論本偈十一首**』

如虛空遍至	體細塵不染	佛性遍眾生	諸煩惱不染
如一切世間	依虛空生滅	依於無漏界	有諸根生滅
火不燒虛空	若燒無是處	如是老病死	不能燒佛性
地依於水住	水復依於風	風依於虛空	空不依地等
如是陰界根	住煩惱業中	諸煩惱業等	住不善思惟
不善思惟行	住清淨心中	自性清淨心	不住彼諸法
陰入界如地	煩惱業如水	不正念如風	淨心界如空
依性起邪念	念起煩惱業	依因煩惱業	能起陰入界
依止於五陰	界入等諸法	有諸根生滅	如世界成壞
淨心如虛空	無因復無緣	及無和合義	亦無生住滅
如虛空淨心	常明元轉變	為虛妄分別	客塵煩惱染[119]

118 同上，頁 832b-c。
119 同上，頁 832c。

釋疏：

用「虛空」譬喻，說明如來性，於不淨時，法體不變。

偈言：

「註釋偈三首」

不正思惟風　　諸業煩惱水　　自性心虛空　　不為彼二生
自性清淨心　　其相如虛空　　邪念思惟風　　所不能散壞
諸業煩惱水　　所不能濕爛　　老病死熾火　　所不能燒燃 [120]

釋疏：

此偈明何義？因邪念（非如理作意）風輪起業煩惱水聚，依業煩惱水聚，生陰界入世間（老病死）火，然而，自性心虛空不生不起。「偈言：不正思惟風，諸業煩惱水，自性心虛空，不為彼二生故」。因此，依邪念風災，業行煩惱水災，老病死等火災，吹浸燒壞陰入界世間，而自性清淨心虛空常住不壞。如不淨時中諸煩惱染、業染、生染，有集有滅之「器世間」相似相對法譬喻；而諸佛如來無為之性，猶如虛空不生不滅，常不變易示現法體，此自性清淨法門，以「虛空」譬喻。 於《陀羅尼自在王菩薩經》中廣說：「諸善男子。煩惱本無體，真性本明淨。一切煩惱羸薄，毘婆舍那（vipaśyanā）有大勢力，一切煩惱客塵，自性清淨心根本。一切諸煩惱虛妄分別，自性清淨心如實不分別。諸佛子。譬如大地依水而住，水依風住，風依空住，而彼虛空無依住處。諸善男子。如是四大，地大、水大、風大、空大。此四大中，唯虛空大以為最勝，以為大力，以為堅固，以為不動，以為不作，以為不散，不生不滅，自然而住。諸善男子。彼三種大生滅相應，無實體性剎那不住。諸佛子。此三種大變異無常。諸佛子。而虛空界常不變異。諸佛子。如是陰界入依業煩惱住，諸煩惱業依不正思惟住，不正思惟依於佛性自性清淨心住。」以是義故。

120 同上，頁 832c-833a。

經中說言：「自性清淨心客塵煩惱染。諸善男子。所有邪念，所有煩惱業，所有陰界入，如是諸法從於因緣和合而生，以諸因緣壞散而滅。諸善男子。彼自性清淨心無因無緣故，無和合，不生不滅。諸善男子。如虛空界，自性清淨心亦復如是。如風大界，不正思惟亦復如是。如水大海，諸業煩惱亦復如是。如地大界，陰界入等亦復如是。是故說言一切諸法皆無根本，皆無堅實，無住無住本，根本清淨，無根本故。[121]」

已說不淨時中「依無分別相，自性清淨心虛空界相似相對法」、「彼起不正念風界」、「依不正念諸業煩惱因相水界」、「彼生陰界入果相轉變地」等相似相對法之譬喻。未說「彼焚燒死病老等諸過患相火」相似相對法。是故次說偈言：

「釋疏偈一首」

有三火次第　　劫燒人地獄　　能作種種苦　　能熟諸行根[122]

釋疏：

老、病、死等猶如火，能劫燒人入地獄，能產生種種苦，能熟壞諸行根，故說「焚燒死病老等諸過患相火」相似相對法。然而，如來藏在不淨時中是不變不異。是故《勝鬘經》言[123]：「世尊。生死者，依世諦故說有生死。世尊。死者，諸根壞。世尊。生者，新諸根起。世尊。而如來藏不生，不死，不老，不變。何以故? 世尊。如來藏者，離有為相境界。世尊。如來藏者，常恒清涼不變故。」[124]

121 毘婆舍那（vipaśyanā），觀想。黃寶生譯注，《梵漢究竟一乘寶性論》（北京：中國社會科學出版社，2017 年），頁 134。
122 後魏、勒那摩提譯，《究竟一乘寶性論》卷三，《大正藏》第三十一冊 ，頁 833b。
123 宋、求那跋陀羅譯，《勝鬘師子吼一乘大方便方廣經》〈自性清淨章第十三〉，《大正藏》第十二冊，頁 222b。（世尊，有如來藏，故說生死，是名善說。世尊，生死，生死者，諸受根沒，次第不受根起，是名生死。世尊，死生者此二法是如來藏。世間言說故，有死有生。死者謂根壞，生者新諸根起。非如來藏有生有死，如來藏者，離有為相。如來藏，常住不變。）
124 後魏、勒那摩提譯，《究竟一乘寶性論》卷三，《大正藏》第三十一冊 ，頁 833b。

2、淨不淨時不變不異

『論本偈二首』

菩薩摩訶薩　如實知佛性　不生亦不滅　復無老病等
菩薩如是知　得離於生死　憐愍眾生故　示現有生滅[125]

「註釋偈一首」

老病死諸苦　聖人永滅盡　依業煩惱生　諸菩薩無彼[126]

釋疏：

老病死等苦火於「不淨」時，依業煩惱本生，如世間火依薪本生。

諸菩薩得生意生身，於「淨不淨」時，畢竟永滅盡，諸業煩惱等常不能燒燃。依慈悲力，示現生老病死、遠離生等，以見如實故。是故諸菩薩摩訶薩依善根結使（samyojana）生，而非依業煩惱結使生。以依心自在力生，依大悲力現於三界，示現生、示現老、示現病、示現死，而實無有生老病死諸苦等法，以如實見真如佛性不生不滅，是名「不淨淨時」。依愛無漏業根本煩惱，引用《大集經、海慧菩薩品》說明，菩薩在無漏界中由意生身來救濟眾生，並依其方便智來教化眾生，不是由有漏業之業煩惱所造成，所以亦為涅槃。但其涅槃是由「無為」與「有為」之心、心數法所相應的，所以是淨不淨位。《大集經、海慧菩薩品》經中說言[127]：「大海慧。何者能住世間善根相應煩惱？所謂集諸善根無有厭足故，以心願生攝取諸有故，求見一切諸佛如來故，教化一切眾生心不疲惓故，攝取一切諸佛妙法故，於諸眾生常作利益故，常不捨離樂貪諸法結使故，常不捨離諸波羅蜜結使故。大海慧。是名諸菩薩摩訶薩世間善根相應煩惱，依此煩惱諸菩薩摩訶薩生於三界受種種苦，不為三界煩

125 同上，頁 833b-c。
126 同上，頁 833c。
127 此經為《大集經》之〈海慧菩薩品〉，收錄於《大正藏》第十三冊。（北涼、曇無讖譯，《大方等大集經》卷十一〈海慧菩薩品〉，《大正藏》第十三冊，頁 68b。）

惱過患之所染污。大海慧菩薩白佛言：世尊。此諸善根以何義故，說名煩惱？佛告大海慧菩薩言：大海慧。如是煩惱，諸菩薩摩訶薩能生三界受種種苦。依此煩惱故，有三界。非染煩惱三界中生。大海慧。菩薩以方便智力，依善根力故，心生三界。是故，名為善根相應煩惱而生三界，非染心生。大海慧。譬如長者若居士等唯有一子，甚愛甚念，見者歡喜。而彼一子依愚癡心，因戲樂故，墮在極深糞廁井中。時彼父母及諸親屬，見彼一子墮在大廁深坑糞中。見已，歔欷悲泣啼哭，而不能入彼極深廁糞屎器中而出其子。爾時，彼處眾中更有一長者子，或一居士子，見彼小兒墮在深廁糞屎井中。見已，疾疾生一子想，生愛念心，不起惡心，即入深廁糞屎井中，出彼一子。大海慧。為顯彼義說此譬喻。大海慧。何者彼義？大海慧。言極深井糞屎坑者，名為三界。大海慧。言一子者，一切眾生。諸菩薩等於一切眾生生一子想。大海慧。爾時，父母及諸親者，名為聲聞辟支佛人。以二乘人見諸眾生墮在世間極大深坑糞屎井中。既見彼已，悲泣啼哭。而不能拔彼諸眾生。大海慧。彼時更有一長者子，一居士子者。名為菩薩摩訶薩。離諸煩惱，清淨無垢。以離垢心現見無為真如法界，以自在心現生三界，為教化彼諸眾生故。大海慧。是名菩薩摩訶薩大悲，畢竟遠離諸有，畢竟遠離諸縛，而迴生於三界有中，以依方便般若力故，諸煩惱火不能焚燒，欲令一切諸眾生等遠離諸縛，而為說法。大海慧。我今說此修多羅句，依諸菩薩心，為利益一切眾生，得自在力而生三有，依諸善根慈悲心力，依於方便般若力故。」[128] 因此，示現淨不淨時，菩薩摩訶薩以如實智知如來法身不生不滅，得如是菩薩摩訶薩功德法體。

次說，為欲教化諸眾生，以大毘琉璃摩尼寶喻《大集經、海慧菩薩品》經中說言：「大海慧。譬如無價大毘琉璃摩尼寶珠，善治、善淨、善光明，墮在泥中住一千年。彼摩尼寶經千年後乃出彼泥。出已水洗，洗已極淨。極淨洗已，然後極明。即不失本清淨無垢摩尼寶體。大海慧。菩薩摩訶

128 後魏、勒那摩提譯，《究竟一乘寶性論》卷三，《大正藏》第三十一冊 ，頁 833c-834a。

薩亦復如是。如實知見一切眾生自性清淨光明淨心而為客塵煩惱所染。大海慧。諸菩薩等生如是心。彼諸煩惱不染眾生自性淨心，是諸煩惱客塵虛妄分別心起，而彼諸菩薩復生是心：【我今畢竟令諸眾生遠離客塵諸煩惱垢，為之說法。】如是菩薩不生怯弱心，轉於一切眾生生增上力：【我要畢竟令得解脫。】菩薩爾時復生是心：【此諸煩惱無有少體。】菩薩爾時復生是心：【諸煩惱無體，諸煩惱羸薄，是諸煩惱無有住處。】如是菩薩如實知諸煩惱虛妄分別而有，依邪見念而有。以正見者，諸煩惱垢不能得起。菩薩爾時復生是心：【我應如實觀諸煩惱，更不復生。以不生煩惱故，生諸善法。】菩薩爾時復生是心：【我若自起諸煩惱者，云何而得為諸煩惱所縛眾生說法，令離諸煩惱縛？】菩薩爾時復生是心：【以我不著諸煩惱故，是故得為諸煩惱縛眾生說法。我應修行諸波羅蜜，結使煩惱相應善根，為欲教化諸眾生故。】」。

何謂「世間」，用三界鏡像相似法譬喻。依無漏法界中，有三種意生身，因無漏善根所作，名為「世間」，以離有漏諸業煩惱所作，故有世間法，，亦名涅槃。因此，聖者《勝鬘經》言[129]：「世尊。有有為世間，有無為世間。世尊。有有為涅槃，有無為涅槃。」[130]有有為、無為，心心數法相應法，故名為「淨不淨時」。此境界於第六菩薩現前地說，達到諸漏盡無障礙般若波羅蜜解脫現前修行大悲，以為救護一切眾生，則不取證諸漏盡。《寶鬘經》[131]依漏盡，以入城為譬喻，經中言：「善男子。譬如有城，縱廣正等各一由旬，多有諸門路嶮黑闇，甚可怖畏。有人入者，多受安樂。復有一人，唯有一子愛念甚重。遙聞彼城如是快樂，即便捨子，欲往入城。是人方便得過嶮道，到彼城門。一足已入，一足未舉，即念其子，尋作是念：【我唯一子，來時云何竟不與俱？誰能養護，

129 宋、求那跋陀羅譯，《勝鬘師子吼一乘大方便方廣經》〈法身章第八〉，《大正藏》第十二冊，頁 221b。（說明四聖諦分有量四聖諦和無作聖諦。有量四聖諦因他力不能知一切苦斷，一切集證，一切滅，修一切道。）
130 後魏、勒那摩提譯，《究竟一乘寶性論》卷三，《大正藏》第三十一冊 ，頁 834b-c。
131 北涼、曇無讖譯，《大方等大集經》卷二十五〈寶髻菩薩品第十一之一〉，《大正藏》第十三冊，頁 181a。

令離眾苦？】即捨樂城，還至子所。善男子。菩薩摩訶薩亦復如是。為憐愍故，修集五通。既修集已，垂得盡漏，而不取證。何以故？愍眾生故，捨漏盡通，乃至行於凡夫地中。善男子。城者，喻於大般涅槃。多諸門者，喻於八萬諸三昧門。路嶮難者，喻諸魔業。到城門者，喻於五通。一足入者，喻於智慧。一足未入者，喻諸菩薩未證解脫。言一子者，喻於五道一切眾生。顧念子者，喻大悲心。還子所者，喻調眾生。能得解脫而不證者，即是方便。善男子。菩薩摩訶薩大慈大悲不可思議。如是，善男子。菩薩摩訶薩大方便力，發大精進，起堅固心，修行禪定，得證五通。如是菩薩依禪通業，善修心淨，無漏滅盡定現前。如是菩薩即得生於大悲之心，為救一切諸眾生故，現前無漏智通，而迴轉不取寂滅涅槃，以為教化諸眾生故。迴取世間，乃至示現凡夫人地。於第四菩薩焰地中，為自利益，善起精進，為利益他，善起堅固心，漏盡現前。於第五菩薩難勝地中，依止五通自利利他，善熟心行，無漏滅盡定現前。是故，於第六菩薩地中，無障礙般若波羅蜜起漏盡現前，是故，於第六菩薩現前地中，得現漏盡自在，說名清淨。是菩薩如是自身正修行，教化眾生令置彼處，得大慈悲心。於顛倒眾生生救護心，不著寂滅涅槃，善作彼方便現前世間門，為眾生故現前涅槃門。為菩提分滿足故，修行四禪，迴生欲界，以為利益地獄、畜生、餓鬼凡夫種種眾生，示現諸身，以得自在故。[132]」

3、善淨時不變不異

『論本偈二首』

佛身不變異　以得無盡法　眾生所歸依　以無邊際故
常住不二法　以離妄分別　恒不熱不作　清淨心力故[133]

132 後魏、勒那摩提譯，《究竟一乘寶性論》卷三，《大正藏》第三十一冊，頁 834c。
133 同上，頁 835a。

「註釋偈一首」

不生及不死　　不病亦不老　　以常恒清涼　　及不變等故[134]

「註釋偈二首」

以常故不生　　離意生身故　　以恒故不死　　離不思議退
清涼故不病　　無煩惱習故　　不變故不老　　無無漏行故[135]

釋疏：

如來性於佛地時，無垢清淨光明常住，自性清淨。一、以本際「常」（nitya）故，無「意生身」之不「生」，以離意生身故。二、以未來際「恒」（dhruva），無「不思議變異化」之不「死」，以離不思議退故。三、以前後際「清涼」（śiva）故，無「無明住地所攝」之不「病」，以無煩惱習故。四、以法身「不變」（śaśvata）故，無「墮三世」之不「老」，以離無漏業迴轉故。

「釋疏偈一首」

有二復有二　復有二二句　次第如常等　無漏境界中[136]

釋疏：

此四種句，常恒清涼及不變等，於無漏法界中次第，一句各有二釋義。如《不增不減經》中說言[137]：「舍利弗。如來法身常，以不異法故，以不盡法故。舍利弗。如來法身恒，以常可歸依故，以未來際平等故。舍利弗。如來法身清涼，以不二法故，以無分別法故。舍利弗。如來法身不變，以非滅法故，以非作法故。[138]」

134 同上。
135 同上。
136 同上，頁 835b。
137 元魏、菩提流支譯，《佛説不增不減經》，《大正藏》第十六冊，頁 467a。
138 後魏、勒那摩提譯，《究竟一乘寶性論》卷三，《大正藏》第三十一冊，頁 835b。

（十）無差別

釋疏：

無差別者，依此善淨時，本際以來，畢竟究竟，自體相善淨，如來藏無差別故。

『論本偈上半首』

法身及如來　　聖諦與涅槃 [139]

「註釋偈一首」

略明法身等　　義一而名異　　依無漏界中　　四種義差別 [140]

釋疏：

無漏法界中依如來藏，有四種義，而有四種名。

「釋疏偈一首」

佛法不相離　　及彼真如性　　法體不虛妄　　自性本來淨 [141]

釋疏：

如來藏有四種義：

1、佛法身（buddhadharmā）不相離

《勝鬘經》：「世尊，不空如來藏，過於恒沙不離不脫不思議佛法故。[142]」

2、彼真如性（tadgotrasya）

139 同上。
140 同上。
141 同上。
142 宋、求那跋陀羅譯，《勝鬘師子吼一乘大方便方廣經》〈空義隱覆真實章第九〉，《大正藏》第十二冊，頁 221c。（空智說有兩種如來藏，為空如來藏和不空如來藏二者。）

《六根聚經》：「世尊，六根如是，從無始來畢竟究竟諸法體故。[143]」

3、法體不虛妄

《六根聚經》：「世尊，又第一義諦者，謂不虛妄涅槃是也。何以故，世尊，彼性本際來常以法體不變故。[144]」

4、自性本來淨

《如來莊嚴智慧光明入一切佛境界經》：「佛告文殊師利，如來應正遍知本際以來入涅槃故。[145]」

復依此四義，次第有四種名，一者、法身。二者、如來。三者、第一義諦。四者、涅槃。

《不增不減經》：「舍利弗言，如來藏者，即是法身故。[146]」

《勝鬘經》：「世尊，不離法身有如來藏；世尊，不離如來藏有法身。世尊，依一苦滅諦，說名如來藏。[147]」「世尊。如是說如來法身無量無邊功德。世尊。言涅槃者，即是如來法身故。」

『論本偈下半首』

功德不相離　　如光不離日[148]

「註釋偈一首」

覺一切種智　　離一切習氣　　佛及涅槃體　　不離第一義[149]

143 引自高崎直道著、李世傑譯，《如來藏思想與文獻》（台北市：華宇出版社，1986年），頁63。（《六根聚經》，此經已不存。）
144 同上。
145 元魏、曇摩流支譯，《如來莊嚴智慧光明入一切佛境界經》，《大正藏》第十二冊，頁239。
146 元魏、菩提流支譯，《佛說不增不減經》，《大正藏》第十六冊 ，頁467a。
147 宋、求那跋陀羅譯，《勝鬘師子吼一乘大方便方廣經》〈一依章第十一〉，《大正藏》第十二冊，頁222a。
148 後魏、勒那摩提譯，《究竟一乘寶性論》卷三，《大正藏》第三十一冊 ，頁835b。
149 同上，頁835c。

釋疏：

此四種名，於如來法身無漏界中一味一義，不相捨離。是故雖復有四種名，與此四義，不離一法門，不離一法體。此以何義？所證一切法，覺一切智及離一切智障煩惱障習氣。此二種法於無漏法界中不異、不差別、不斷、不相離。

（1）、《大般涅槃經》[150] 偈言：

「**釋疏偈一首**」

無量種功德　　一切不思議　　不差別解脫　　解脫即如來[151]

釋疏：

是故，《勝鬘經》言：「世尊，言聲聞、辟支佛得涅槃者，是佛方便故。[152]」

此明何義？說聲聞、辟支佛有涅槃者，此是諸佛如來方便。見諸眾生於長道曠野遠行疲惓，恐有退轉，為止息故，造作化城，如來如是於一切法中得大自在大方便故。「世尊。如來、應、正遍知證平等涅槃，一切功德無量、無邊、不可思議、清淨畢竟究竟。」依四種義，畢竟功德諸佛如來無差別。涅槃相無上果中，佛及涅槃一切功德不相捨離。若離佛地果中證智，更無餘人有涅槃法。

（2）、示現如是義，依一切種智，於諸佛如來無漏法界中譬喻示現。此明何義？《寶鬘經》[153] 中畫師譬喻，示現具足一切功德。

---

150 東晉 釋法顯譯，《大般涅槃經》，存於《大正藏》第一冊。

151 後魏、勒那摩提譯，《究竟一乘寶性論》卷三，《大正藏》第三十一冊 ，頁 835c。

152 宋、求那跋陀羅譯，《勝鬘師子吼一乘大方便方廣經》〈一乘章第五〉，《大正藏》第十二冊，頁 219c。（謂阿羅漢、辟支佛尚未成就如來一切功德。説已證得涅槃只是方便的説法，只有如來證得無量功德，才是真正證得涅槃。）

153 北涼、曇無讖譯，《大方等大集經》卷二十五〈寶髻菩薩品第十一之一〉，《大正藏》第十三冊，頁 176a。

「釋疏偈七首」

如種種畫師	所知各差別	彼一人知分	第二人不知
有自在國王	敕諸畫師言	於彼彩畫處	具足作我身
國中諸畫師	一切皆下手	若不闕一人	乃成國王像
畫師受敕已	畫作國王像	彼諸畫師中	一人行不在
由無彼一人	國王像不成	以其不滿足	一切身分故
所言畫師者	喻檀戒等行	言國王像者	示一切種智
一人不在者	示現少一行	王像不成者	空智不具足[154]

釋疏：

《寶鬘經》：「善男子，諦聽諦聽，我今為汝說此譬喻。善男子，譬如三千大千世界所有眾生悉善知畫，其中或有善能泥塗，或能磨彩，或曉畫身不曉手足，或曉手足不曉面目。時有國王，以一張疊與是諸人而告之言：【凡能畫者皆悉聚集，於此疊上畫吾身像。】爾時，諸人悉來集聚，隨其所能而共作之。有一畫師，以緣事故，竟不得來。諸人畫已，持共上王。善男子，可言諸人悉集作不？【不也，世尊。】善男子，我說此喻其義未顯。善男子，一人不來，故不得言一切集作，亦不得言像已成就。佛法行者亦復如是，若有一行不成就者，則不名具足如來正法。是故，要當具足諸行，名為成就無上菩提故。[155]」

又此檀等諸波羅蜜一一差別，唯是如來所知境界，如來知此種種差別無量無邊。此算數自在力等，不可思議法。以對治彼慳等諸垢，是故得清淨檀等諸波羅蜜。

又以修行一切種一切空智及種種三昧門。於第八菩薩不動地中，不分別一切菩薩地，無間、無隔、自然依止道智，修行得無生法忍，成就具

154 後魏、勒那摩提譯，《究竟一乘寶性論》卷三，《大正藏》第三十一冊，頁 836a。檀（dāna），佈施。

155 北涼、曇無讖譯，《大方等大集經》卷二十五〈寶髻菩薩品第十一之一〉，《大正藏》第十三冊，頁 176a。

足如來無漏戒，成就一切功德。於第九菩薩善慧地中，依阿僧祇（asamkhyeya，無數）三昧陀羅尼海門，攝取無量無邊諸佛之法依止，解一切眾生根智，成就無量無邊功德空智，得無生法忍（anutpattikadharma，諸法無生無滅）。於第十菩薩法雲地中，依止一切如來現前 蜜（秘）智智。成就無量無邊功德聚。得無生空法忍。

次後，得諸三昧，斷一切煩惱障智障，依止諸解脫門智，得成就清淨彼岸功德，具足得一切種一切空智。

以上，如是等四種地智中，非聲聞、辟支佛地。以彼聲聞、辟支佛等去之甚遠。

（3）、因此，說此四種成就不差別涅槃界。偈言：

「**釋疏偈一首**」

慧智及解脫　　不離法界體　　無差涅槃界　　日相似相對[156]

釋疏（如表 2-11）：

慧、智及解脫，此三者，不離法界實體，說明四種功德成就無差別涅槃界。「偈言：無差別涅槃界故。」。

為四種義次第，有四種相似相對法，一者、佛法身中依出世間無分別慧，能破第一無明黑闇，「光明照」相似相對法，「偈言：慧故。日相似相對故。」。二者、依智故，得一切智智知一切種，「照一切事放光明羅網」相似相對法，「偈言：智故。日相似相對故」。三者、依止彼二自性清淨心解脫，「無垢離垢光明輪清淨」相似相對法，「偈言：解脫故。日相似相對法故。」。四者、即此三種不離法界，不離實體，「不相捨離。」相似相對法，「偈言：不離法界體故。日相似相對故。」

156 後魏、勒那摩提譯，《究竟一乘寶性論》卷三，《大正藏》第三十一冊 ，頁 836b-c。

表 2-11 佛法身功德相似相對法

佛法身功德	相似相對法
1、依出世間無分別慧，能破第一無明黑闇，偈言：「慧」故。	日（光明）
2、得一切智，知一切種，放光明，偈言：「智」故。	光照（光輝）
3、依慧智得離垢、無垢自性清淨心，偈言：「解脫」故。	日輪（清淨）
4、慧、智、解脫不離法界，不離實體偈言：「不離法界體」故。	大日（光明、光輝、照耀）

（4）、因此，偈言：

「釋疏偈一首」

不證諸佛身　涅槃不可得　如棄捨光明　日不可得見[157]

釋疏：

無漏法界中，無始世界來，諸佛法身中，無漏諸法，一切功德不相捨離。因此，如遠離如來之無障無礙、法身智慧、離一切障，則涅槃體相，不可見、不可得證，如離日光明，則無日輪可見。聖者《勝鬘經》言[158]：「法無優劣故得涅槃。知諸法平等智故得涅槃。平等智故得涅槃。平等解脫故得涅槃。平等解脫知見故得涅槃。是故，世尊。說涅槃界一味等味，謂明解脫一味故。[159]」

157 後魏、勒那摩提譯，《究竟一乘寶性論》卷三，《大正藏》第三十一冊，頁 836c。
158 宋、求那跋陀羅譯，《勝鬘師子吼一乘大方便方廣經》〈一乘章第五〉，《大正藏》第十二冊，頁 220b。（說明法無優劣（平等），故得涅槃，有智慧平等、解脫平等、清淨平等故得涅槃。是故涅槃一味等味。）
159 明（vidyā），智慧。黃寶生譯注，《梵漢究竟一乘寶性論》（北京：中國社會科學出版社，2017 年），頁 165。

第五節
《寶性論》卷四（《《大正藏》》卷第三十一冊，頁837-848a）

依經錄對《寶性論》的分卷，有分三卷四卷五卷六卷，仍以四卷為多，本書主張以四卷為最佳，且雖分四卷而綜其成。因此，《寶性論》從自性清淨言，稱曰「究竟一乘寶性論」，但從從「法」「修行」「信」的觀點談「如來藏」，「法」是「界、眾生、眾生界」，「修行」是「常、樂、我、淨」，「信」是「唯信佛語、信實有、信有德、信畢竟得」。是「自性本來清淨」，曰「一切眾生有如來藏」，為《寶性論》中心議題，於卷三〈一切眾生有如來藏品第五〉和卷四〈無量煩惱所纏品第六〉之論述「雜垢清淨」，引《如來藏經》「九喻」來描述如來藏別相。另外，於卷四〈身轉清淨成菩提品第八〉、〈如來功德品第九〉、〈自然不休息佛業品第十〉，論述「離垢清淨」。其用意即說明雖分四卷，但每一卷皆能闡述「一切眾生有如來藏」思想之整體性，因此，將〈無量煩惱所纏品第六〉之雜垢真如放至卷四。

壹、〈無量煩惱所纏品第六〉

「註釋偈一首」：

向說如來藏 十種義示現 次說煩惱纏 以九種譬喻[160]

160 後魏、勒那摩提譯，《究竟一乘寶性論》卷四，《大正藏》第三十一冊 ，頁837a。

釋疏：

此偈明何義？如上所說，依如來藏說，無始世界來，此法恒常住法體不轉變，明如來藏有十種義。本品，依無始世界來煩惱藏所纏，說無始世界來自性清淨心具足法身，以九種譬喻，明如來藏過於恒沙煩惱藏所纏，並於《如來藏經》以九種譬喻，明煩惱纏。

一、九種譬喻概說

《如來藏經》[161]：

『論本偈四首』

萎華中諸佛　眾蜂中美蜜　皮糩等中實　糞穢中真金
地中珍寶藏　諸果子中芽　朽故弊壞衣　纏裹真金像
貧賤醜陋女　懷轉輪聖王　焦黑泥模中　有上妙寶像
眾生貪瞋癡　妄想煩惱等　塵勞諸垢中　皆有如來藏[162]

釋疏：

此偈明何義？自此以下，依四偈句義，總略說譬喻五十四偈。依其義：

『論本偈二首』

華蜂糩糞穢　地果故壞衣　貧賤女泥模　煩惱垢相似
佛蜜實真金　寶牙金像王　上妙寶像等　如來藏相似[163]

「註釋偈二首」

華蜂等諸喻　明眾生身中　無始世界來　有諸煩惱垢

161 東晉、佛陀跋陀羅譯，《大方等如來藏經》，《大正藏》第十六冊 。
162 後魏、勒那摩提譯，《究竟一乘寶性論》卷四，《大正藏》第三十一冊 ，頁 837a。
163 同上，頁 837a-b。

佛蜜等諸喻　　明眾生身中　　無始來具足　　自性無垢體[164]

釋疏：

此《如來藏修多羅》中，明一切眾生界，從無始世界來，客塵煩惱染心，與淨妙法身如來藏不相捨離。是故，經言：「依自虛妄染心，眾生染。依自性清淨心，眾生淨。」如何「自心染」？依自心染有九種喻，如萎華等。

「註釋偈二首」

貪瞋癡相續　　及結使熏集　　見修道不淨　　及淨地有垢
萎華等諸喻　　說九種相對　　無邊煩惱纏　　故說差別相[165]

釋疏：

此偈明何義？有九種煩惱，於自性清淨如來法身界中，如萎華等九種譬喻，於諸佛等常外客相。諸煩惱垢亦復如是，於真如佛性顯現為客塵相。

（一）如萎華等九種譬喻，有九種煩惱：

1、貪、

2、瞋、

3、痴等三種世間眾生所攝煩惱，能作不動地業所緣，成就色界無色界果報，名為貪瞋痴使煩惱。偈言：「貪瞋痴相續故」，出世間智能斷。

4、增上貪瞋痴眾生所攝煩惱，能作福業、罪業所緣，成就欲界果報，名為增上貪瞋痴使煩惱。偈言：「結使故」，不淨觀智能斷。

5、無明住地所攝煩惱，阿羅漢身中所攝煩惱，能作無漏諸業行緣，

164 同上，頁 837b。
165 同上。

能生無垢意生身果報，名為無明住地所攝煩惱。偈言:「熏故」，如來菩提智能斷。

6、見道所斷煩惱與修道所斷煩惱，有二種人：為凡人與聖人。凡人所攝煩惱，初出世間心，名為見道所斷煩惱。偈言：「見道故」，出世間法能斷。

7、聖人所攝煩惱，名為修道所斷煩惱。偈言：「修道故」，先見初出世間法修道智能斷。

8、不淨地所攝煩惱。有二種菩薩：為不究竟菩薩和究竟菩薩，不究竟菩薩謂從初地乃至七地所攝煩惱，名為不淨地所攝煩惱，偈言：「不淨」故，修道智能斷。

9、淨地所攝煩惱，究竟菩薩，八地以上所攝煩惱，三地修道智所對治法，名為淨地所攝煩惱，偈言：「淨地有垢故」，金剛三昧智能斷。

因此，九種煩惱次第，以萎華等九種譬喻。此九種煩惱，是依八萬四千眾生行，而有八萬四千煩惱差別。猶如，如來智無量無邊，有如是無量無邊煩惱纏如來藏。故稱「無量煩惱藏所纏如來藏」。

「釋疏偈二首」

愚癡及羅漢　　諸學及大智　　次第四種垢　　及一二復二
如是次第說　　四凡一聖人　　二學二大智　　名為不淨地[166]

釋疏 (如表 2-12)：

（二）此偈明何義？此九種譬喻，於無漏界中如是次第四種譬喻，及第五譬喻。次第有四種人:愚癡、羅漢、諸學及大智。亦有次第四種垢，順序為四凡、一聖人、二學、二大智等四種煩惱諸垢，煩惱垢染故，稱「不清淨」。

166 同上，頁 837c。

此九種貪等煩惱，如何與萎華等九種譬喻相似相對，又如何與如來藏於諸佛等九種譬喻相似相對。

表 2-12 四種人有九種煩惱

四種人	煩惱
愚痴	貪瞋痴和增上貪瞋痴煩惱
羅漢	無明住地所攝煩惱
諸學	見道與修道煩惱
大智	不淨地與淨地煩惱

二、如來藏有九喻（論本偈五十四首）：

包括（1）萎華中之佛、（2）辟蜂中之美蜜、（3）皮糩之果實、（4）糞穢中之黃金、（5）地中之寶藏、（6）果皮中之芽、（7）弊衣中之金像、（8）賤女所懷妊之轉輪王、（9）模之寶像

問曰：華佛譬喻為明何義？答曰：言萎華者喻諸煩惱，言諸佛者喻如來藏。

『論本偈六首』

功德莊嚴佛　住於萎華中　淨天眼者見　去花顯諸佛
佛眼觀自法　遍一切眾生　下至阿鼻獄　具足如來藏
自處常住際　以慈悲方便　令一切眾生　遠離諸障礙
如朽故華中　有諸佛如來　天眼者見知　除去萎華葉
如來亦如是　見貪煩惱垢　不淨眾生中　具足如來藏
以大慈悲心　憐愍世間故　為一切眾生　除煩惱花葉

問曰：蜂蜜譬喻為明何義？答曰：言群蜂者喻諸煩惱，言美蜜者喻如來藏。

『論本偈六首』

上妙美味蜜　為群蜂圍遶　須者設方便　散蜂而取蜜
如來亦如是　以一切智眼　見諸煩惱蜂　圍遶佛性蜜
以大方便力　散彼煩惱蜂　顯出如來藏　如取蜜受用
猶如百千億　那由他諸虫[167]　遮障微妙蜜　無有能近者
有智者須蜜　殺害彼諸虫　取上味美蜜　隨意而受用
無漏智如蜜　在眾生身中　煩惱如毒虫　如來所殺害

問曰：糩實譬喻為明何義？答曰：言皮糩者喻諸煩惱，言內實者喻如來藏。

『論本偈六首』

穀實在糩中　無人能受用　時有須用者　方便除皮糩
佛見諸眾生　身有如來性　煩惱皮糩纏　不能作佛事
以善方便力　令三界眾生　除煩惱皮糩　隨意作佛事
如稻穀麥等　不離諸皮糩　內實未淨治　不任美食用
如是如來藏　不離煩惱糩　令一切眾生　煩惱所飢渴
佛自在法王　在眾生身中　能示以愛味　除彼飢渴苦

問曰：糞金譬喻為明何義？答曰：糞穢譬喻者諸煩惱相似，真金譬喻者如來藏相似。

『論本偈六首』

如人行遠路　遺金糞穢中　經百千歲住　如本不變異
淨天眼見已　遍告眾人言　此中有真金　汝可取受用

167 那由他（niyuta），數目極大的數字。黃寶生譯注，《梵漢究竟一乘寶性論》（北京：中國社會科學出版社，2017 年），頁 171。

佛觀眾生性　沒煩惱糞中　為欲拔濟彼　雨微妙法雨
如於不淨地　漏失真金寶　諸天眼了見　眾生不能知
諸天既見已　語眾悉令知　教除垢方便　得淨真金用
佛性金亦爾　墮煩惱穢中　如來觀察已　為說清淨法

問曰：地寶譬喻為明何義？答曰：地譬喻者諸煩惱相似，寶藏譬喻者如來藏相似。

『論本偈六首』

譬如貧人舍　地有珍寶藏　彼人不能知　寶又不能言
眾生亦如是　於自心舍中　有不可思議　無盡法寶藏
雖有此寶藏　不能自覺知　以不覺知故　受生死貧苦
譬如珍寶藏　在彼貧人宅　人不言我貧　寶不言我此
如是法寶藏　在眾生心中　眾生如貧人　佛性如寶藏
為欲令眾生　得此珍寶故　彼諸佛如來　出現於世間

問曰：果芽譬喻為明何義？答曰：果皮譬喻者諸煩惱相似，子芽譬喻者如來藏相似。

『論本偈六首』

如種種果樹　子芽不朽壞　種地中水灌　生長成大樹
一切諸眾生　種種煩惱中　皆有如來性　無明皮所纏
種諸善根地　生彼菩提芽　次第漸增長　成如來樹王
依地水火風　空時日月緣　多羅等種內[168]　出生大樹王
一切諸眾生　皆亦復如是　煩惱果皮內　有正覺子牙

168　多羅（tala），樹名，棕櫚樹。黃寶生譯注，《梵漢究竟一乘寶性論》（北京：中國社會科學出版社，2017 年），頁 171。

依白淨等法　　種種諸緣故　　次第漸增長　　成佛大法王

問曰：衣像譬喻為明何義？答曰：弊衣譬喻者諸煩惱相似，金像譬喻者如來藏相似。

『論本偈六首』

弊衣纏金像　　在於道路中　　諸天為人說　　此中有金像
種種煩惱垢　　纏裹如來藏　　佛無障眼見　　下至阿鼻獄
皆有如來身　　為令彼得故　　廣設諸方便　　說種種妙法
金像弊衣纏　　墮在曠野路　　有天眼者見　　為淨示眾人
眾生如來藏　　煩惱爛衣纏　　在世間險道　　而不自覺知
佛眼觀眾生　　皆有如來藏　　為說種種法　　令彼得解脫

問曰：女王譬喻為明何義？答曰：賤女譬喻者諸煩惱相似，歌羅邏四大[169]中有轉輪王身喻者，生死歌羅邏藏中有如來藏轉輪王相似。

『論本偈六首』

譬如孤獨女　　住在貧窮舍　　身懷轉輪王　　而不自覺知
如彼貧窮舍　　三有亦如是　　懷胎女人者　　喻不淨眾生
如彼藏中胎　　眾生性亦爾　　內有無垢性　　名為不孤獨
貧女垢衣纏　　極醜陋受苦　　處於孤獨舍　　懷妊王重擔
如是諸煩惱　　染污眾生性　　受無量苦惱　　無有歸依處
實有歸依處　　而無歸依心　　不覺自身中　　有如來藏故

問曰：摸像譬喻為明何義？答曰：泥摸譬喻者諸煩惱相似，寶像譬

169 歌羅邏四大（kalalamahābhūta），由四大和成的胚胎。黃寶生譯注，《梵漢究竟一乘寶性論》（北京：中國社會科學出版社，2017 年），頁 14。

喻者如來藏相似。

『論本偈六首』

如人融真金	鑄在泥摸中	外有焦黑泥	內有真寶像
彼人量已冷	除去外泥障	開摸令顯現	取內真寶像
佛性常明淨	客垢所染污	諸佛善觀察	除障令顯現
離垢明淨像	在於穢泥中	鑄師知無熱	然後去泥障
如來亦如是	見眾生佛性	儼然處煩惱	如像在摸中
能以巧方便	善用說法椎	打破煩惱摸	顯發如來藏[170]

「註釋偈十三首」

依佛神力故	有彼眾妙華	初榮時則愛	後萎變不愛
如華依榮悴	有愛有不愛	貪煩惱亦爾	初樂後不樂
群蜂為成蜜	瞋心噛諸花	瞋恚心起時	生種種苦惱
稻等內堅實	外為皮糩覆	如是癡心纏	不見內堅實
猶如臭穢糞	智觀貪亦爾	起欲心諸相	結使如穢糞
譬如彼地中	種種珍寶藏	眾生無天眼	是故不能見
如是自在智	為無明地覆	眾生無智眼	是故不能見
如子離皮糩	次第生芽等	見道斷煩惱	次第生諸地
以害身見等	攝取妙聖道	修道斷煩惱	故說弊壞衣
七地中諸垢	猶如胎所纏	遠離胎藏智	無分別淳熟
三地知諸垢	如泥模所泥	大智諸菩薩	金剛定智斷
萎華至泥模	如是九種喻	示貪瞋癡等	九種煩惱垢
垢中如來藏	佛等相對法	如是九種義	以三種體攝[171]

170 後魏、勒那摩提譯，《究竟一乘寶性論》卷一，《大正藏》第三十一冊 ，頁 814c-816a。
171 後魏、勒那摩提譯，《究竟一乘寶性論》卷四，《大正藏》第三十一冊 ，頁 838a。三地，指八地以上。

釋疏：

依法身自性清淨心如來藏三自性，有諸佛等九種譬喻相似相對法。

「釋疏偈一首」：[172]

法身及真如　　如來性實體　　三種及一種　　五種喻示現

釋疏：

三種實體者，一、三種喻示現「如來法身」，即諸佛、美蜜、堅固等三種譬喻，示現法身。「偈言：法身故。」二、一種喻示現「真如」，即真金一種譬喻，示現真如，「偈言：真如故。」。三、五種喻示現「如來性」。即地藏、樹、金像、轉輪聖王、寶像等五種譬喻，示現如來性。「偈言：如來性故。」。

三、如來藏三自性

「釋疏偈一首」：

法身有二種　　清淨真法界　　及依彼習氣　　以深淺義說[173]

釋疏：

（一）法身

法身者，諸佛如來有二種法身：

一者、寂靜法界身，以無分別智境界故，此諸佛如來法身能內自證。「偈言：清淨真法界故。」（喻為佛）。

172　同上，頁 838b。
173　同上。

二者、為得此因，謂於寂靜法界說法，佛依眾生習氣，以真如法身說法，可化眾生。「偈言：及依彼習氣故。」。佛說法者，復有二種，一細二麤。

（1）、細者，所謂為諸菩薩摩訶薩演說甚深祕密法藏，以示第一義諦說故。（喻為美蜜）。

（2）、麤者，所謂種種修多羅、祇夜、和伽羅那、伽陀、憂陀那、尼陀那等，名字章句種種差別，以示世諦說故[174]。（喻為果實）

「釋疏偈二首」

以出世間法　世中無譬喻　是故依彼性　還說性譬喻
如美蜜一味　微細法亦爾　修多羅等說　如種種異味[175]

釋疏：

此偈明何義？諸佛、美蜜、堅固等三種譬喻，此明「如來真如法身」有兩種義，一者遍覆一切眾生，二者遍身中有無有餘殘，示現「一切眾生有如來藏」。此以何義？於眾生界中無有一眾生離如來法身，在於法身外，離如來智，於如來智外，如種種色像不離「虛空」中。

「釋疏偈三首」——

譬如諸色像　不離於虛空　如是眾生身　不離諸佛智
以如是義故　說一切眾生　皆有如來藏　如虛空中色
以性不改變　體本來清淨　如真金不變　故說真如喻[176]

174 修多羅（sutra），經。祇夜（geya），應頌，即偈頌。和伽羅那（vyākarana），授記。伽陀（gāthā），偈頌。憂陀那（udāna），自說，佛有感説法。尼陀那（nidāna），譬喻。黃寶生譯注，《梵漢究竟一乘寶性論》（北京：中國社會科學出版社，2017 年），頁 190。

175 後魏、勒那摩提譯，《究竟一乘寶性論》卷四，《大正藏》第三十一冊 ，頁 838b。

176 同上，頁 838c。

釋疏：

（二）真如

此偈明何義？真如者，如來之性，乃至邪聚眾生身中自性清淨心，無異無差別，光明明了，以離客塵諸煩惱故。如來法身，如是以一真金譬喻，依真如無差別，不離佛法身故。說諸眾生皆有如來藏，以自性清淨心雖言清淨而本來無二法故。（喻為真金）。

《如來莊嚴智慧光明入一切佛境界經》[177]：「文殊師利。如來如實知見自身根本清淨智。以依自身根本智故，知諸眾生有清淨身。文殊師利。所謂如來自性清淨身，乃至一切眾生自性清淨身，此二法者，無二無差別。[178]」

「釋疏偈二首」：

一切諸眾生　平等如來藏　真如清淨法　名為如來體
依如是義故　說一切眾生　皆有如來藏　應當如是知[179]

「釋疏偈五首」：

佛性有二種　一者如地藏　二者如樹果　無始世界來
自性清淨心　修行無上道　依二種佛性　得出三種身
依初譬喻故　知有初法身　依第二譬喻　知有二佛身
真佛法身淨　猶如真金像　以性不改變　攝功德實體
證大法王位　如轉輪聖王　依止鏡像體　有化佛像現[180]

177 元魏、曇摩流支譯，《如來莊嚴智慧光明入一切佛境界經》，《大正藏》第十二冊。
178 後魏、勒那摩提譯，《究竟一乘寶性論》卷四，《大正藏》第三十一冊，頁 838c。
179 同上。
180 同上，頁 839a。

釋疏：

（三）佛種性

此偈明何義？如來種性（garbha）即以地藏、樹、金像、轉輪聖王、寶像等五種譬喻，示現如來性，示現生彼三佛法身。以依自體性如來之性諸眾生藏。是故說言「一切眾生有如來藏」，此明何義？以諸佛如來有三種身得名義故。此五種喻能作三種佛法身因，故說如來性因。因此，明「性」（dhatu）義，以為「因」（hetu）義。

「釋疏偈一首」

無始世來性　　作諸法依止　　依性有諸道　　及證涅槃果[181]

釋疏：

（四）總說佛性

1、佛性之「性」：「無始世界性」者，如經說言：「諸佛如來依如來藏。說諸眾生無始本際不可得知故。」。

（1）性：如聖者《勝鬘經》言：「世尊，如來說如來藏者，是法界藏，出世間法身藏，出世間上上藏，自性清淨法身藏，自性清淨如來藏故。[182]」

（2）作諸法依止：如聖者《勝鬘經》言：「世尊。是故如來藏是依，是持，是住持，是建立。世尊。不離、不離智、不斷、不脫、不

181 道（gati），指生死輪迴之道。黃寶生譯注，《梵漢究竟一乘寶性論》（北京：中國社會科學出版社，2017 年），頁 190。

182 宋、求那跋陀羅譯，《勝鬘師子吼一乘大方便方廣經》〈自性清淨章第十三〉，《大正藏》第十二冊，頁 222b。

異、無為不思議佛法。世尊。亦有斷脫、異外、離、離智有為法，亦依，亦持，亦住持，亦建立，依如來藏故。[183]」

（3）依性有諸道：如聖者《勝鬘經》言：[184]「世尊，生死者依如來藏。以如來藏故，說本際不可知。世尊，有如來藏故，說生死，是名善說。[185]」

（4）依性證涅槃果：如聖者《勝鬘經》言：「世尊。依如來藏，故有生死。依如來藏，故證涅槃。世尊。若無如來藏者，不得厭苦樂求涅槃，不欲涅槃，不願涅槃故。[186]」此明何義？明如來藏究竟如來法身不差別，真如體相畢竟佛性體，於一切時一切眾生身中皆無餘盡。

（5）依法相知：如《如來藏經》言：[187]「善男子。此法性法體性自性常住，如來出世若不出世，自性清淨本來常住，一切眾生有如來藏。[188]」

「釋疏偈一首」

唯依如來信　　信於第一義　　如無眼目者　　不能見日輪[189]

釋疏：

2、信

（1）依法性、法體、依法相應，依法方便。此法為如是、為不如是，不可思議。一切處依法度量，依法信，得心淨，得心定。彼不可分別為實為不實，唯依如來信。

183 後魏、勒那摩提譯，《究竟一乘寶性論》卷四，《大正藏》第三十一冊，頁 839a。
184 宋、求那跋陀羅譯，《勝鬘師子吼一乘大方便方廣經》〈自性清淨章第十三〉，《大正藏》第十二冊，頁 222b。
185 後魏、勒那摩提譯，《究竟一乘寶性論》卷四，《大正藏》第三十一冊，頁 839b。
186 同上。
187 東晉、佛陀跋陀羅譯，《大方等如來藏經》，《大正藏》第十六冊，頁 457c。
188 後魏、勒那摩提譯，《究竟一乘寶性論》卷四，《大正藏》第三十一冊，頁 839b。
189 同上，頁 839b。

（2）有四種眾生：如生盲人，不識如來藏。一者、凡夫。二者、聲聞。三者、辟支佛。四者、初發菩提心菩薩。如聖者《勝鬘經》：[190]中說言：「世尊。如來藏者，於身見眾生非其境界。世尊。如來藏者。於取四顛倒眾生非其境界。世尊。如來藏者，於散亂心失空眾生非其境界故。」[191]。此明何義？

「身見眾生」者，謂諸凡夫，實無色等五陰諸法而取以為有我我所，虛妄執著我我所，於離身見等滅諦無漏性甘露之法，信亦不能，何況出世間一切智境界如來藏能證能解？無有是處。

「取四顛倒諸眾生」者，謂聲聞、辟支佛人，（一）應修行如來藏為常，卻顛倒取修一切法無常，修行如來藏無常，樂無常修行，以不知不覺故。（二）應修行如來藏為樂，卻顛倒取一切法皆苦，修行如來藏苦，樂苦修行，以不知不覺故。（三）應修行如來藏為我，卻顛倒取一切法無我，修行如來藏無我，樂無我修行。以不知不覺故。（四）應修行如來藏為淨，卻顛倒取一切法不淨，修行如來藏不淨，樂不淨修行，以不知不覺故。因此，聲聞、辟支佛人，不能如實隨順法身修行，就無法到達第一彼岸常樂我淨法所知境界。此種樂顛倒、無常苦、無我、不淨相等，非其如來藏境界。如《大般涅槃經》[192]池水譬喻：「迦葉。譬如，春時，有諸人等在大池浴乘船遊戲，失琉璃寶沒深水中。是時，諸人悉共入水求覓是寶，競捉瓦石、草木、沙礫，各各自謂得琉璃珠，歡喜持出，乃知非真。是時，寶珠猶在水中，以珠力故，水皆澄清。於是，大眾乃見寶珠故在水下，猶如仰觀虛空月形。是時，眾中有一智人，以方便力，安徐入水，即便得珠。汝等比丘。不應如是修集無常、苦、無我想、不淨想等以為真實，如彼

190 宋、求那跋陀羅譯，《勝鬘師子吼一乘大方便方廣經》〈自性清淨章第十三〉，《大正藏》第十二冊，頁 222b。（如來藏者，非我、非眾生、非命、非人。如來藏者，墮身見眾生、顛倒眾生、空亂意眾生，非其境界。）
191 同上。
192 東晉、釋法顯譯，《大般涅槃經》，《大正藏》第十二冊。

諸人各以瓦石、草木、沙礫而為寶珠。汝等應當善學方便。在在處處常修我想、常、樂、淨想。復應當知先所修集四法相貌悉是顛倒。欲得真實，修諸想者，如彼智人巧出寶珠。所謂我想、常、樂、淨想故。[193]」

「散亂心失空眾生」者，謂初發心菩薩，離空如來藏義，用失變壞物修行，名為「空解脫門」。此以何義？初發心菩薩起如是心，實有法斷滅後時得涅槃。如是菩薩失空如來藏修行。又復有人生「以空為有物，我應得空」之心，認為離色等法更有空性。事實上，修行得此空之菩薩，卻不知如來藏空性是何等法。

「釋疏偈二首」

不空如來藏　　謂無上佛法　　不相捨離相　　不增減一法
如來無為身　　自性本來淨　　客塵虛妄染　　本來自性空[194]

釋疏：

3、總說：

此偈明何義？不減一法者，不減煩惱。不增一法者，真如性中不增一法。不增減一法，以不捨離清淨體故，「偈言：不相捨離相不增減一法故。」。是故聖者《勝鬘經》言：「世尊。有二種如來藏空智。世尊。空如來藏，若離、若脫、若異一切煩惱藏。世尊。不空如來藏。過於恒沙、不離、不脫、不異不思議佛法故。[195]」如是以何等煩惱以何等處無，如實見知「無」煩惱，名為「空智」，如實見知具足「有」諸佛法，名「不空智」。因此，離「有」、「無」二邊，能如實知「空相」。

眾生若離「空」智，則於佛境界外，名不相應、不得定、不得一心。因此，名「散亂心失空眾生」。何以故？若離第一義「空智」門，就無

193 後魏、勒那摩提譯，《究竟一乘寶性論》卷四，《大正藏》第三十一冊，頁 839c。
194 同上，頁 840a。
195 同上，頁 840a。

分別境界，不可得證，不可得見。是故聖者《勝鬘經》言：「世尊。如來藏智名為空智。世尊。如來藏空智者。一切聲聞、辟支佛等。本所不見，本所不得，本所不證，本所不會。世尊。一切苦滅唯佛得證，壞一切煩惱藏。修一切滅苦道故。[196]」因此：

（1）如來藏是法界藏，眾生不能得見。（以身見相對治真實，因為法界未現前故）。

（2）出世間法身如來藏，非顛倒眾生界。（以無常等世間法對治出世間法，因為法界未現前故。）。

（3）是自性清淨法界如來空藏（非散亂心失空象眾生界）。

（4）出世間法身。（以煩惱垢客塵染，空自性清淨功德法不相捨離）

（5）如實知見真如法身。（是一味等味[197]法界，無差別智門觀察出世間自性清境法身）。

（6）故《大般涅槃經》說：「十住菩薩唯能少分見如來藏。何況凡夫二乘人等。」。

因此，偈言：

「釋疏偈四首」

譬如薄雲中　見虛空有日　淨慧諸聖人　見佛亦如是
聲聞辟支佛　如無眼目者　不能觀如來　如盲不見日
所知一切法　有無量無邊　遍虛空法界　無量智能見
諸如來法身　充滿一切處　佛智慧能見　以無量智故[198]

196 同上，頁 840a-b。
197 一味等味（ekanaya），同一相等味，意為唯一通道。黃寶生譯注，《梵漢究竟一乘寶性論》（北京：中國社會科學出版社，2017 年），頁 205。
198 後魏、勒那摩提譯，《究竟一乘寶性論》卷四，《大正藏》第三十一冊 ，頁 840b。

貳、〈為何說義品第七〉

釋疏：

問曰：真如佛性如來藏義，住無障閡究竟菩薩地。菩薩第一聖人，以是一切智者，亦非境界。若是如此，如何仍為愚癡顛倒凡夫人說[199]？答曰：以是義故，以四偈略說。

『論本偈四首』

處處經中說　　內外一切空　　有為法如雲　　及如夢幻等
此中何故說　　一切諸眾生　　皆有如來性　　而不說空寂
以有怯弱心　　輕慢諸眾生　　執著虛妄法　　謗真如佛性
計身有神我　　為令如是等　　遠離五種過　　故說有佛性[200]

釋疏：

此四行偈，以十一偈略釋。

「註釋偈十一首」

諸修多羅中　　說有為諸法　　謂煩惱業等　　如雲等虛妄
煩惱猶如雲　　所作業如夢　　如幻陰亦爾　　煩惱業生故
先已如是說　　此究竟論中　　為離五種過　　說有真如性
以眾生不聞　　不發菩提心　　或有怯弱心　　欺自身諸過
未發菩提心　　生起欺慢意　　見發菩提心　　我勝彼菩薩
如是憍慢人　　不起正智心　　是故虛妄取　　不知如實法
妄取眾生過　　不知客染心　　實無彼諸過　　自性淨功德
以取虛妄過　　不知實功德　　是故不得生　　自他平等慈

199 同上，頁 839c。
200 同上，頁 840b-c。

聞彼真如性　起大勇猛力　及恭敬世尊　智慧及大悲
生增長五法　不退轉平等　無一切諸過　唯有諸功德
取一切眾生　如我身無異　速疾得成就　無上佛菩提[201]

參、〈身轉清淨成菩提品第八〉

釋疏：

已說有垢如，自此以下說無垢如。無垢如者，諸佛如來於無漏法界中，遠離一切種種諸垢，轉雜穢身得淨妙身。依八句義，略差別說彼真如性無漏法身。

『論本偈一首』

淨得及遠離　自他利相應　依止深快大　時數如彼法[202]

「註釋偈一首」

實體因果業　及以相應行　常不可思議　名佛地應知[203]

釋疏：

此八種句義，依次為：一者實體（自性 svahāvārtha）、二者因（heturtha）、三者果（phalārtha）、四者業（karmārtha）、五者相應（yogārtha）、六者行（vrttyartha）、七者常（nityārta）、八者不可思議（acintyārtha）。

（一）實體者，向說如來藏不離煩惱藏所纏，以遠離諸煩惱轉身得清淨。是名為實體。「偈言：淨故。」。是故，聖者《勝鬘經》[204]言：「世

201 同上，頁 840c。
202 快（audātat），高尚。時數（yāthatat），與生死道恆常共存。黃寶生譯注，《梵漢究竟一乘寶性論》（北京：中國社會科學出版社，2017 年），頁 212。
203 後魏、勒那摩提譯，《究竟一乘寶性論》卷四，《大正藏》第三十一冊 ，頁 841a。
204 宋、求那跋陀羅譯，《勝鬘師子吼一乘大方便方廣經》〈法身章第八〉，《大正藏》第十二冊，頁 221b。

尊。若於無量煩惱藏所纏如來藏不疑惑者。於出無量煩惱藏法身亦無疑惑故[205]。」（二）因者，有二種無分別智，一者、出世間無分別智，二者、依出世間智，得世間出世間依止行（asrayaparivitti，轉身）智，是名為因。「偈言：得故。」。（三）果者，即依此得得證智果，是名為果。「偈言：遠離故。」。（四）業者，有二種遠離，一者、遠離煩惱障，二者、遠離智障。如是次第，故名遠離。如是遠離，自利利他成就，是名為業。「偈言：自他利故。」。（五）相應者，自利利他得無量功德，常畢竟住持，是名相應。「偈言：相應故。」。（六～八）行、常、不思議者，謂三種佛法身，無始世界來作眾生利益，常不休息，不可思議。「偈言：依止深快大故。」。

因此，略說偈言：「實體因果業，及以相應行，常不可思議，名佛地應知。」

釋疏：依實體、依因，於佛地中及得彼方便因故，說三偈。

（一）自性義

『論本偈二首』

向說佛法身　自性清淨體　為諸煩惱垢　客塵所染污
譬如虛空中　離垢淨日月　為彼厚密雲　羅網之所覆[206]

釋疏：此三行偈、以四行偈略釋（自性義，兩首論本偈、兩首註釋偈；因義一首論本偈、兩首註釋偈）。

205 後魏、勒那摩提譯，《究竟一乘寶性論》卷四，《大正藏》第三十一冊，頁 841a。
206 同上，頁 841b。

「註釋偈二首」

佛身不捨離　清淨真妙法　如虛空日月　智離染不二
過恒沙佛法　明淨諸功德　非作法相應　不離彼實體[207]

釋疏：此偈明何義？向說轉身實體清淨。自性（實體）清淨有二種：

1、自性清淨：性解脫無所捨離，以彼自性清淨心體不捨一切客塵煩惱，以彼本來不相應故。

2、離垢清淨：得解脫，雖解脫仍不離一切法，如水不離諸塵垢等而言清淨，以自性清淨心遠離客塵諸煩惱垢更無餘故。

（二）因義

『論本偈一首』

佛功德無垢　常恒及不變　不分別諸法　得無漏真智[208]

「註釋偈二首」

煩惱及智障　彼法實無體　常為客塵染　是故說雲喻
遠離彼二因　問二無分別　無分別真智　及依彼所得[209]

（三）果義

釋疏：依果說離垢清淨，以四行偈、九行偈略釋。

『論本偈四首』

如清淨池水　無有諸塵濁　種種雜花樹　周匝常圍遶

207 同上。
208 同上，頁 841b。
209 同上。

如月離羅睺　日無雲翳等　無垢功德具　顯現即彼體
蜂王美味蜜　堅實淨真金　寶藏大果樹　無垢真金像
轉輪聖王身　妙寶如來像　如是等諸法　即是如來身[210]

「註釋偈九首」

貪等客煩惱　猶如濁水塵　無分別上智　果法如池水
示現佛法身　一切諸功德　依彼證智果　是故如是說
貪如濁水塵　淨法離垢染　可化諸眾生　如繞池藕花
禪定習氣潤　遠離瞋羅睺　以大慈悲水　遍益諸眾生
如十五日月　遠離雲羅網　光明照眾生　能除諸幽闇
佛無垢日月　離癡雲羅網　智光照眾生　除滅諸黑闇
得無等等法　能與妙法味　諸佛如蜜堅　遠離蜂檜障
真實妙功德　除斷諸貧窮　能與解脫勢　故說金樹喻
法寶真實身　增上兩足尊　勝色畢竟成　故說後三喻[211]

（四）業義

釋疏(如表 2-13)：

有二種智，依自利利他業。一者、出世間無分別智。二者、依出世間無分別智，轉身得身行因，遠離煩惱，得證智果故。又何者是成就自利？謂得解脫遠離煩惱障，遠離智障，得無障礙清淨法身，是名成就自身利益。又何者是成就他利益？既得成就自身利已，無始世來自然依彼二種佛身，示現世間自在力行，是名成就他身利益。又依自利利他，成就業義故，說四偈：

---

210 同上，頁 841b-c。

211 同上，頁 841c。羅睺（rāhu），一位阿修羅。後三喻，指無垢真金像、轉輪聖王身及妙寶如來像。

表 2-13 無量煩惱藏所纏如來藏轉身出無量煩惱藏如來藏

無量煩惱藏所纏如來藏	轉身（因）	出無量煩惱藏如來藏（果）
煩惱障	出世間無分別智	
智障	依出世間無分別智	
自性清淨		自性清淨（離垢清淨）

『論本偈四首』

無漏及遍至　不滅法與恒　清涼不變異　不退寂淨處
諸佛如來身　如虛空無相　為諸勝智者　作六根境界
示現微妙色　出於妙音聲　令嗅佛戒香　與佛妙法味
使覺三昧觸　令知深妙法　細思惟稠林　佛離虛空相[212]

「註釋偈八首」

略說二種法　業智應當知　滿足解脫身　清淨真法身
解脫身法身　二及一應知　謂無漏遍至　及究竟無為
煩惱盡無漏　及習氣滅故　無閡及無障　智遍至應知
無為以不滅　實體不失故　不失名為本　恒等句解釋
對於恒等句　有四失應知　死無常及轉　不可思議退
以無死故恒　以常故清涼　不轉故不變　寂靜故不退
彼究竟足跡　淨智白法體　具足色聲等　示現於諸根
如虛空無相　而現色等相　法身亦如是　具六根境界[213]

釋疏（如表 2-14）：

此偈明何義？經中說言：「如虛空相，諸佛亦爾者。此依第一義，諸佛如來清淨法身，自體相不共法故。」。因此，《金剛般若波羅密經》[214]

212 六根境界，指無漏及遍至、不滅法、恒、清涼、不變異、不退寂淨處。
213 四失，指死、無常、轉、不可思議退。
214 姚秦、鳩摩羅什譯，《金剛般若波羅蜜經》，《大正藏》第八冊，頁 750a。

言：「【須菩提。於意云何？可以三十二大人相成就得見如來不？】須菩提言：【如我解佛所說義者，不以相成就得見如來。】佛言：【如是如是，須菩提。不以相成就得見如來。須菩提。若以相成就觀如來者，轉輪聖王應是如來。是故，非以相成就得見如來故。】[215]」。

表 2-14 出無量煩惱藏法身示現佛無量功德和佛業

出無量煩惱藏法身（果） 示現	功德	業
無障礙清淨法身	十力、四無畏	成就自身利益
得二種法身（報身、化身） 示現世間自在力行	十八不共法 三十二大人相	成就他利益

（五）相應義

『論本偈二首』

如空不思議　常恒及清涼　不變與寂靜　遍離諸分別
一切處不著　離閡麁澀觸　亦不可見取　佛淨心無垢[216]

「註釋偈八首」

解脫身法身　示自利利他　依自利利他　彼處相應義
一切諸功德　不思議應知　以非三慧境　一切種智知
諸眾生佛體　細故非聞境　第一非思慧　以出世深密
世修慧不知　諸愚癡凡夫　本來未曾見　如盲不矚色
二乘如嬰兒　不見日月輪　以不生故常　以不滅故恒
離二故清涼　法性住不變　證滅故寂靜　一切覺故遍
不住不分別　離煩惱不著　無智障離閡　柔軟離麁澀

215 後魏、勒那摩提譯，《究竟一乘寶性論》卷四，《大正藏》第三十一冊，頁 842b。
216 同上。

無色不可見　　離相不可取　　以自性故淨　　離染故無垢[217]

釋疏：

此偈明何義？「虛空」譬喻者，說明諸佛如來，無為諸功德不離佛法身。於所有諸有得不可思議勝大方便業、勝大悲業、勝大智業，為與一切眾生樂相。無垢清淨三種佛身，為實佛（自性法身）、受法樂佛（受用身）及化身佛（應化身），常不休息，常不斷絕，自然修行，為利益一切眾生。

釋疏：

應知以不共餘人唯諸佛如來法身「相應」故。此明何義？以依此身相應諸「行」差別故，說八偈。

（六）行義

『論本偈八首』

非初非中後　　不破壞不二　　遠離於三界　　無垢無分別
此甚深境界　　非二乘所知　　具勝三昧慧　　如是人能見
出過於恒沙　　不思議功德　　唯如來成就　　不與餘人共
如來妙色身　　清淨無垢體　　遠離諸煩惱　　及一切習氣
種種勝妙法　　光明以為體　　令眾生解脫　　常無有休息
所作不思議　　如摩尼寶王　　能現種種形　　而彼體非實
為世間說法　　示現寂靜處　　教化使淳熟　　授記令入道
如來鏡像身　　而不離本體　　猶如一切色　　不離於虛空[218]

217 後魏、勒那摩提譯，《究竟一乘寶性論》卷四，《大正藏》第三十一冊 ，頁 842b-c。
218 同上，頁 842c。三界：空、無相、無願。

1、三身

「註釋偈三首」

向說佛法身	及一切種智	自在與涅槃	及第一義諦
不可思議法	應供等功德	唯自身內證	應當如是知
彼三身差別	實法報化等	所謂深快大	無量功德身[219]

2、實佛（自性法身）

「註釋偈五首」

明實體身者	謂諸佛法身	略說五種相[220]	五功德應知[221]
無為無差別	遠離於二邊	出離煩惱障	智障三昧障
以離一切垢	故聖人境界	清淨光明照	以法性如是
無量阿僧祇	不可數思議	無等諸功德	到第一彼岸
實法身相應	以快不可數	非思量境界	及遠離習氣[222]

3、受法樂佛（受用身）

「註釋偈六首」

無邊等佛法	次第不離報	受種種法味	示現諸妙色
淨慈悲習氣	無虛妄分別	利益諸眾生	自然無休息
如如意寶珠	滿足眾生心	受樂佛如是	神通力自在
此神力自在	略說有五種	說法及可見	諸業不休息
及休息隱沒	示現不實體	是名要略說	有五種自在
如摩尼寶珠	依種種諸色	異本生諸相	一切皆不實[223]

219 同上，頁 842c-843a。

220 五種相：1 無為（不生不滅）、2 離二邊、3 出離煩惱障、智障、三昧障、4 離一切垢，聖人境界、5 清淨光明。

221 五種功德：1 無量阿僧祇、2 不可數、3 不可思議、4 無等（諸功德）、5 遠離習氣。

222 後魏、勒那摩提譯，《究竟一乘寶性論》卷四，《大正藏》第三十一冊 ，頁 843a。

223 同上。

4、化身佛（應化身）

「註釋偈九首」

如來亦如是	方便力示現	從兜率陀退	次第入胎生
習學諸伎藝	嬰兒入王宮	厭離諸欲相	出家行苦行
推問諸外道	往詣於道場	降伏諸魔眾	成大妙覺尊
轉無上法輪	入無餘涅槃	於不清淨國	現如是等事
世間無休息	宣說無常苦	無我寂靜名	方便智慧力
令彼諸眾生	厭離三界苦	後入於涅槃	以入寂靜道
諸聲聞人等	有是虛妄相	言我得涅槃	法華等諸經
皆說如實法	般若方便攝	迴先虛妄心	令淳熟上乘
授妙菩提記	微細大勢力	令愚癡眾生	過嶮難惡道[224]

5、總結三身

「註釋偈二首」

深快及以大	次第說應知	初法身如來	第二色身佛
譬如虛空中	有一切色身	於初佛身中	最後身亦爾[225]

（七）常義

『論本偈二首』

世尊體常住	以修無量因	眾生界不盡	慈悲心如意
智成就相應	法中得自在	降伏諸魔怨	體寂靜故常[226]

釋疏：

自此以下，即依如是三種佛身，為樂眾生利益眾生。

224 同上，頁 843a-b。
225 同上，頁 843b。
226 同上。

1、十無量因

「註釋偈二首半」

棄捨身命財　攝取諸佛法　為利益眾生　究竟滿本願
得清淨佛身　起大慈悲心　修行四如意[227]　依彼力住世
以成就妙智　離有涅槃心[228]

2、四波羅密

「註釋偈二首半」

常得心三昧　成就樂相應　常在於世間　不為世法染
得淨甘露處　故離一切魔　諸佛本不生　本來寂靜故
以常可歸依　故言歸依我[229]

3、十無量因說三身（自性法身、受用身、應化身）

「註釋偈一首」

初七種譬喻　如來色身常　後三種譬喻　善逝法身常[230]

（八）不可思議

『論本偈二首』

非言語所說　第一義諦攝　離諸覺觀地　無譬喻可說
最上勝妙法　不取有涅槃　非三乘所知　唯是佛境界[231]

227 四如意（ṛddhipāda），四神足。
228 十無量因：1 棄捨身命財 2. 攝取諸佛法 3. 為利益眾生 4. 究竟滿本願 5. 得清淨佛身 6. 起大慈悲心 7. 修行四如意 8. 依彼力住世 9. 以成就妙智 10. 離有涅槃心。
229 後魏、勒那摩提譯，《究竟一乘寶性論》卷四，《大正藏》第三十一冊，頁 843c。
230 同上。
231 同上。

釋疏：

諸佛如來依法身轉得無上身，不可思議。

「註釋偈五首」

不可得思議	以離言語相	離言語相者	以第一義攝
第一義攝者	非思量境界	非思量境者	以無譬喻知
無譬喻知者	以最勝無上	最勝無上者	不取有涅槃
不取是二者	不取功德過	前五種譬喻	微細不思議
如來法身常	第六譬喻者[232]	以得自在故	如來色身常[233]

肆、〈如來功德品第九〉

釋疏：

依彼無垢真如法身一切功德，如摩尼寶，不離光明，形色諸相，如來法身無量無邊、自性清淨、無垢功德。以是義故，依佛功德，說二偈：

『論本偈二首』

自利亦利他	第一義諦身	依彼真諦身	有此世諦體
果遠離淳熟[234]	此中具足有	六十四種法	諸功德差別[235]

「註釋偈三首」[236]**：**

232 六種譬喻：1 離言語相。2 第一義攝。3 非思量境界。4 無譬喻知 5 最勝無上，不取有涅槃。6 不執取是二，不取功德過。前五種譬喻，微細不思議，為如來法身常，第六種譬喻，以得自在故，為如來色身常。

233 後魏、勒那摩提譯，《究竟一乘寶性論》卷四，《大正藏》第三十一冊，頁 843c。

234 遠離（visamyoga），與煩惱汙垢分離，故而十力、四無畏和十八不共法，這三十二功德是與煩惱汙垢分離的第一義具有的功德。淳熟（vaipakika），指前生積累的福德和智慧資糧成熟，故而三十二大人相是世俗身具有的功德。黃寶生譯注，《梵漢究竟一乘寶性論》（北京：中國社會科學出版社，2017 年），頁 245。

235 後魏、勒那摩提譯，《究竟一乘寶性論》卷四，《大正藏》第三十一冊，頁 844a。

236 真諦（第一義諦，法身，自利亦利他）為世俗諦之體（因）。功德果包括遠離果（如十力、

於自身成就　住持諸佛法　故攝第一身　為他身住持
諸如來世尊　故有世諦體　佛無量功德　初身攝應知
十力四無畏　大丈夫相等　彼受樂報體　第二佛身攝[237]

『論本偈二首』

佛力金剛杵　破無智者障　如來無所畏　處眾如師子
如來不共法　清淨如虛空　如彼水中月　眾生二種見[238]

釋疏：

自此以下功德品中，餘殘論偈。依此二偈，次第示現彼十力等六十四種如來功德，於《陀羅尼自在王經》中廣說。

（一）十力

『論本偈二首』

處非處果報　業及於諸根　性信至處道　離垢諸禪定
憶念過去世　天眼寂靜智　如是等諸句　說十種力名[239]

（二）四無畏

『論本偈三首』

如實覺諸法　遮諸閡道障　說道得無漏　是四種無畏

四無畏、十八不共法）和淳熟果（三十二大人相）。

237 後魏、勒那摩提譯，《究竟一乘寶性論》卷四，《大正藏》第三十一冊，頁 844a。

238 無所，似無之意。二種見，指佛受用身和化身。黃寶生譯注，《梵漢究竟一乘寶性論》（北京：中國社會科學出版社，2017 年），頁 246。

239 十力，即十種智力。1 處非處，能知一切善惡是非。2 業，能知眾生三世一切業緣果報。3 諸根，能知眾生諸根優利鈍。4 性，能知眾生各種本性。5 信，能知眾生各種信仰。6 至處道，能知生死六道輪迴。7 離垢諸禪定，能知禪定的汙染和清淨。8 憶念過去世，具有宿命通。9 天眼，具有天眼通。10 寂靜，具有漏盡通。參考《雜阿含經》卷二十六第 864 經。

於所知境界　畢竟知自他　自知教他知　此非遮障道
能證勝妙果　自得令他得　說自他利諦　是諸處無畏[240]

（三）十八不共佛法

『論本偈八首』

佛無過無諍　無妄念等失　無不定散心　無種種諸想
無作意護心[241]　欲精進不退　念慧及解脫　知見等不退
諸業智為本　知三世無障　佛十八功德[242]　及餘不說者
佛身口無失　若他來破壞　內心無動相　非作心捨心[243]
世尊欲精進　念淨智解脫　知見常不失　示現可知境
一切諸業等　智為本展轉　三世無障閡　廣大智行常
是名如來體　大智慧相應　覺彼大菩提　最上勝妙法
為一切眾生　轉於大法輪　無畏勝妙法　令彼得解脫[244]

---

240 四無畏，1 如實覺諸法，諸法現等覺無畏。2 遮諸閡道障，一切漏盡無畏。3 說道，障法不虛決定授記無畏。4 無漏，為證一切俱足出道如性無畏。參考《增一阿含經》卷十九、卷四十二

241 無作意護心（nopeksapratisamkhya），意為並非不加考而捨棄。黃寶生譯注，《梵漢究竟一乘寶性論》（北京：中國社會科學出版社，2017 年），頁 250。

242 十八不共法，「不共」，意為不共聲聞、緣覺和菩薩，限於佛才有的法。出自大品般若經卷五廣乘品：(1) 諸佛身無失。(2) 口無失。(3) 念無失。以上三法指身、口、意三業皆無過失。(4) 無異想。(5) 無不定心。(6) 無不知己捨心，於苦等之受，佛念念之中覺知其生住滅等相，而住於寂靜平等。(7) 欲無減。(8) 精進無減。(9) 念無減。(10) 慧無減。(11) 解脫無減。(12) 解脫知見無減。(13) 一切身業隨智慧行。(14) 一切口業隨智慧行。(15) 一切意業隨智慧行。以上三項，乃佛造作身、口、意三業時，先觀察得失，後隨智慧而行，故無過失，皆能利益眾生。(16) 智慧知見過去世無閡無障。(17) 智慧知見未來世無閡無障。(18) 智慧知見現在世無閡無障。上三者謂佛之智慧照知過去、未來、現在三世所有一切之事，皆通達無礙。參照黃寶生譯注，《梵漢究竟一乘寶性論》（北京：中國社會科學出版社，2017 年），頁 250。

243 作心捨心（svarasadhyupeksana），捨棄自性。

244 後魏、勒那摩提譯，《究竟一乘寶性論》卷四，《大正藏》第三十一冊 ，頁 844b。

（四）三十二大人相

『論本偈十二首』

足下相平滿	具足千輻輪	跟傭趺上隆	伊尼鹿王蹲
手足悉柔軟	諸指皆纖長	鵝王網縵指	臂肘上下傭
兩肩前後平	左右俱圓滿	立能手過膝	馬王陰藏相
身傭相洪雅	如尼拘樹王	體相七處滿	上半如師子
威德勢堅固	猶如那羅延	身色新淨妙	柔軟金色皮
淨軟細平密	一孔一毛生	毛柔軟上靡	微細輪右旋
身淨光圓匝	頂上相高顯	項如孔雀王	頤方若師子
髮淨金精色	喻如因陀羅	額上白毫相	通面淨光明
口含四十齒	二牙白踰雪	深密內外明	上下齒平齊
迦陵頻伽聲	妙音深遠聲	所食至喉現	得味中上味
細薄廣長舌	二目淳紺色	瞬眼若牛王	功德如蓮華
如是說人尊	妙相三十二	一一不雜亂	普身不可嫌[245]

釋疏：

此佛十力、四無所畏、十八不共法、三十二大人相，略集一處，是名六十四種功德。

「註釋偈二首」

六十四功德	修因及果報	一一各差別	寶經次第說
衝過無慈心	不共他無心	故說杵師子	空水中月喻[246]

245 傭，勻稱平正。趺，腳背。參考《中阿含經，三十二相經》；《長阿含經，大本經》。

246 衝過（nirvedhikatva），不可穿透性。無慈心（niirdainya），無困苦。不共他無心（niriha），無作為。黃寶生譯注，《梵漢究竟一乘寶性論》（北京：中國社會科學出版社，2017 年），頁 246。

釋疏：

諸佛如來六十四種功德因果差別，依此次第《寶女經》中廣說。又復依此四處。次第有四種喻。謂金剛杵及師子王。虛空譬喻水中月等：

（一）十力（金剛杵）

『論本偈二首』

處非處果性　眾生諸信根　種種道修地　過宿命差別
天眼漏盡等　佛力金剛杵　能刺碎散斫　癡鎧山牆樹[247]

「註釋偈三首」

諸如來六力　次第三及一　所知境界中　離三昧諸障
及離餘垢障　譬如破散截　鎧牆及樹等　亦重亦堅固
亦不可破壞　如來十種力　猶如彼金剛　故說金剛杵[248]

（二）四無畏（師子王）

『論本偈二首』

譬如師子王　諸獸中自在　常處於山林　不怖畏諸獸
佛人王亦爾　處於諸群眾　不畏及善住　堅固奮迅等[249]

「註釋偈五首」

知病苦知因　遠離彼苦因　說聖道妙藥　為離病證滅
遠離諸怖畏　善住奮迅城　佛王在大眾　無畏如師子

247 後魏、勒那摩提譯，《究竟一乘寶性論》卷四，《大正藏》第三十一冊 ，頁 845a。
248 同上。
249 善住（nirasthatva），無顧慮。奮迅（vikrama），勇猛。黃寶生譯注，《梵漢究竟一乘寶性論》（北京：中國社會科學出版社，2017 年），頁 258。

以知一切法　是故能善住　一切處不畏　離愚癡凡夫
二乘及清淨　以見我無等　於一切法中　心常定堅固
何故名奮迅　過無明住地　自在無閡處　是故名奮迅[250]

（三）十八不共法（虛空）

『論本偈三首』

地水火風等　彼法空中無　諸色中亦無　虛空無閡法
諸佛無障礙　猶如虛空相　如來在世間　如地水火風
而諸佛如來　所有諸功德　乃至無一法　共餘世間有[251]

「註釋偈四首」

聲聞及空行　智者及自在　上上微細法　故示現五大
諸眾生受用　如地水火風　離世離出世　故說虛空大
三十二功德　依止法身有　如世間燈炷　明煖及色相
相應無差別　諸如來法身　一切諸功德　無差別亦爾[252]

（四）三十二大丈夫相（水中月）

『論本偈二首』

秋空無雲曀　月在天及水　一切世間人　皆見月勢力
清淨佛輪中　具功德勢力　佛子見如來　功德身亦爾[253]

250 後魏、勒那摩提譯，《究竟一乘寶性論》卷四，《大正藏》第三十一冊 ，頁 845a。
251 後魏、勒那摩提譯，《究竟一乘寶性論》卷四，《大正藏》第三十一冊 ，頁 845b。
252 空行（ekantacarin），緣覺。上上（uttarottara），依次增加。黃寶生譯注，《梵漢究竟一乘寶性論》（北京：中國社會科學出版社，2017 年），頁 260。
253 後魏、勒那摩提譯，《究竟一乘寶性論》卷四，《大正藏》第三十一冊 ，頁 845b。

「**註釋偈四首**」

三十二功德	見者生歡喜	依法報化身	三種佛而有
法身淨無垢	遠離於世間	在如來輪中	眾生見二處
如清淨水中	見於月影像	是三十二相	依色身得名
如摩尼寶珠	不離光色相	色身亦如是	不離三十二[254]

伍、〈自然不休息佛業品第十〉

釋疏：

論曰。諸佛如來作業，自然而行，常不休息，教化眾生。有二種法自然而行：依諸佛業自然而行；常不休息，常作佛事故。

一、**總說**：自然而行，常不休息，教化眾生有二法：

①依佛業自然而行、②常不休息，常作佛事。

『**論本偈六首**』

於可化眾生	以教化方便	起化眾生業	教化眾生界
諸佛自在人	於可化眾生	常待處待時	自然作佛事
遍覺知大乘	最妙功德聚	如大海水寶	如來智亦爾
菩提廣無邊	猶如虛空界	於無量功德	大智慧日光
遍照諸眾生	有佛妙法身	無垢功德藏	如我身無異
煩惱障智障	雲霧羅網覆	諸佛慈悲風	吹令散滅盡[255]

「**註釋偈十四首**」[256]：**表 2- 15 佛業自然而行相似相對法**

以何等性智	何者何處時	作業無分別	是故業自然
以何等根性	諸眾生可度	以何等智慧	能度諸眾生

254 同上。
255 後魏、勒那摩提譯，《究竟一乘寶性論》卷四，《大正藏》第三十一冊，頁 845c。

又以何者是　化眾生方便　眾生以何處　何時中可化
進趣及功德　為果為攝取　彼障及斷障　諸緣不分別
進趣謂十地　功德因二諦　果謂大菩提　攝菩提眷屬
彼障謂無邊　煩惱及習氣　斷障謂大慈　及大悲心等
是名一切時　常種種因緣　如是等六處　次第說應知
如大海水寶　空日地雲風　諸地如大海　智水功德寶
菩提如空界　廣無中後邊　為利益眾生　二種業如日
能悉遍照知　一切眾生界　皆有如來性　如地中伏藏
猶如彼大地　體安固不動　為利益眾生　見彼我無別
客塵煩惱等　本自無體性　一切皆虛妄　如雲聚不實
起大慈悲心　猶如猛風吹　煩惱智障盡　如彼雲聚散
化事未究竟　故常在世間　從本際以來　自然不休息[257]

釋疏：

問曰：如上所說，諸佛如來不生不滅。若如是者，即無為法。無為法者，不修行業，又如何能自然不休息，常教化眾生事？答曰：為彼諸佛大事，斷諸疑惑。示現不可思議無垢清淨諸佛境界，因此，依不可思議無垢清淨諸佛境界，示現大事故，以譬喻說一行偈。

256 佛業自然而行相似相對法

六種攝化（佛業自然而行）	相似相對法
1、出離十地因	大海（體安固不動）
2、依止於功德	寶（見彼無分別）
3、至大菩提果	空（本無自體性）
4、眾生攝取菩提之性	日（能悉遍照知）
5、因眾生具有煩惱障及習氣障	雲（一切皆虛妄）
6、斷其障	風（起大慈悲心）

257 進趣（hiryana），出離世間入菩薩十地。眷屬（svttva），眾生。化事，度化眾生之事。黃寶生譯注，《梵漢究竟一乘寶性論》（北京：中國社會科學出版社，2017 年），頁 265。

二、佛業九喻[258]

『論本偈一首』

帝釋妙鼓雲　　梵天日摩尼　　響及虛空地　　如來身亦爾[259]

釋疏：

依此首修多羅攝取之義，用九種譬喻偈，並以六十六偈廣說。

又依彼廣說偈義，並以十九偈解釋次第廣說如來無上利益一切眾生修行究竟。

『論本偈六十六首』

釋疏：

（一）初說帝釋鏡像譬喻

『論本偈十二首』

如彼毘琉璃　　清淨大地中　　天主帝釋身　　於中鏡像現
如是眾生心　　清淨大地中　　諸佛如來身　　於中鏡像現
帝釋現不現　　依地淨不淨　　如是諸世間　　鏡像現不現
如來有起滅　　依濁不濁心　　如是諸眾生　　鏡像現不現
天主帝釋身　　鏡像有生滅　　不可得說有　　不可得說無
如來身亦爾　　鏡像有生滅　　不可得說有　　不可得說無
如地普周遍　　遠離高下穢　　大琉璃明淨　　離垢功德平
以彼毘琉璃　　清淨無垢故　　天主鏡像現　　及莊嚴具生

258　元魏、曇摩流支譯，《如來莊嚴智慧光明入一切佛境界經》，《大正藏》第十二冊。
259　後魏、勒那摩提譯，《究竟一乘寶性論》卷四，《大正藏》第三十一冊　，頁 846a。

若男若女等　於中見天主　及妙莊嚴具　作生彼處願
眾生為生彼　修行諸善行　持戒及布施　散花捨珍寶
後時功德盡　地滅彼亦滅　心琉璃地淨　諸佛鏡像現
諸佛子菩薩　見佛心歡喜　為求菩提故　起願修諸行

釋疏：

不生不滅者。即是如來。

『論本偈四首』

如毘琉璃滅　彼鏡像亦滅　無可化眾生　如來不出世
琉璃寶地淨　示現佛妙像　彼淨心不壞　信根芽增長
白淨法生滅　佛像亦生滅　如來不生滅　猶如帝釋王
此業自然有　見是等現前　法身不生滅　盡諸際常住

釋疏：

（二）次說天中妙鼓譬喻。

『論本偈五首』

天妙法鼓聲　依自業而有　諸佛說法音　眾生自業聞
如妙聲遠離　功用處身心　令一切諸天　離怖得寂靜
佛聲亦如是　離功用身心　令一切眾生　得證寂滅道
於彼戰鬥時　為破修羅力　因鼓出畏聲　令修羅退散
如來為眾生　滅諸煩惱苦　為世間說法　示勝禪定道

釋疏：

一切世間人。不覺自過失。

『論本偈一首』

聾不聞細聲　　天耳聞不遍　　唯智者境界　　以聞心不染

（三）次說雲雨譬喻

『論本偈二首』

知有起悲心　　遍滿世間處　　定持無垢藏　　佛雨淨穀因

世間依善業　　依風生雲雨　　依悲等增長　　佛妙法雲雨

釋疏：

依止器世間。雨水味變壞。

『論本偈二首』

譬如虛空中　　雨八功德水　　到鹹等住處　　生種種異味

如來慈悲雲　　雨八聖道水　　到眾生心處　　生種種解味

釋疏：

無差別心。

『論本偈四首』

信於妙大乘　　及中謗法者　　人遮多鳥鬼　　此三聚相似

正定聚眾生　　習氣不定聚　　身見邪定聚　　邪見流生死

秋天無雲雨　　人空鳥受苦　　夏天多雨水　　燒鬼令受苦

佛現世不現　　悲雲雨法雨　　信法器能得　　謗法有不聞

釋疏：

不護眾生。

『論本偈四首』

天雨如車軸　澍下衝大地　雹及霹靂石　金剛爆火等
不護微細虫　山林諸果樹　草穀稻糧等　行人故不雨
如來亦如是　於麤細眾生　相應諸方便　般若悲雲雨
諸煩惱習氣　我邪見眾生　如是種類等　一切智不護

釋疏：

為滅苦火。

『論本偈五首』

知病離病因　取無病修藥　苦因彼滅道　知離觸修等
無始世生死　波流轉五道　五道中受樂　猶如臭爛糞
寒熱惱等觸　諸苦畢竟有　為令彼除滅　降大妙法雨
知天中退苦　人中追求苦　有智者不求　人天自在樂
慧者信佛語　已信者知苦　亦復知苦因　觀滅及知道

（四）次說梵天譬喻。

『論本偈三首』

梵天過去願　依諸天淨業　梵天自然現　化佛身亦爾
梵宮中不動　常現於欲界　諸天見妙色　失五欲境界
佛法身不動　而常現世間　眾生見歡喜　不樂諸有樂

釋疏：

有現不現。

『論本偈三首』

從天退入胎　現生有父母　在家示嬰兒　習學諸伎藝
戲樂及遊行　出家行苦行　現就外道學　降伏於天魔

成佛轉法輪　示道入涅槃　諸薄福眾生　不能見如來

（五）次說日譬喻。

『論本偈三首』

如日光初出　普照諸蓮華　有同一時開　亦有一時合
佛日亦如是　照一切眾生　有智如華開　有罪如華合
如日照水華　而日無分別　佛日亦如是　照而無分別

釋疏：

次第。

『論本偈二首』

日初出世間　千光次第照　先照高大山　後照中下山
佛日亦如是　次第照世間　先照諸菩薩　後及餘眾生

釋疏：

光明輪不同。

『論本偈五首』

色智身二法　大悲身如空　遍照諸世間　故佛不同日
日不能遍照　諸國土虛空　不破無明闇　不示何知境
放種種諸色　光明雲羅網　示大慈悲體　真如妙境界
佛入城聚落　無眼者得眼　見佛得大利　亦滅諸惡法
無明沒諸有　邪見黑闇障　如來日光照　見慧未見處

（六）次說摩尼珠譬喻。

『論本偈二首』

一時同處住	滿足所求意	摩尼寶無心	而滿眾生願
自在大法王	同住於悲心	眾生種種聞	佛心無分別

（七）次說響譬喻。

『論本偈二首』

譬如諸響聲	依他而得起	自然無分別	非內非外住
如來聲亦爾	依他心而起	自然無分別	非內非外住

（八）次說虛空譬喻。

『論本偈二首』

無物不可見	無觀無依止	過眼識境界	無色不可見
空中見高下	而空不如是	佛中見一切	其義亦如是

（九）次說地譬喻。

『論本偈五首』

一切諸草木	依止大地生	地無分別心	而增長成就
眾生心善根	依止佛地生	佛無分別心	而增廣成就
佛聲猶如響	以無名字說	佛身如虛空	遍不可見常
如依地諸法	一切諸妙藥	遍為諸眾生	不限於一人
依佛地諸法	白淨妙法藥	遍為諸眾生	不限於一人[260]

260 後魏、勒那摩提譯，《究竟一乘寶性論》卷一，《大正藏》第三十一冊，頁 818a-819c。

釋疏：以上，以十九偈解釋。

「註釋偈十九首」[261]：表 2- 16 佛業九喻

遠離一切業	未曾見有果	為一切疑人	除諸疑網故
說九種譬喻	彼修多羅名	廣說此諸法	彼修多羅中
廣說九種喻	彼名智境界	快妙智莊嚴	有智者速入
具足佛境界	說彼天帝釋	琉璃鏡像等	九種諸譬喻
應知彼要義	見說及遍至	以離諸相智	身口意業密
大慈悲者得	離諸功用心	無分別寂靜	以智故無垢
如大毘琉璃	帝釋等譬喻	智究竟滿足	故究竟寂靜
以有淨智慧	是故無分別	為成種種義	故說釋等喻
為成彼義者	說九種見等	離生離神通	諸佛現是事
是名為略說	種種義譬喻	先喻解異後	後喻解異前
佛體如鏡像	如彼琉璃地	人非不有聲	如天妙法鼓
非不作法事	如彼大雲雨	非不作利益	而亦非不生
種種諸種子	如梵天不動	而非不淳熟	如彼大日輪
非不破諸闇	如彼如意寶	而非不希有	猶如彼聲響
非不因緣成	猶如彼虛空	非不為一切	眾生作依止
猶如彼大地	而非不住持	一切種種物	以依彼大地

261 佛業九喻

常作佛事	譬喻
1、示現（darśana）	帝釋鏡像（佛身）非人不有聲
2、教說（ādśana）	天中妙鼓（佛語）非妙鼓不作法事
3、周遍（vyāpi）	雲雨（佛意）非雲雨不作利益
4、變化（vikṛti）	梵天（身語業）非種子不淳熟
5、離諸相智（jñānaniḥsṛti）	日（意業）非日不破諸闇
6、意蜜（manoguhyaka）	摩尼珠（意不可思議）非摩尼珠不希有
7、口蜜（vāg-guhyaha）	響（語不可思議）非聲響不因緣成
8、身蜜（kāyaguyaha）	虛空（身不可思議）非虛空不為一切
9、證（prāpti）	地（事業因）非大地不住持

荷負諸世間　種種諸物故　依諸佛菩提　出世間妙法
成就諸白業　諸禪四無量　及以四空定　諸如來自然
常住諸世間　有如是諸業　一時非前後　作如是妙業[262]

陸、〈校量信功德品第十一〉

釋疏：

以上說四種法，自此以下，明有慧人於此法中能生信心，依彼信者所得功德。

『論本偈十四首』

佛性佛菩提　佛法及佛業　諸出世淨人　所不能思議
此諸佛境界　若有能信者　得無量功德　勝一切眾生
以求佛菩提　不思議果報　得無量功德　故勝諸世間
若有人能捨　摩尼珠珍寶　遍布十方界　無量佛國土
為求佛菩提　施與諸法王　是人如是施　無量恒沙劫
若復有人聞　妙境界一句　聞已復能信　過施福無量
若有智慧人　奉持無上戒　身口意業淨　自然常護持
為求佛菩提　如是無量劫　是人所得福　不可得思議
若復有人聞　妙境界一句　聞已復能信　過戒福無量
若人入禪定　焚三界煩惱　過天行彼岸　無菩提方便[263]
若復有人聞　妙境界一句　聞已復能信　過禪福無量
無慧人能捨　唯得富貴報　修持禁戒者　得生人天中
修行斷諸障　非慧不能除　慧除煩惱障　亦能除智障

262 後魏、勒那摩提譯，《究竟一乘寶性論》卷四，《大正藏》第三十一冊 ，頁 846b-c。
263 過天行彼岸（divyabrahmaviharaparamigata），達到天界和梵界的彼岸。無菩提方便（sambodhyupayacyuta），菩提方便不退轉。參照黃寶生譯注，《梵漢究竟一乘寶性論》（北京：中國社會科學出版社，2017 年），頁 298。

聞法為慧因　　是故聞法勝　　何況聞法已　　復能生信心[264]

釋疏：

此十四偈，以十一偈略釋。

「註釋偈十一首」

身及彼所轉　　功德及成義　　示此四種法　　唯如來境界
智者信為有　　及信畢竟得　　以信諸功德　　速證無上道
究竟到彼岸　　如來所住處　　信有彼境界　　彼非可思議
我等可得彼　　彼功德如是　　唯深信勝智　　欲精進念定
修智等功德　　無上菩提心　　一切常現前　　以常現前故
名不退佛子　　彼岸淨功德　　畢竟能成就　　五度是功德
以不分別三　　畢竟及清淨　　以離對治法　　施唯施功德
持戒唯持戒　　餘二度修行　　謂忍辱禪定　　精進遍諸處
慳等所治法　　名為煩惱障　　虛分別三法　　是名為智障
遠離彼諸障　　更無餘勝因　　唯真妙智慧　　是故般若勝
彼智慧根本　　所謂聞慧是　　以聞慧生智　　是故聞為勝[265]

釋疏：

自此以下，說明以上所說意義。依何等法說？依何等義說？依何等相說？

一、如何依法

『論本偈二首』

我此所說法　　為自心清淨　　依諸如來教　　修多羅相應

264 後魏、勒那摩提譯，《究竟一乘寶性論》卷四，《大正藏》第三十一冊，頁 846c-847a。
265 同上，頁 847a-b。

若有智慧人　聞能信受者　我此所說法　亦為攝彼人[266]

二、依法說其義

『論本偈二首』

依燈電摩尼　日月等諸明　一切有眼者　皆能見境界
依佛法光明　慧眼者能見　以法有是利　故我說此法[267]

三、依法說其相

『論本偈二首』

若一切所說　有義有法句　能令修行者　遠離於三界
及示寂靜法　最勝無上道　佛說是正經　餘者顛倒說[268]

四、依護法方便

『論本偈七首』

雖說法句義　斷三界煩惱　無明覆慧眼　貪等垢所纏
又於佛法中　取少分說者　世典善言說　彼三尚可受[269]
何況諸如來　遠離煩惱垢　無漏智慧人　所說修多羅
以離於諸佛　一切世間中　更無勝智慧　如實知法者
如來說了義[270]　彼不可思議　思者是謗法　不識佛意故
謗聖及壞法　此諸邪思惟　煩惱愚癡人　妄見所計故
故不應執著　邪見諸垢法　以淨衣受色　垢膩不可染[271]

266 同上，頁 847b。
267 同上。
268 同上。
269 彼三尚可受，指前面所述三種人：1. 雖說法句義。2. 又於佛法中取少分說者。3. 世典善言說。黃寶生譯注，《梵漢究竟一乘寶性論》（北京：中國社會科學出版社，2017 年），頁 304。
270 了義（nitarha），直接完全顯示佛法義理。不了義（neyartha），沒有直接完全顯示佛法義理。黃寶生譯注，《梵漢究竟一乘寶性論》（北京：中國社會科學出版社，2017 年），頁 305。
271 後魏、勒那摩提譯，《究竟一乘寶性論》卷四，《大正藏》第三十一冊，頁 847b-c。

五、依謗正法

『**論本偈三首**』

愚不信白法	邪見及憍慢	過去謗法障	執著不了義
著供養恭敬	唯見於邪法	遠離善知識	親近謗法者
樂著小乘法	如是等眾生	不信於大乘	故謗諸佛法[272]

六、依謗正法得惡果報

『**論本偈六首**』

智者不應畏	怨家蛇火毒	因陀羅霹靂	刀杖諸惡獸
師子虎狼等	彼但能斷命	不能令人入	可畏阿鼻獄
應畏謗深法	及謗法知識	決定令人入	可畏阿鼻獄
雖近惡知識	惡心出佛血	及殺害父母	斷諸聖人命
破壞和合僧	及斷諸善根	以繫念正法	能解脫彼處
若復有餘人	誹謗甚深法	彼人無量劫	不可得解脫[273]

七、依於說法法師生敬重心

『**論本偈二首**』

若人令眾生	學信如是法	彼是我父母	亦是善知識
彼人是智者	以如來滅後	迴邪見顛倒	令入正道故[274]

八、依說法所得功德，以用迴向

『**論本偈三首**』

三寶清淨性	菩提功德業	我略說七種	與佛經相應
依此諸功德	願於命終時	見無量壽佛	無邊功德身

272 同上，頁 847c。
273 同上，頁 847c-848a。
274 同上，頁 848a。

我及餘信者　既見彼佛已　願得離垢眼　成無上菩提[275]

九、總說

「註釋偈五首」

依何等法說　依何等義說　依何等相說　如彼法而說
如彼義而說　如彼相而說　彼一切諸法　六行偈示現[276]
護自身方便　以七行偈說　明誹謗正法　故有三行偈
六偈示彼因[277] **以二偈示現　於彼說法人　深生敬重心**
大眾聞忍受　得彼大菩提　略說三種法　示現彼果報[278]

275 同上。
276 六行偈示現，指上述之論本偈共九首：「我此所說法…所說修多羅」。參照黃寶生譯注，《梵漢究竟一乘寶性論》（北京：中國社會科學出版社，2017 年），頁 309。
277 六偈示彼因，指上述之論本偈共十三首：「以離於諸佛…不可得解脫」，同上。
278 二偈示現，指上述之論本偈共二首「若人令眾生…令入正道故」，同上。

第三章

《寶性論》理論連貫性——幾個關鍵佛學名相

為架構《寶性論》理論的連貫性，本章分別敘述七句金剛句之幾個關鍵佛學名相，即三寶之「自性本來清淨」和「一切眾生有如來藏」(權稱雜垢清淨)和菩提、佛功德、佛業之「離垢清淨」等三要素，以及三寶之「因」、「轉依」、「信」等三個動態因子。本章共分七節，除第一節對第二章〈《寶性論》概述〉做簡要總結，並利用支那內學院呂澂有關「性寂」、「性覺」說明，對於《寶性論》有關「性寂」、「性覺」看法，冀有助於早期如來藏思想有較清晰思考方向，以此歸納出幾個關鍵佛學名相，分節敘說。第二節自性清淨心，《寶性論》的自性清淨心分三個階段來表示(三者實質意義相同，只是流轉時名相不同)，一、自性本來清淨，二、自性清淨(權稱雜垢清淨)，三、離垢清淨。第三節佛性，如來藏是「法」即「眾生」義，包括煩惱藏和自性清淨藏，另外，從總相說，如來藏有三義，佛法身遍滿，如來真如無差別，實有佛性義。第四節如來藏，擬透過《大般涅槃經》的佛性思想，將『一切眾生悉有佛性』轉換為《寶性論》之『一切眾生有如來藏』，使眾生、我、佛性、如來藏等變成同義詞。第五節三寶之因，由「因」義而輾轉形成為「因緣」「因果」，在《寶性論》的思想體系中，「因」義仍是如此，雖有不同層次的「因」性，但其原始之「因」，為卷二之不退轉菩薩中說明之三寶之因，是無始世界來自性本來清淨。第六節轉依，《寶性論》的「轉依」應是「轉」和「依」，意為「依」如來義「轉」雜穢得自性本來清淨，自性本來清淨是過於恆沙、不脫、不離、不異之不可思議法，而非如瑜珈學派中轉捨不淨之遍計所執，轉「永成本性」之清淨圓成實性。第七節信，引用日本學者水谷幸正著《如來藏與信》闡述「信」與「信解」之含意，說明三經一論中對於「信」和「信解」之使用。

第一節
概說

本節係對上一章〈《寶性論》概述〉作綜合探討，並歸納出自性清淨心（citta-prakrti-pariśuddha）是如來藏（tathāgata-grabha）、眾生界（sattva-dhātu）、法界（dharma-dhātu）、法身（dharmakāya）、真如（tathā）和佛種性（gotra），因此，筆者綜合整理出「自性清淨心」「佛性」「如來藏」「因」「轉依」「信」等6個關鍵字詞，於下列各節中分別闡釋。

壹、概況

在上一章〈《寶性論》概述〉中，綜合出以下幾個重點：

一、「自性清淨」於每一卷中皆重複出現，可依「自性清淨心」為本質（dhātu）。

二、每一卷皆能獨立論述，四卷綜其成。卷一、除論本偈外，概說七句金剛句。卷二、三寶性就是自性本來清淨，和從佛性（dhātu）、佛種性引（因性）至眾生。卷三、〈一切眾生有如來藏第五〉、卷四、〈無量煩惱所纏品第六〉兩品為本論之中心議題，闡述自性清淨如來藏之內容。卷四、〈身轉清淨成菩提品第八〉、〈如來功德品第九〉、〈自然不休息佛業品第十〉、〈校量功德品第十一〉等，敘述轉依成離垢清淨之菩提，而有如來功德並勤作業不休息渡化眾生，為眾生得信和信解如來。

三、「佛性」、「眾生」金剛句，主要引自三經，其中〈無量煩惱所纏品第六〉引入《如來藏經》之九喻中，各卷引《不增不減經》、《勝鬘經》等字句各達八次和二十六次。《寶性論》經中引《不增不減經》、《勝鬘經》內容與本經逐字對照，彼此之間內容關連性很高。其他六句金剛句，雖然其字義引自三經，但譬喻和說明則主要引自《陀羅尼自在王經》、《十地經》等。其中《如來莊嚴智慧光明入一切佛境界經》之佛業九喻，和〈佛寶品第二〉與〈自然不休息佛業品第十〉之內容相呼應。另外，關於《大般涅槃經》「一切眾生悉有佛性」有關「一闡提」、「我」之概念，也被間接引用於《寶性論》。

四、自性清淨心、如來藏、眾生界、法界、法身、真如、佛種性詞異義同

《如來藏經》：「一切眾生，雖在諸趣煩惱身中，有如來藏常無染污，德相備足，如我無異。[1]」

《不增不減經》：「第一義諦者，即是眾生界。眾生界者，即是如來藏。如來藏者，即是法身。[2]」

《勝鬘經》：「如來藏者，是法界藏。法身藏，出世間上上藏、自性清淨藏。[3]」

《寶性論》：「一切眾生有如來藏。[4]」「一者如來法身遍在一切諸眾生身，偈言佛法身遍滿故。二者如來真如無差別，偈言真如無差別故。三者一切眾生皆悉實有真如佛性，偈言皆實有佛性故。[5]」

《寶性論》中將上述字義劃上等號，使得自性清淨心（citta-prakrti-pariśuddha）= 如來藏（tathāgata-grabha）= 眾生界（sattva-dhātu）= 法界（dharma-dhātu）= 法身（dharmakāya）= 真如（tathā）= 佛種性（gotra）。因此《寶性論》用三寶之自性本來清淨和一切眾生有如來藏之自性清淨（權稱離垢清淨）和菩提、佛功德、佛業之離垢

1 東晉、佛陀跋陀羅譯，《大方等如來藏經》，《大正藏》第十六冊，頁 457c。
2 元魏、菩提流支譯，《佛說不增不減經》，《大正藏》第十六冊，頁 467a。
3 宋、求那跋陀羅譯，《勝鬘師子吼一乘大方便方廣經》，《大正藏》第十二冊 ，頁 222b。
4 後魏、勒那摩提譯，《究竟一乘寶性論》卷三，《大正藏》第三十一冊，頁 828a。
5 同上，頁 828b。

清淨等三要素為內容。另外引用三寶之「因」、「轉依」、「信」等三個因子連接而得以動態化。本章擬對自性清淨心、佛性、如來藏、三寶之因、轉依、信等關鍵用語，做清楚分析，期能對《寶性論》內容能有更深入的認識。

貳、支那內學院呂澂主張「性寂」、「性覺」說與《寶性論》內容之詮釋

一、《呂澂佛學論著選集》卷三中將「性寂」、「性覺」作了定義：

（一）印度學對於心性明淨的理解，是側重於心性之不與煩惱同類。它以為煩惱的性質舞動不安，乃是偶然發生的，與心性不相順的，因此形容心性為寂滅、寂靜的，這種說法可稱為性寂之說。[6]

即從《起信論》所說，可以了解中國佛學有關心性的基本思想是：人心為萬有的本源，此即所謂「真心」，它的自性「智慧光明」遍照一切，而又「真實識知」得稱「本覺」。此心在凡夫的地位雖然為妄念（煩惱）所蔽障，但覺性自存，妄念一息，就會恢復它本來的面目。……隋唐時代先後成立的佛門派別，如天台宗、賢首宗、禪宗等……他們關於心性的基本思想自然也有共同之點，都採用了「性覺」說。[7]

從性寂上說人心明淨，只就其「可能的」、「當然的」方面而言。至於從「性覺」上說來，則等同「現實的」、「已然的」一般。這一切都是中印佛學有關心性的思想，所有的重要分別。[8]

（二）《寶性論》對「性寂」、「性覺」詮釋：

6　呂澂著，《呂澂佛學論著選集》卷三（濟南市：齊魯書社，1991 年），頁 1417-1418。
7　同上。
8　同上。

在《寶性論》整個思想體系裡，從無始世界來之自性清淨心到雜垢真如，然後轉身成雜垢真如的自性清涼心，從內容之次序言三寶之「因」（hetu）的自性本來清涼是「性寂」的，雜垢真如的自性清淨是「性覺」。若覺性自存，妄念一息，則恢復「性寂」，即「離垢清淨」。因此「性寂」的自性清淨著重「性」與「隨眠」（anuśaya）不相應（即客塵煩惱），也是「心不觸煩惱，煩惱不觸心」，心與煩惱不相應，而「性覺」的自性清淨則著重在「覺」，即「究竟」一乘。所謂「究竟」（montra），意思如何達成。依《勝鬘經》說：「如來即法身，得究竟法身者，則究竟一乘，究竟者即是無邊不斷。」[9] 也就是著重在如何修行以去除煩惱，還我本來自性清淨。

9　宋、求那跋陀羅譯，《勝鬘師子吼一乘大方便方廣經》，《大正藏》第十二冊，頁 220c。

第二節

自性清淨心（citta-prakrti- pariśuddha）

自性清淨心淵源於《阿含經》的心性本淨，亦說明了其「如來藏」本質，因「客隨煩惱雜染」，透過修定而遠離五蓋，使「客隨煩惱解脫」，還我「心性本淨」。由於第二章已闡述《寶性論》內容，因此，本節僅將各卷有關「自性本來清淨」、「自性清淨」、「離垢清淨」偈頌作彙總整理。

壹、淵源於《阿含經》的心性本淨（citta-prakrti-prabhāsvara）

一、梵文「prabhāsvara」即為光淨（光明純淨）。在《南傳大藏經、增支部、一集》說：「比丘眾！此心極光淨，而客隨煩惱雜染，無聞異生不如實解，我說無聞異生無修心故。」。又說「比丘眾！此心極光淨，而客隨煩惱解脫，有聞弟子能如實解，我說有聞弟子有修心故。」。這是《阿含經》中明確的心明淨說。心是極光淨的，使心雜染的隨煩惱（upakkilesa）是「客」，可見是外鑠的，而不是心體有這些煩惱。早期部派佛教中大眾部及分別部都是主張「心性本淨」（而說一切有部則是否定「心性本淨」的理論），其論者主要是透過世俗的譬喻來得出「心淨」的結論。如浣衣、磨鏡、鍊金、除銅器垢等，比喻了性本清淨，只是染上些塵垢，可以用浣、磨等方法來恢復本淨。說明「心與煩惱相應相離」、「自性為主，煩惱為客」並引申出「煩惱與道同在」之理論。其最終目的，則是要修定（samādha）而遠離五蓋（āvaranāni）（即貪、瞋、惛沉、掉悔、疑）。[10]

二、印順導師關於心性本淨之「不了義」判說，認為心性本淨源自於集成的四部《阿含經》中，古傳《雜阿含經》實集合了修多羅（sūtra）、祇夜（geya）、記說（vyākarara）三部份而成。依四種宗趣，修多羅是原始結集的相應教如蘊相應、處相應等、是第一義悉檀。……「如來記說」與『增支部』所說，「心性本淨」與鍊金等譬喻，都是「各各為人」──啟發人為善的意趣；不是第一義悉檀（顯揚真義），當然是「非了義說」了。[11]

貳、《寶性論》中的「自性清淨心」

自性清淨貫穿《寶性論》整個思想體系。前段提到部派佛教的「心性本淨」淵源，再經過早期大乘佛教的「中觀思想」，直至《寶性論》成書，各個時代均有其獨特的思想見解。而《寶性論》係延襲其論述而將自性清淨心做更詳細的闡述。

自性清淨心的「清淨」，其梵文不單是指心性「光淨」（prabhāsvara），而是 pariśuddi，包括客塵所染及除垢後之「自性清淨心」。依《寶性論》內容，自性清淨心有三（三者意義相同，只是流轉時名相不同）：一、自性本來清淨，即彼如實知無始世來，本際寂靜無我、無法，非滅煩惱證時始有。[12]；二、自性清淨（權稱雜垢清淨）；三、離垢清淨。自性清淨者，謂性解脫無所捨離，以彼自性清淨心體不捨一切客塵煩惱，以彼本來不相應故。離垢清淨者，謂得解脫。又彼解脫不離一切法，如水不離諸塵垢等而言清淨。[13] 茲依《寶性論》各卷有關偈頌，整理簡述如下。

10 參考印順著，《如來藏之研究》（臺北市：正聞，1992 年），頁 67。
11 參考同上，頁 72。
12 後魏、勒那摩提譯，《究竟一乘寶性論》卷二，《大正藏》第三十一冊，頁 824c。
13 同上，頁 841b。

一、自性本來清淨（prakriti-prabhāsvaratā-darcanāc）

（一）卷二〈佛寶品第二〉：依佛自性（buddhatva）[14]說明：

1 **佛體無前際 及無中間際 亦復無後際 寂靜自覺知**[15]

1-1 **無為體自然 不依他而知**[16]

1-2 **非初非中後 自性無為體 及法體寂靜 故自然應知**[17]

（二）〈法寶品第三〉：依清淨法（vyavadana）說明：

2 **非有亦非無 亦後非有無 亦非即於彼 亦復不離彼**
不可得思量 非聞慧境界 出離言語道 內心知清涼
彼真妙法日 清淨無塵垢 大智慧光明 普照諸世間[18]

2-1 **不思議不二 無分淨現對 依何得何法 離法二諦相**[19]
滅諦道諦等 二諦攝取離[20]

2-2 **不思量無言 智者內智知 以如是義故 不可得思議**
清涼不二法 及無分別法[21]

（三）〈僧寶品〉第四：依不退轉菩薩（avairartik-bodhisattva）說明：

3、正覺正知者 見一切眾生 清淨無有我 寂靜真實際

14 梵文對照 buddhatva，如下行論本偈通譯為佛體性，應譯為自性較為妥當。以下用阿拉伯數字 1、1–1…2 等，係筆者對每一偈頌有關連性之心得而歸類。
15 同上，頁 822b。
16 同上，頁 822c。
17 同上。
18 同上，頁 823b。
19 同上，頁 823c。
20 同上。
21 同上。

以能知於彼　自性清淨心　見煩惱無實　故離諸煩惱
無障淨智者　如實見眾生　自性清淨性　佛法僧境界
無閡淨智眼　見諸眾生性　遍無量境界　故我今敬禮[22]
3-1　如實見眾生　寂靜真法身　以見性本淨　煩惱本來無[23]

二、自性清淨（權稱雜垢清淨）（tatea-prakriti-vicuddhic）

卷三〈一切眾生有如來藏第五〉、卷四〈無量煩惱所纏品第六〉

如來藏（tathāgata-garbha）有法身（dharmakāya）、真如（tathā）、種性（gotra）之自性清淨，以彼自性清淨心體，不捨一切客塵煩惱，以彼本來不相應故：

1　一切眾生界　不離諸佛智　以彼淨無垢　性體不二故
依一切諸佛　平等法性身　知一切眾生　皆有如來藏[24]
2　佛法身遍滿　真如無差別　皆實有佛性　是故說常有[25]
3　淨我樂常等　彼岸功德果　厭苦求涅槃　欲願等諸業[26]
4　如清淨真空　得第一無我　諸佛得淨體　是名得大身[27]
5　有不淨有淨　及以善淨等　如是次第說　眾生菩薩佛[28]
5-1　不正思惟風　諸業煩惱水　自性心虛空　不為彼二生
自性清淨心　其相如虛空　邪念思惟風　所不能散壞[29]
5-2　菩薩摩訶薩　如實知佛性　不生亦不滅　復無老病等[30]

22　同上，頁 824c。
23　同上。
24　後魏、勒那摩提譯，《究竟一乘寶性論》卷三，《大正藏》第三十一冊，頁 828b。
25　同上，頁 828a。
26　同上，頁 829b。
27　同上，頁 829c。
28　同上，頁 832a。
29　同上，頁 832c。
30　同上，頁 833b。

5-3	不生及不死	不病亦不老	以常恒清涼	及不變等故[31]
6	佛法不相離	及彼真如性	法體不虛妄	自性本來淨[32]
7	無始世來性	作諸法依止	依性有諸道	及證涅槃果[33]
8	不空如來藏	謂無上佛法	不相捨離相	不增減一法
	如來無為身	自性本清淨	客塵虛妄染	本來自性空[34]

三、離垢清淨（prakriti-visuddhir vaimalya）

卷四〈身轉清淨成菩提品第八〉

轉身清淨（śraya-parāvptti-prakrtiviśuddhi）成菩提三身：「自性法身」、「受用報身」、「應化身」來說明自性清淨心：

1	以不生故常	以不滅故恒	離二故清涼	法性住不變
	證滅故寂靜	一切覺故遍	不住不分別	離煩惱不者
	無智障離閡	柔軟離麁澀	無色不可見	離相不可取
	以自性故淨	離染故無垢[35]		
2	唯自身內證	應當如是知	彼三身差別	實法報化等[36]
2-1	無為無差別	遠離於二邊	出離煩惱障	智障三昧障
	以離一切垢	故聖人境界	清淨光明照	以法性如是[37]
2-2	無邊等佛法	次第不離報	受種種法味	示現諸妙色
	淨慈悲習氣	無虛妄分別	利益諸眾生	自然無休息[38]
	諸聲聞人等	有是虛妄相	言我得涅槃	法華等諸經

31　同上，頁 835a。
32　同上，頁 835b。
33　後魏、勒那摩提譯，《究竟一乘寶性論》卷四，《大正藏》第三十一冊，頁 839a。
34　同上，頁 840a。
35　同上，頁 842b。
36　同上，頁 843a。
37　同上。
38　同上。

皆說如實法　般若方便攝　迴先虛妄心　令淳熟上乘[39]

3　《勝鬘經》：「世尊若於無量煩惱藏所纏如來藏不疑惑者，於出無量煩惱藏法身亦無疑惑故。[40]」

4　《金剛般若波羅蜜經》：「須菩提，於意云何，可以三十二大人相成就，得見如來否？須菩提言：如我解佛所說義者，不以相成就得見如來。須菩提，若以相成就觀如來者，轉輪聖王應是如來，是故非以相成就得見如來故。[41]」

參、印順導師關於大乘佛教如來藏思想之「真常唯心」判說與《寶性論》思想體系的關連性

印順導師把大乘佛法判分成三系，即「性空唯名、虛妄唯識、真常唯心」。於《印度之佛教》中說：「真常淨者，一切一味相，於一法通達即一切通達，以是而諸法實相之常淨，與心性之真常淨合。常淨之心，一躍而為萬有之實體矣。了了明覺之心性，昔之為客塵所染者，業集所熏者，成生死而與淨心別體；今則客塵業集之熏染淨心，幻現虛妄生死，而淨心則為一切之實體（不一不異），至此，真常心乃可以說『唯心』。雖然其主張是架構在性空下（真常心而進為『真常唯心論』，實有賴性空大乘之啟發），但畢竟承認『真常唯心論』之學說，其『心性思想』應該是如來藏之法體與煩惱藏相不相應之淨心。」[42]

從三經一論立場探討如來藏時，如來藏本際法體是不可思議法、是自性清淨法和煩惱藏不清淨法、是滅諦法，但從如來藏未來際則是平等恒及有法。《寶性論》比較著重於說「法」和如何修行法，對於心與煩惱，則僅以「剎那心」和「難以了知」帶過。「真常唯心」論，是從後期如

39　同上，頁 843b。

40　宋、求那跋陀羅譯，《勝鬘師子吼一乘大方便方廣經》〈法身章第八〉，《大正藏》第十二冊，頁 221b。

41　姚秦、鳩摩羅什譯，《金剛般若波羅蜜經》，《大正藏》第八冊，頁 750a。

42　參考印順著，《印度之佛教》（臺北市：正聞出版，1992 年），頁 270。

來藏思想（與唯識思想結合）判說，與早期如來藏思想之三經一論而稍有不同。

第三節
佛性（buddha-dhātu）

《大般涅槃經》中心議題為「一切眾生悉有佛性」，釋恆清教授著《佛性思想》中說明，《涅槃經》對如來藏思想的最大貢獻在於以「佛性」解釋如來藏之本質，本節透過《大般涅槃經》的佛性思想，將『一切眾生悉有佛性』轉換為《寶性論》之『一切眾生有如來藏』，並對關鍵字詞「佛性」、「一闡提」、「我」等作詮釋。

壹、大般涅槃經的佛性思想

《大般涅槃經》屬於大乘中期思想經典，其中心議題「一切眾生悉有佛性」，在河村孝照論著〈佛性、一闡提〉中，將曇無讖譯的《大般涅槃經》四十卷分成三個時期：一、前十卷：一切眾生悉有佛性，唯一闡提除外。二、十一卷到二十卷：微密佛性與一闡提之不定。三、二十一卷到四十卷：佛性開顯與一闡提之生善。[43]從《寶性論》引《不增不減經》對於一闡提定義，顯然是源自後期之思想，即一闡提是「一般斷善根者」。而佛性不只以第一義空、中道、十二因緣為首，大慈大悲等善是佛性，連「惡」及生「善五蘊」之因的煩惱，也叫做佛性，善、惡、無記等皆是佛性。因此，一闡提是依於佛性的力量，必生起菩提心，仿阿闍世王起改悔之念

43 參考河村孝照著、李世傑譯，〈佛性、一闡提〉（《如來藏思想》台北市：華宇出版，1986 年），頁 140。

的善星比丘善根之例，即是認為一闡提也終於能成佛的。但對於佛性思想，如:「善男子，我者即是如來藏義，一切眾生悉有佛性，即是我義，如是我義，從本以來常為無量煩惱所覆，是故眾生不能得見。」[44]、「善男子，眾生厭苦斷是苦因，自在遠離是名為我，以是因緣我今宣說常樂我淨。」[45]

一、佛性（dhātu）

《涅槃經》:

對如來藏思想的最大貢獻在於以「佛性」（buddha-dhātu）解釋如來藏之本質[46]。梵文 dhātu 通常翻譯成「界」，有「性」義，「類」義，「因」義將眾生與佛歸屬同「類」別，有相同的成「因」，和體「性」，使得如來藏思想更為成熟。

《寶性論》:

在佛性的使用上，使用「界」字眼者，如三千大千世界、眾生界等，而在使用「性」時，通常將 dhātu 與 gotra 種性劃上等號。使得佛性和如來種性是同義語。「若無佛性者（buddha-dhātu），不得厭諸苦，不求涅槃樂，亦不欲不願」「見苦果樂果，此依性（gotra）而有，若無佛性（agortra）者，不起如是心。」「舍利弗，眾生界（sattva-dhātu）是如來藏……是涅槃界（nirvāna-dhātu）。」[47]，在中村瑞隆《梵漢對照究竟一乘寶性論研究》一書中，比照 dhātu 與「佛性」之字義時，真正用於直譯

44 北涼、曇無讖譯，《大般涅槃經》卷七，《大正藏》第十二冊，頁 407b。
45 北涼、曇無讖譯，《大般涅槃經》卷三十九，《大正藏》第十二冊，頁 596a。
46 釋恆清著，《佛性思想》（台北市：東大圖書，1997 年），頁 93。
47 賴賢宗著，《如來藏說與唯識思想的交涉》（台北市：新文豐出版，2006 年），頁 148。

佛性者不多，漢譯的「佛性」大部分為「gotra」。偶有「garbha」、「sattva」，漢譯的「界」則為「dhātu」，顯示《寶性論》中佛性之概念已為種性、界、藏、法身和自性清淨所取代。因此，《寶性論》是用佛（種）性（gotra）來描述佛性（dhātu）和如來藏（garbra）的。

二、眾生之一闡提

《涅槃經》:

後卷中，強調一切眾生皆有佛性，就是一闡提仍具有佛性。在〈迦葉菩薩品〉：「如來復隨自意語，如來佛性有兩種：一者有、一者無。有者，所謂三十二相、八十種好、十力、四無畏、三念處⋯... 是名為有。無者，所謂如來過去諸善、不善、無記、業因果報、煩惱是名為無。善男子，如有善無善、有漏無漏、世間非世間……是名如來佛性有無，乃至一闡提佛性有無，亦復如是。」、「一切眾生定當得成阿耨多羅三藐三菩提，以是義故，我經中說，一切眾生乃至五逆犯四重禁及一闡提竟有佛性。[48]」

《寶性論》:

卷三〈一切眾生有如來藏品第五〉中，強調一切眾生皆有如來藏（佛性），對於一闡提之說法有三處：一、引《不增不減經》：「舍利弗，若有比丘比丘尼優婆塞優婆夷，若起一見，若起二見，諸佛如來非彼世尊，如是等人，非我弟子。舍利弗，此人以起二見因緣故，從冥入冥從闇入闇，我說是等，名一闡提。[49]，偈言謗法故。」二、彼求有眾生一闡

48　北涼、曇無讖譯，《大般涅槃經》卷三十六，《大正藏》第十二冊，頁 574b。
49　元魏、菩提流支譯，《佛說不增不減經》，《大正藏》第十六冊 ，頁 467c。

提人，及佛法中同闡提位，名為邪定聚眾生。三、謗大乘法一闡提障。「此障對治，謂諸菩薩摩訶薩信大乘故，偈言信法故。」因此，只要信修行大乘，即得無上清淨法身，到第一彼岸。

三、我（ātman）

《涅槃經》：

將我與如來藏結合，使得我、佛性、如來藏變成同義詞，「佛性者實非我也；為眾生故，實非我也。」[50]並將空性結合「佛性者名第一義空，第一義空名為智慧。所言空者，不見空與不空。智者見空與不空、常與不常、苦之與樂、我與無我。空者一切生死，不空者謂大涅槃；乃至無我者即生死，我者謂大涅槃，見一切空不見不空，不名中道；乃至見一切無我，不見我者，不名中道。中道者名為佛性。[51]」

《寶性論》：

「我」是涅槃果的「我波羅蜜」。由於諸外道障，實無神我，而樂著取我之顛倒想，或在未離虛妄我，戲論之無明住地，造成我作無我想，因此，「我」是「無我名為有我，即無我者，無彼外道虛妄神我。名有我者，如來有彼得自在我。」[52]、「如來法身不名為有，以無我相無法相故，以是義故，不得言有。以如彼相如是無故，又復即依如是義故。如來法身不名為無，以唯有彼真如我體，是故不得言無法身。，以如彼相如是有故。依此義故，諸外道問：如來死後為有身耶？為無身耶？有如

50　釋恆清著，《佛性思想》（台北市：東大圖書，1997 年），頁 94。
51　北涼、曇無讖譯，《大般涅槃經》卷二十七，《大正藏》第十二冊，頁 523b。
52　後魏、勒那摩提譯，《究竟一乘寶性論》卷三，《大正藏》第三十一冊，頁 829c。

是等，是故如來不記不答。」[53]

「**如清淨真空　得第一無我　諸佛得淨體　是名得大身**」[54]，也就是「我」非外道之神我，也非辟支佛無明住地無我作我想，而是真正如來實我之第一清淨大身。[55]

貳、《寶性論》對於「佛性」一詞之使用

一、《寶性論》卷一，說「佛性」（dhātu）有六十種法，於《十地經》中數數說金，以為譬喻。又於《陀羅尼自在王經》說如來業，並引不清淨大毘琉璃摩尼寶喻：「諸佛如來善知不淨諸眾生性（dhatu），知已乃說無常、苦、無我、不淨……；次說空、無相、無願……，說不退法輪；次說清淨波羅蜜……，是依種種因（hetu），依種種性（gotra）入佛法中。……又復依此自性清淨如來性（visuddha-gotram tathāgota-dhātum）故。」[56]此闡述關於眾生義，是如來境界，是眾生界（sattva-dhātor）是如來藏（tathāgata-garbha）。[57]

二、「若無佛性者（buddha- dhātu），不得厭諸苦，不求涅槃樂，並不欲不願，見苦果樂果，此依性（gotra）而起，若無佛性（agotra）者，不起如是心。[58]」

「舍利弗言，眾生界（satta-dhātor）者即是如來藏。舍利弗言，如來藏者，即是法身故，依菩提義故。經中說言。世尊言阿耨多羅三藐三菩提者，名涅槃界。世尊言，涅槃界（nirrānā- dhātor）者，即

53　同上，頁 829c-830a。
54　同上，頁 829c。
55　宋、求那跋陀羅譯，《勝鬘師子吼一乘大方便方廣經》〈顛倒真實章第十二〉，《大正藏》第十二冊，頁 222a 。（對於「我波羅蜜」等，是非如來境界，只是對於聲聞之方便說。不過經文中說：「或有眾生，信佛語故，起常想、樂想、我想、淨想，非顛倒見，是名正見。何以故？如來法身是常波羅蜜、樂波羅蜜、我波羅蜜、淨波羅蜜。於佛法身，作是見者是名正見。」）
56　後魏、勒那摩提譯，《究竟一乘寶性論》卷一，頁 822a 。
57　同上，頁 822a。
58　同上，頁 831a。

是法身故。」[59]

三、「**無始世來性（dhātu）　　作諸法依止　依性有諸道　　及證涅槃果**」[60]

綜上，《涅槃經》將佛「性」譯為（buddha-dhātu）。一般通譯「界」為（dhātu）。

於《寶性論》各卷中：（一）、將佛「性」譯為 dhātu 不多，反而用於 gotra 較多。（二）、對於「界」、「世界」語意，仍援用（dhātu）。（三）、對於成佛之因「性」，則仍為 dhātu。（四）在無始世界來之自性本來清淨時用 dhātu 表達佛性，經『輪轉』過程後，從〈一切眾生有如來藏第五〉，到卷四〈較量信功德品第十一〉，則大抵採用 gotra 代表「佛性」。《寶性論》對於「佛性」「佛種性」因輪轉而採用 gotra 字詞，相對於《不增不減經》對於「法身」用詞之使用，有其特殊意義性。

59　後魏、勒那摩提譯，《究竟一乘寶性論》卷一，《大正藏》第三十一冊，頁 821a。
60　後魏、勒那摩提譯，《究竟一乘寶性論》卷四，《大正藏》第三十一冊，頁 839a。

第四節

如來藏（tathāgata-garbha）

本節交叉比對《如來藏經》《不增不減經》《勝鬘經》《寶性論》等三經一論，從定義眾生、煩惱、自性清淨藏以及如來藏三義角度詮釋「如來藏」，筆者試圖以圖表方式架構「如來藏理論化中心議題」，從三經一論角度詮釋「如來藏三義」，對於早期如來藏理論化。

壹、概說

一、《寶性論》卷三〈一切眾生有如來藏第五〉，和卷四〈無量煩惱所纏品第六〉，明確表明如來藏是在眾生中，〈身轉清淨成菩提品第八〉則用「出無量煩惱藏」「自性清淨法身」（自性法身、受用身、應化身）。

二、如來藏，梵文 tathāgata-garbha，garbha 譯為胎藏，融合梵文 dhātu 有「界」、「性」、「基礎」義，因此，「界」就是「一切眾生都有佛性」。

三、卷三〈一切眾生有如來藏品第五〉中：

「佛法身遍滿　真如無差別　皆實有佛性　是故說常有[61]」，意為如來藏有三義：佛法身（dharmkāya）遍滿，如來真如（tathā）無差別，實有佛性（gotra）。在上節中，從佛性中已討論我和眾生，「我」是涅槃果的我波羅蜜，是破除「梵我一如」、「無我作我想障」。眾生指有情世間，但在《寶性論》更擴大解釋眾生是眾生界，是一切法。因此，本節將對眾生、如來藏、法身、真如、佛種性作說明。

61　後魏、勒那摩提譯，《究竟一乘寶性論》卷三，《大正藏》第三十一冊，頁 828a。

貳、眾生

一、《不增不減經》：「言眾生者，即是不生不滅常恒清涼不變歸依，不可思議清淨法界等異名，以是義故，我依彼法說名眾生。」[62] 說明眾生有三種法：一種為自性清淨法；一種為煩惱纏不清淨法。此二種法是如來藏本際相應體和如來藏本際不相應體，為「不可思議法」。第三為如來藏未來際平等恒及有法，此法即是一切諸法根本，修一切法具一切法，於世法中不離不脫真實一切法，住持一切法，攝一切法。[63]

二、《寶性論》卷一之七句金剛句中，對眾生義即開宗明義說：「言眾生者，即是第一義諦。舍利弗言，第一義諦者，即是眾生界。舍利弗言，眾生界者，即是如來藏。舍利弗言，如來藏者，即是法身故。」[64] 因此，所謂眾生，通常指的是有情世間，作為「法」或「如來境界」，是「第一義諦」、「一諦」、「滅諦」，由「界」和「胎藏」與「如來法身」相聯結。[65]

參、如來藏

一、如來藏內容：

包括自性清淨藏和煩惱藏，如《寶性論》卷四〈無量煩惱所纏品第六〉：「依無始世界來煩惱藏所纏，說無始世界來自性清淨心具足法身。以九種譬喻明如來藏過於恒沙煩惱藏所纏。」[66]。

62　元魏、菩提流支譯，《佛說不增不減經》，《大正藏》第十六冊 ，頁 467c。
63　參考同上，頁 467b-c。
64　後魏、勒那摩提譯，《究竟一乘寶性論》卷一，《大正藏》第三十一冊，頁 821a。
65　參考第一節概說。
66　後魏、勒那摩提譯，《究竟一乘寶性論》卷四，《大正藏》第三十一冊，頁 837a。

（一）煩惱藏

1、《佛說不增不減經》：「一切愚癡凡夫不如實知一法界故，不如實見一法界故起邪見心，謂眾生界增眾生界減。」[67] 表示眾生界的愚痴凡夫之不增不減。簡述：如圖 3-1

圖 3-1《佛說不增不減經》之一界依心 [68]

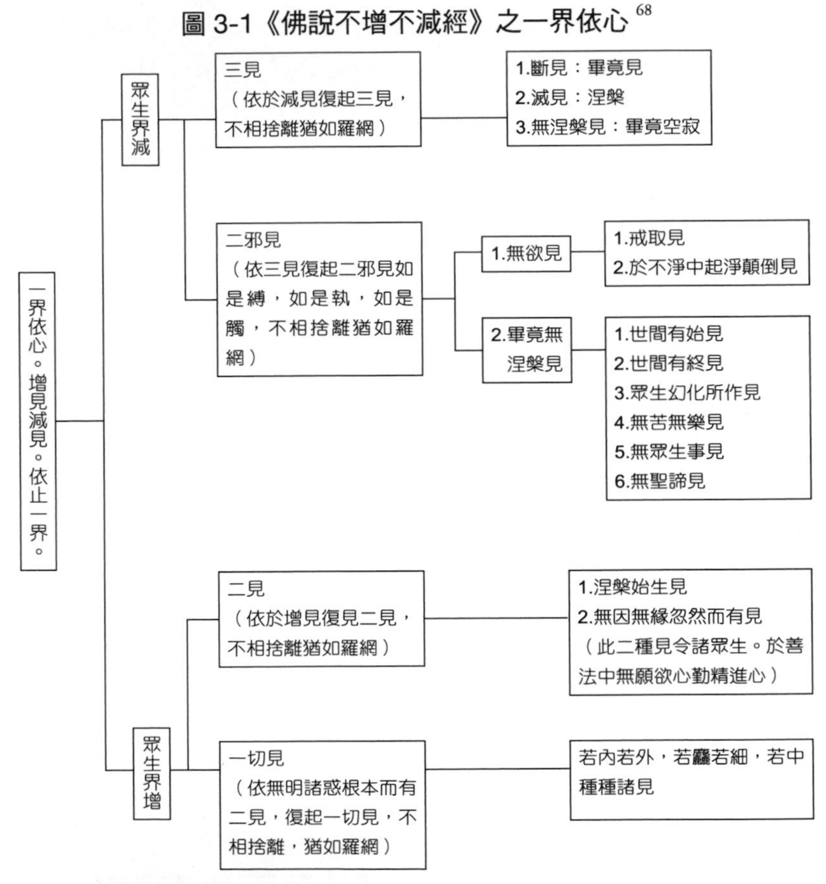

67 元魏、菩提流支譯，《佛說不增不減經》，《大正藏》第十六冊 ，頁 466b。
68 參考同上，頁 466c。

2、《勝鬘經》〈一乘章第五〉稱：「煩惱有二種，何等為二？謂住地煩惱，及起煩惱。住地有四種，何等為四？謂見一處住地、欲愛住地、色愛住地、有愛住地。此四種住地，生一切起煩惱，起者剎那心剎那相應。世尊，心不相應無始無明住地。」[69] 煩惱有二種：一種煩惱為住地煩惱（包括見一處住地，欲愛住地，色愛住地，有愛住地）和起住地煩惱；另外一種煩惱為無明住地煩惱：「是故無明住地積聚生一切修道斷煩惱上煩惱，彼生心上煩惱，止上煩惱，觀上煩惱，禪上煩惱，正受上煩惱，方便上煩惱，智上煩惱，果上煩惱，得上煩惱，力上煩惱，無畏上煩惱，如是過恒沙等上煩惱，如來菩提智所斷。」[70] 從《勝鬘經》內容，如來為勝鬘夫人（阿羅漢辟支佛乘）說法，因此，整部經說法內容是對阿羅漢辟支佛乘說，強調「我生已盡，梵行已立，所作已辨，『但未』不受後有」。指辟支佛境界仍有心不相應之無明煩惱未斷，唯有菩提智慧能斷，方能證得一乘之如來法身。

3、《寶性論》卷四〈無量煩惱所纏品第六〉，用《大方等如來藏經》之九種譬喻與九種煩惱相對法，有九種煩惱作九種譬喻：（1）貪：萎華（無量煩惱覆，猶如穢花纏）；（2）瞋：群蜂（結使塵勞纏，，如群蜂守護）；（3）痴：皮糩（煩惱隱佛藏，皮糩未除蕩）；（4）增上貪瞋痴：糞穢（煩惱淤泥中，如金在不淨）；（5）無明住地：地（佛性如寶藏，地有珍寶藏）；（6）見道：果皮（煩惱果皮內，有正覺子芽）；（7）修道：弊衣（眾生如來藏，煩惱爛衣纏）；（8）不淨：賤女（身懷轉輪王，貪女垢衣纏）；（9）淨：模（開模令顯現，取內真寶像）。

69　宋、求那跋陀羅譯，《勝鬘師子吼一乘大方便方廣經》〈顛倒真實章第十二〉，《大正藏》第十二冊，頁 220a。
70　同上，頁 220b。

圖 3-2 如來藏理論化

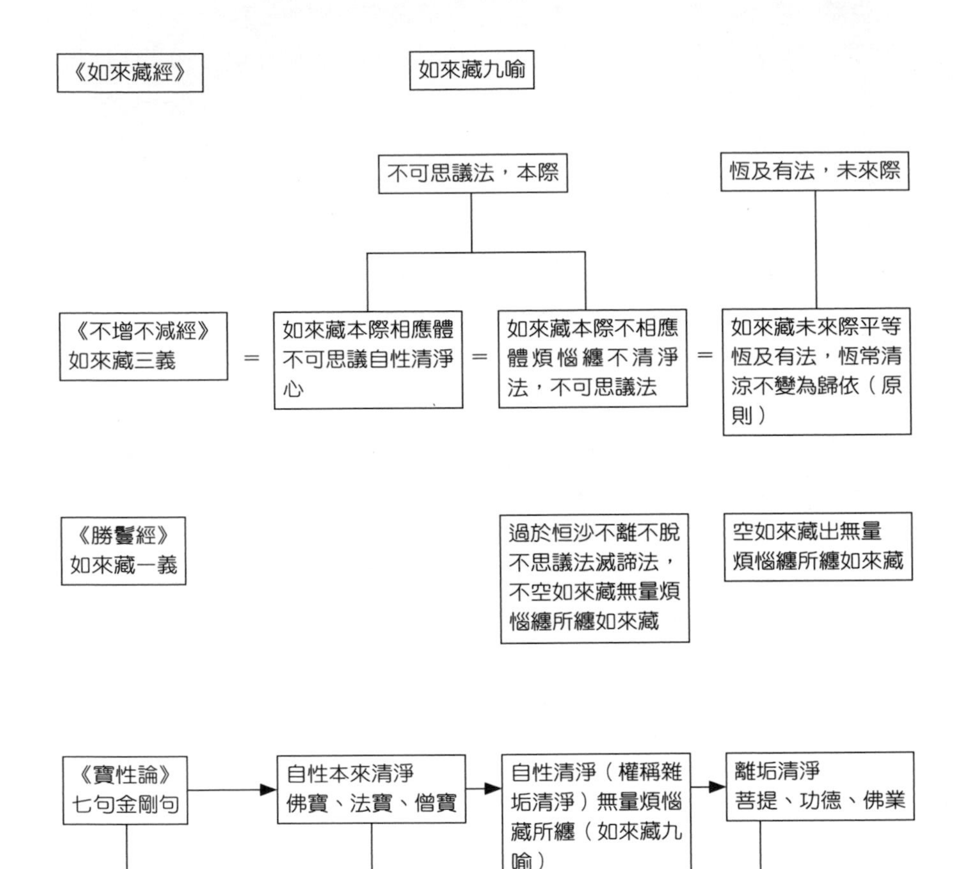
如來藏理論化中心議題
《如來藏經》
如來藏九喻
不可思議法，本際
恆及有法，未來際
《不增不減經》如來藏三義
=
如來藏本際相應體不可思議自性清淨心
=
如來藏本際不相應體煩惱纏不清淨法，不可思議法
=
如來藏未來際平等恆及有法，恆常清涼不變為歸依（原則）
《勝鬘經》如來藏一義
過於恒沙不離不脫不思議法滅諦法，不空如來藏無量煩惱纏所纏如來藏
空如來藏出無量煩惱纏所纏如來藏
《寶性論》七句金剛句
自性本來清淨 佛寶、法寶、僧寶
自性清淨（權稱雜垢清淨）無量煩惱藏所纏（如來藏九喻）
離垢清淨 菩提、功德、佛業
信，信解
因
轉，依（因）
信，信解

(二)、自性清淨藏(如圖3-2):

1、卷二〈僧寶品第四〉:「彼如實知,無始世來本際寂靜無我無法。非滅煩惱證時始有,此明何義?此見自性清淨法身。[71]」

2、卷四〈身轉清淨成菩提品第八〉:「稱清淨者略有二種,一者自性清淨;二者離垢清淨。」[72]

3、卷三〈一切眾生有如來藏品第五〉:「真如有雜垢及遠離諸垢。」[73]

4、《勝鬘經・法身章第八》:「若於無量煩惱藏所纏如來藏不疑惑者,於出無量煩惱藏,法身亦無疑惑。」[74]

5、〈空義隱覆真實章第九〉:「世尊,有二種如來藏空智。世尊,空如來藏,若離若脫若異一切煩惱藏。世尊,不空如來藏,過於恒沙不離不脫不異不思議佛法故。」[75]

6、《不增不減經》:「眾生界中亦三種法,皆真實如不異不差。何謂三法?一者如來藏本際相應體及清淨法;二者如來藏本際不相應體及煩惱纏不清淨法;三者如來藏未來際平等恒及有法。……。」[76]

二、如來藏三義:

有法身、真如、佛性(種)性,如卷三〈一切眾生有如來藏第五〉

佛法身遍滿　　真如無差別　　皆實有佛性　　是故說常有[77]

71　後魏、勒那摩提譯,《究竟一乘寶性論》卷二,《大正藏》第三十一冊,頁 824c、頁 841b。

72　後魏、勒那摩提譯,《究竟一乘寶性論》卷四,《大正藏》第三十一冊,頁 841b。

73　後魏、勒那摩提譯,《究竟一乘寶性論》卷三,《大正藏》第三十一冊,頁 828a。

74　宋、求那跋陀羅譯,《勝鬘師子吼一乘大方便方廣經》〈顛倒真實章第十二〉,《大正藏》第十二冊,頁 221b。

75　後魏、勒那摩提譯,《究竟一乘寶性論》卷四,《大正藏》第三十一冊,頁 840a。

76　元魏、菩提流支譯,《佛說不增不減經》,《大正藏》第十六冊 ,頁 467b。

77　後魏、勒那摩提譯,《究竟一乘寶性論》卷三,《大正藏》第三十一冊,頁 828a。

（一）、法身（dharmkāya）

《不增不減經》：

1、依法（dharma）：

「此法身者是不生不滅法，非過去際，非未來際，離二邊故。舍利弗，非過去際者，離生時故。非未來際者，離滅時故。」[78]

「舍利弗，如來法身常，以不異法故，以不盡法故。舍利弗，如來法身恒，以常可歸依故，以未來際平等故。」[79]

「舍利弗，如來法身清涼，以不二法故，以無分別法故。舍利弗，如來法身不變，以非滅法故，以非作法故。」[80]

2、依法身（dharmkāya）：

「舍利弗，即此法身過於恒沙，無邊煩惱所纏從無始世來隨順世間，波浪漂流往來生死名為眾生。」[81]

「舍利弗，即此法身厭離世間生死苦惱，棄捨一切諸有欲求，行十波羅蜜，攝八萬四千法門，修菩提行名為菩薩。」[82]

「舍利弗，即此法身離一切世間煩惱使纏過一切苦，離一切煩惱垢，得淨得清淨，住於彼岸清淨法中，到一切眾生所願之地，於一切境界中究竟通達更無勝者，離一切障離一切礙，於一切法中得自在力，名為如來應正遍知。」[83]

「舍利弗，不離眾生界有法身，不離法身有眾生界。眾生界即法身，法身即眾生界。舍利弗，此二法者義一名異。」[84]

《勝鬘經・法身章第八》：

78　元魏、菩提流支譯，《佛説不增不減經》，《大正藏》第十六冊 ，頁 467a。
79　同上，頁 467b。
80　同上。
81　同上。
82　同上。
83　同上。
84　同上。

1、依法（dharma）：

「所言苦滅者，名無始無作無起無盡離，盡常住自性清淨離一切煩惱藏。世尊，過於恒沙不離不脫不異不思議佛法成就說如來法身。世尊，如是如來法身不離煩惱藏名如來藏。」[85]

2、依法身（dharmkāyā）：

「若於無量煩惱藏所纏如來藏不疑惑者，於出無量煩惱藏法身亦無疑惑，於說如來藏，如來法身不思議佛境界及方便說。」[86]

《寶性論》卷四〈無量煩惱所纏品第六〉

1、依法（dharma）：

法身有二種　清淨真法界　及依彼習氣　以深淺義說[87]

2、依法身（dharmkāya）：

「諸佛美蜜及堅固等三種譬喻，此明如來真如法身有二種義。一者遍覆一切眾生，二者遍身中有無有餘殘，示現一切眾生有如來藏。此以何義？於眾生界中無有一眾生離如來法身在於法身外，離於如來智在如來智外，如種種色像不離虛空中，是故偈言：

「譬如諸色像　不離於虛空　如是眾生身　不離諸佛智
以如是義故　說一切眾生　皆有如來藏　如虛空中色」[88]

『論本偈』：

「向說佛法身　及一切種智　自在與涅槃　及第一義諦
不可思議法　應供等功德　唯自身內證　應當如是知

85　宋、求那跋陀羅譯，《勝鬘師子吼一乘大方便方廣經》〈顛倒真實章第十二〉，《大正藏》第十二冊，頁 221c。
86　同上，頁 221b。
87　後魏、勒那摩提譯，《究竟一乘寶性論》卷四，《大正藏》第三十一冊，頁 838b。
88　同上，頁 838c。

彼三身差別　　實法報化等　　所謂深快大　　無量功德身」[89]

（二）、真如（tathā）

《寶性論》卷四〈無量煩惱所纏品第六〉

1、依定義

（1）「註釋偈」：

真如有雜垢　　及遠離諸垢　　佛無量功德　　及佛所作業
如是妙境界　　是諸佛所知　　依此妙法身　　出生於三寶

此偈示現何義？偈言：

如是三寶性　　唯諸佛境界　　以四法次第　　不可思議故

此偈明何義？真如有雜垢者，謂真如佛性未離諸煩惱所纏。如來藏故，及遠離諸垢者，即彼如來藏轉身到佛地得證法身，名如來法身故。」[90]

（2）「註釋偈」：

佛法身遍滿　　真如無差別　　皆實有佛性　　是故說常有[91]

「文殊師利，所謂如來自性清淨身，乃至一切眾生自性清淨身，此二法者，無二無差別。是故偈言：

一切諸眾生　　平等如來藏　　真如清淨法　　名為如來體

89　同上，頁 843a。
90　後魏、勒那摩提譯，《究竟一乘寶性論》卷二，《大正藏》第三十一冊，頁 826c-827a。
91　後魏、勒那摩提譯，《究竟一乘寶性論》卷三，《大正藏》第三十一冊，頁 828a。

依如是義故　　說一切眾生　　皆有如來藏　　應當如是知」[92]

2、依譬喻

「註釋偈」：

「以性不改變　　體本來清淨　　如真金不變　　故說真如喻」

「此偈明何義？明彼真如如來之性，乃至邪聚眾生身中自性清淨心，無異無差別，光明明了，以離客塵諸煩惱故。後時說言，如來法身如是以一真金譬喻，依真如無差別，不離佛法身故，說諸眾生皆有如來藏，以自性清淨心雖言清淨而本來無二法故。」[93]

（三）、佛種性（gotra）

《寶性論》卷四〈無量煩惱所纏品第六〉

《寶性論》之『寶性』梵文 Ranta gotra。『實有佛性義』，梵文 bauddhe gotre tatphalaryopacārat，所指之「性」、「佛性」是 gotra，佛典上通譯為種性。雖然其基本意義與上節提到之佛性（buddha dhātu）是一樣的，直譯 gotra 為佛種性，更能清楚闡述自性清淨輪轉內涵，如下列摘錄及圖 3-3：

佛性有二種　　一者如地藏　　二者如樹果　　無始世界來
自性清淨心　　修行無上道　　依二種佛性　　得出三種身
依初譬喻故　　知有初法身　　依第二譬喻　　知有二佛身
真佛法身淨　　猶如真金像　　以性不改變　　攝功德實體

92　後魏、勒那摩提譯，《究竟一乘寶性論》卷四，《大正藏》第三十一冊，頁 838c。
93　同上。

證大法王位　　如轉輪聖王　　依止鏡像體　　有化佛像現[94]

圖 3-3 佛種性之譬喻

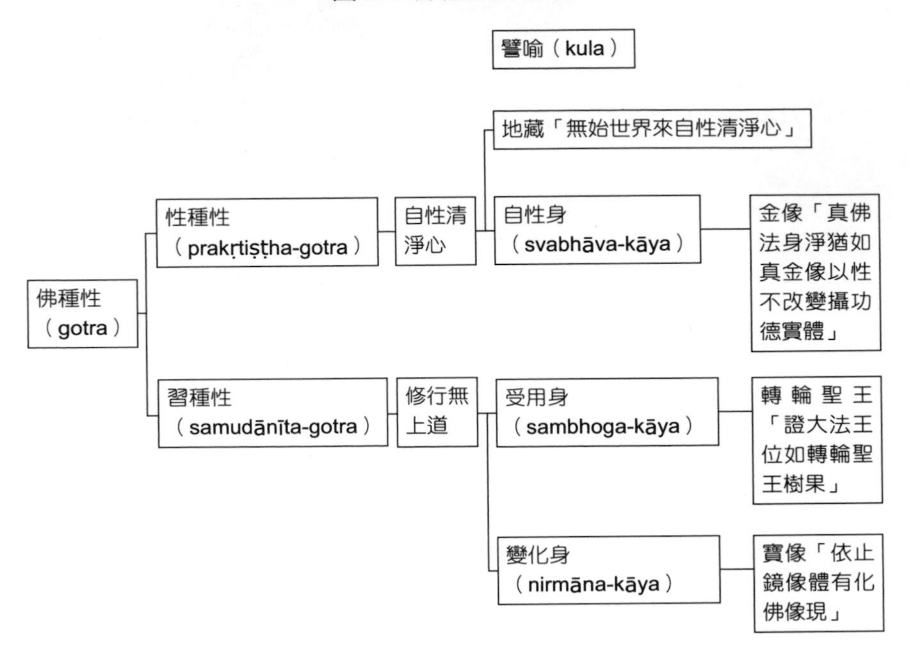

94　同上，頁 839a。

第五節
三寶之因（hetu）

由「因」義而輾轉形成為「因緣」「因果」，在《寶性論》的思想體系中，「因」義仍是如此，雖有不同層次的「因」性，依有我體言，分眾生和菩提（不退轉菩薩），《寶性論》如來藏以「因」作為連接方式，菩提之因為眾生，眾生之因為三寶，三寶之因則是無始世界來自性本來清淨，使七句金剛句形成動態之思想體系。

壹、《寶性論》如來藏「因」義

《寶性論》如來藏的因，依自性清淨的「自性」（svabhāva）而有三種因：

一、不退轉菩薩自性本來清淨的二因[95]，即 1 如實修行，即無障淨智者，如實見眾生自性清淨佛性境界。2 遍修行即無閡淨智，眼見諸眾生性遍無量境界。

二、眾生自性清淨（權稱雜垢清淨）的十義中之四因[96]（四種眾生的對治法）即：大乘信為子、般若以為母、禪胎和大悲乳。

三、菩提離垢清淨的八義中之二因：出世間無分別智、依出世間智等。

因此，依有我體言，分眾生和菩提（不退轉菩薩），如來對眾生說法、信、般若、禪定和大悲等世間有為法，是方便說法。而對菩提說法是出

95　中村瑞隆著、李世傑譯，《如來藏的體系》（台北市：華宇出版，1986 年），頁 99。
96　中村瑞隆著、譯叢委員會譯，《梵漢對照究竟一乘寶性論研究》（台北市：華宇出版，1988 年），頁 77。

世間無分別智（無障智），依出世間無分別智（無閡智）等出世間不可思議法，如此，形成一個思想體系，即菩提之因為眾生，眾生之因為三寶，三寶之因則是無始世界來自性本來清淨。

貳、《寶性論》三寶之「因」

《寶性論》將三寶之因內容表現在卷二〈僧寶品第四〉之不退轉菩薩。即〈佛寶品第二〉、〈法寶品第三〉、〈僧寶品第四〉此三寶品和〈一切眾生有如來藏品第五〉中間，其用意在以「因」作為連接方式，使七句金剛句形成動態之思想體系。

一、三寶之因：

如實見眾生　寂靜真法身　以見性本淨　煩惱本來無[97]

二、染淨相應處：

染淨相應處　不染而清淨　不相捨離法　自然無分別[98]

三、三寶之源：

真如有雜垢　及遠離諸垢　佛無量功德　及佛所作業
如是妙境界　是諸佛所知　依此妙法身　出生於三寶[99]

97　後魏、勒那摩提譯，《究竟一乘寶性論》卷二，《大正藏》第三十一冊，頁 824c。
98　同上，頁 827a。
99　同上，頁 826c。

四、三寶之因內容：

（一）本來之因：自性本來清淨

「彼如實知無始世來本際寂靜無我無法，非滅煩惱證時始有。此明何義？此見自性清淨法身，略說有二種法，何等為二？一者見性本來自性清淨；二者見諸煩惱本來寂滅。」[100]

（二）染淨相應處：

1、從佛性（dhātu）而種性（gotra）而眾生：「說佛性（dhātu）義，有六十種法，清淨彼功德。何以故？以有彼清淨無量功德性，為清淨彼性。修六十種法，為此義故。《十地經》中，數數說金，以為譬喻，為清淨彼佛性義故。又復即於此《陀羅尼自在王經》中，說如來業已，次說不清淨大毘琉璃摩尼寶喻，是故經言，善男子，譬如善巧摩尼寶師，善知清淨大摩尼寶，向大摩尼寶性山中，取未清淨諸摩尼寶。既取彼寶，以嚴灰洗。嚴灰洗已，然後復持黑頭髮衣，以用揩磨，不以為足，勤未休息。次以辛味飲食汁洗，食汁洗已，然後復持衣纏裹木以用揩磨，不以為足，勤未休息。次後復以大藥汁洗，藥汁洗已。次後復更持細軟衣，以用揩磨，以細軟衣，用揩磨已，然後遠離銅鐵等礦毘琉璃垢，方得說言大琉璃寶。善男子，諸佛如來亦復如是，善知不淨諸眾生性。知已乃為說無常苦無我不淨，為驚怖彼樂世眾生，令厭世間，入聲聞法中，而佛如來不以為足，勤未休息。次為說空無相無願，令彼眾生少解如來所說法輪，而佛如來不以為足，勤未休息。次復為說不退法輪，次說清淨波羅蜜行，謂不見三事，令眾生入如來境界，如是依種種因（hetu），依種種性（gotra），入佛法中，入法

100 同上，頁 824c。

中已故，名無上最大福田。又復依此自性清淨如來性（dhātu）故，經中偈言：

「譬如石礦中　真金不可見　能清淨者見　見佛亦如是」[101]

2、明如來性以為因義：

「無始世來性　作諸法依止　依性有諸道　及證涅槃果」[102]

3、如《勝鬘經》所說難以了知：

「自性清淨心而有染污難可了知，有二法難可了知，謂自性清淨心難可了知，彼心為煩惱所染亦難了知。天女，如此二法，汝及成就大法菩薩摩訶薩乃能聽受，諸餘聲聞辟支佛等，唯依佛語信此二法故。」[103]

「此二種法於彼無漏真如，法界中善心不善心俱，更無第三心，如是義者難可覺知。是故聖者《勝鬘經》言：世尊，剎尼迦善心，非煩惱所染剎尼迦不善心，亦非煩惱所染，煩惱不觸心，心不觸煩惱。云何不觸法而能得染心？世尊，然有煩惱有煩惱染心，自性清淨心而有染者，難可了知。」[104]

101　後魏、勒那摩提譯，《究竟一乘寶性論》卷一，《大正藏》第三十一冊，頁 821c-822a。
102　後魏、勒那摩提譯，《究竟一乘寶性論》卷四，《大正藏》第三十一冊，頁 839a。
103　後魏、勒那摩提譯，《究竟一乘寶性論》卷二，《大正藏》第三十一冊，頁 827a。
104　同上，頁 824c-825a。

第六節
轉依（āśri-parivrtti）

「轉依」是瑜伽學派中很重要的教義，《寶性論》亦談「轉、依」，由於瑜伽學派的「轉依」是以八識理論與種子理論而轉識成智（成所作智、妙觀察智、平等性智及大圓鏡智），與早期如來藏思想的「自性清淨法身」，著重修行，如何去染以顯現本具的清淨性的「轉、依」有不同的詮釋。

壹、轉依義

一、「轉依」梵文 āśra-paravrtti 在瑜伽學派中是很重要的教義。依《成唯識論》轉依有二種：一者是轉捨不淨的遍計所執，依其阿賴耶識，使它「永改本性」後，轉「永成本性」的清淨圓成實性；一者離顛倒，悟此真如，使得涅槃畢竟安樂。前者是瑜伽唯識學派所主張，即著重「轉唯識性」－從染轉成淨的根本改變；後者是真如如來藏的主張，強調「顯如來性」－去染以顯現本具的清淨性。[105]

二、印順法師的《如來藏的研究》，稱《寶性論》的轉依指由雜染的眾生生死到清淨的如來涅槃的轉依。[106]

三、《寶性論》裡轉依，梵文用 āśra-parivrtti 與上述不同字詞為「parivrtti」、「paravrtti」。高崎直道著《如來藏思想 II》認為：在思想義

105 釋恆清著，《佛性思想》（台北市：東大圖書，1997 年），頁 141-142。
106 印順著，《如來藏之研究》（台北市：正聞出版社，1992 年），頁 180。

理上，如果「所依之轉」的「所依」是指阿賴耶識或種子時，則用 parāvrtti；所依指真如時，則用 parivrtti。史蜜豪生著《阿賴耶識原理和早期瑜伽行派中心理論發展》認為兩者使用並無意義上不同，梵文本《寶性論》的專家 Johnston 指出，此語不是指在行唯識觀時的歸入本識，反之，āśraya-parivrtti 一語是指 āśraya（依、根基）的 metamorphosis（全然變貌）。[107]

貳、《寶性論》的轉依

一、《寶性論》使用轉依有二個地方：

（一）〈身轉清淨成菩提品第八〉的「轉依」梵文 āśraya-parivrtti，可譯為依「如來藏」轉「雜穢」得清淨[108]，āśraya 譯為依，pari 譯為充分地，vrtti 譯為轉，pari-vritti 應譯為「充分地轉身」，在同品註釋偈：「**淨得及遠離　自他利相應　依止深快大時數如彼法。**」[109] 遠離則單獨使用 para。

（二）〈校量信功德品第十一〉：**身及彼所轉　功德及成義　示此四種法　唯如來境界**」[110] 轉使用 paravrtti，此時的轉應指已轉身成菩提。[111] 因此，āśraya-paravrtti 之唯識學派，轉依是由依阿賴耶識遠離不淨而轉得清淨。《寶性論》使用 āśraya-parivrtti 應指依如來藏（雜垢清淨）轉雜穢（去除煩惱）得淨

107 賴賢宗著，《如來藏説與唯識思想的交涉》（台北市：新文豐出版，2006 年），頁 59。
108 中村瑞隆著、譯叢委員會譯，《梵漢對照究竟一乘寶性論研究》（台北市：華宇出版，1988 年），頁 155。
109 後魏、勒那摩提譯，《究竟一乘寶性論》卷四，《大正藏》第三十一冊，頁 841a。
110 同上，頁 847a。
111 《寶性論》部份，參考 後魏、勒那摩提譯，《究竟一乘寶性論》卷四，《大正藏》第三十一冊，頁 841a。
《勝鬘經》部份，參考 宋、 求那跋陀羅譯，《勝鬘師子吼一乘大方便方廣經》〈顛倒真實章第十二〉，《大正藏》第十二冊，頁 222b。

妙身。

二、《寶性論》轉依依「菩提」八義說明：

「無垢如者，謂諸佛如來，於無漏法界中遠離一切種種諸垢，轉雜穢身得淨妙身，依八句義略差別說彼真如性無漏法身應知。何等為八偈言？

「淨得及遠離　　自他利相應　　依止深快大　　時數如彼法[112]」

此八句義：

（一）「淨」謂「實體」（svabhāva）即離垢清淨。「離垢清淨」者，謂得解脫。又彼解脫不離一切法，如水不離諸塵垢等而言清淨。以自性清淨心遠離客塵諸煩惱垢更無餘故，如《勝鬘經》言：「若於無量煩惱藏所纏如來藏不疑惑者，於出無量煩惱藏法身亦無疑惑故。」[113]

（二）「得」謂依止（離垢清淨），得「因」智（出世間無分別智，及依出世間無分別智得世間。）。

（三）證智果而「遠離」煩惱障和智障。

（四）「自他利」謂「業」。

「無漏及遍至　　不滅法與恒　　清涼不變異　　不退寂淨處
諸佛如來身　　如虛空無相　　為諸勝智者　　作六根境界
示現微妙色　　出於妙音聲　　令嗅佛戒香　　與佛妙法味
使覺三昧觸　　令知深妙法　　細思惟稠林　　佛離虛空相」[114]

112 後魏、勒那摩提譯，《究竟一乘寶性論》卷四，《大正藏》第三十一冊，頁 841a。
113 宋、求那跋陀羅譯，《勝鬘師子吼一乘大方便方廣經》〈顛倒真實章第十二〉，《大正藏》第十二冊，頁 221b。
114 後魏、勒那摩提譯，《究竟一乘寶性論》卷四，《大正藏》第三十一冊，頁 842a。

（五）「相應」：

「如空不思議　常恒及清涼　不變與寂靜　遍離諸分別
　一切處不著　離閡麁澀觸　亦不可見取　佛淨心無垢」[115]

（六）「依止深快大」：

「深快及以大　次第說應知　初法身如來　第二色身佛
　譬如虛空中　有一切色身　於初佛身中　最後身亦爾」[116]

（七）「時」謂「常」：

「世尊體常住　以修無量因　眾生界不盡　慈悲心如意
　智成就相應　法中得自在　降伏諸魔怨　體寂靜故常」[117]

（八）「數」謂「不可思議」。所謂不可思議，是離言語相，是第一義諦，是非思量境界，是無譬喻知，是最勝無上，是不取有涅槃，是不取功德過[118]

因此，所「依」者是「離垢清淨」是「不生不滅法，是恒清涼，不變與平等法」。是如來藏所依止者「是故如來藏是依是持是住持是建立。世尊，不離不離智，不斷不脫，不異無為，不思議佛法。世尊，亦有斷脫異外離離智有為法，亦依亦持亦住持亦建立，依如來藏故。」[119]而「轉」雜穢，即是自性本清淨，只是去除煩惱「且」得淨妙身，由轉穢並且得到淨妙身，是果、是菩提、是佛無量功德和佛業自然不休息。

115 同上，頁 842b。
116 同上，頁 843b。
117 同上。
118 參考後魏、勒那摩提譯，《究竟一乘寶性論》卷四，《大正藏》第三十一冊，頁 841-843。（「菩提八義」）
119 同上，頁 839a。

三、印順著《如來藏之研究》關於「轉依」之說明：

印順著《如來藏之研究》頁 180，「在漢譯《寶性論》中，轉依是被譯為「轉身」，「轉」或「轉得」的……在《寶性論》等論中，提出了轉依說。依（āśraya）是依止，是生死與涅槃的所依體。依此，從生死而轉化為涅槃，就是轉依。」

本書認為，《寶性論》談「轉」和「依」，但未觸及瑜伽行派所稱之「轉依」，也談生死和涅槃是「依」如來藏，所稱「如來藏」是過於恆沙、不離、不脫、不異之不思義佛「法」。《寶性論》放在兩個不同地方闡述，說明如下：

（一）《寶性論》《《大正藏》》第三十一冊，頁 841a，「轉雜穢身得淨妙身」。

（二）《寶性論》《《大正藏》》第三十一冊，頁 839b，「依性有諸者，如聖者，《勝鬘經》言：世尊，生死者，依如來藏故有生死，依如來藏故證涅槃」。

《寶性論》將兩者是放在不同地方闡述，說如來藏是「法界」，是「過於恒沙不離不脫不異不思議佛法」，是「佛法」，綜合《不增不減經》、《勝鬘經》、《寶性論》等早期如來藏思想義理闡述，所稱『轉依』，指法身隨順世間化為眾生時，「依如來藏」，「轉雜穢身得淨妙身」。

第七節
信（śraddhā，adhimukti）

日本學者水谷幸正著作《如來藏與信》文章中，對於信的分類，分為三種意義和增加兩個名詞，本節以其分類，並以用語對照，從《寶性論》如來藏思想之「信」，分析三經一論對於「信」的用法和表達。

壹、概說

日本學者水谷幸正《如來藏與信》文章對於信的分類，大致分為三種意義和增加兩個名詞，其內容包括：

一、三種意義：

（一）通用之「須拉達」（śraddhā）[120]，聞佛即除疑，毫無疑問信仰佛語。

（二）一體二面之「普拉沙達」（prasāda）[121]，即聞佛則清淨，「須拉達」使心變成「澄淨」。

（三）阿底姆克替（adhimukti），即依慧之信解。

120 參考水谷幸正著、李世傑譯，〈如來藏與信〉（台北市：華宇出版社，1986 年），頁 189-209。（取自李世傑意譯《如來藏思想》（台北市，華宇出版社，1986 年）。）

121 中村瑞隆著、譯叢委員會譯，《梵漢對照究竟一乘寶性論研究》（台北市：華宇出版，1988 年）。

二、兩個名詞：

（一）阿毘沙姆普拉底耶耶（abhisampratyaya），認許實有，乃是信，即信實有。

（二）阿毘拉沙（abhilāsā）即信可使有能力，即信有能，而稱「信之三相」表示如圖 3-4：

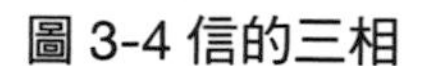

圖 3-4 信的三相

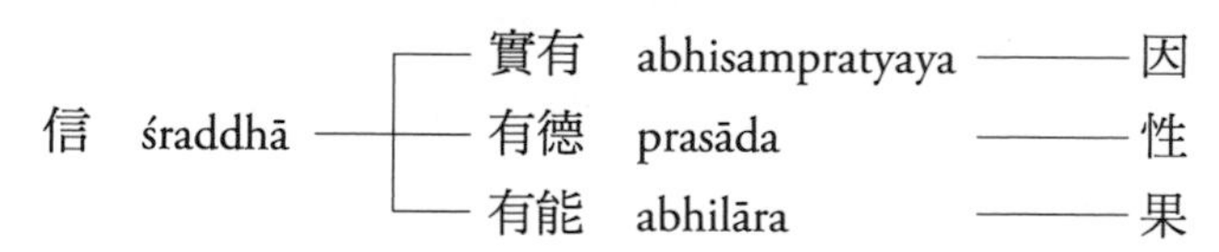

貳、從《寶性論》談三經一論如來藏思想之「信」

一、各經用語對照，如表3-1：

表 3-1 三經一論「信」的用法

如來藏	《如來藏經》	《不增不減經》	《勝鬘經》	《寶性論》
1. 本際不相應體煩惱纏不清淨法－不可思議法	須拉達（一）	須拉達（二）	須拉達（三）	須拉達（四）
2. 本際不相應體眾生起四顛倒之對治法				阿底姆克替（五）
3. 未來際平等恆及有法				阿底姆克替（六）（包括阿毘沙姆普拉底耶耶 普拉沙達 阿毘拉沙）

二、用語各別分析：

（一）信（śraddhā）

1、《如來藏經》：「若有菩薩，信樂此法，專心修學，便得解脫。」[122]

2、《不增不減經》：「一切聲聞緣覺所有智慧，於此義中唯可仰信，不能如實知見觀察。」[123]

3、《勝鬘經》：

（1）〈如來藏章第七〉：「聖諦者說甚深義，微細難知，非思量境界，是智者所知，一切世間所不能信。何以故？此說甚深如來之藏。如來藏者，是如來境界，非一切聲聞緣覺所知，如來藏處，說聖諦義，如來藏處甚深故。說聖諦亦甚深，微細難知，非思量境界，是智者所知，一切世間所不能信。」[124]

（2）〈法身章第八〉：「心得決定者，此則信解說二聖諦。」[125]

（3）〈空義隱覆真實章第九〉：「此二空智，諸大聲聞，能信如來。」[126]

（4）〈顛倒真實章第十二〉：「或有眾生，信佛語故，起常想樂想我想淨想，非顛倒見，是名正見。」[127]

（5）〈自性清淨章第十三〉：「自性清淨心而有染污難可了知，有二法難可了知，謂自性清淨心，難可了知，彼心為煩惱所染亦難了知。如此二法。，汝及成就大法菩薩摩訶薩乃能聽受，諸餘聲聞唯信佛語。」[128]

---

122 東晉、佛陀跋陀羅譯，《大方等如來藏經》，《大正藏》第十六冊，頁 457c。
123 元魏、菩提流支譯，《佛說不增不減經》，《大正藏》經 第十六冊 ，頁 467a。
124 宋、求那跋陀羅譯，《勝鬘師子吼一乘大方便方廣經》〈法身章第八〉，《大正藏》第十二冊，頁 221b。
125 同上。
126 同上，頁 221c。
127 同上，頁 222a。
128 同上，頁 222c。

（6）〈真子章第十四〉：「我弟子隨信增上者，依明信已隨順法智，而得究竟。隨順法智者，觀察施設根意解境界，觀察業報，觀察阿羅漢眼，觀察心自在樂、禪樂，觀察阿羅漢、辟支佛、大力菩薩聖自在通。此五種巧便觀成就，於我滅後未來世中，我弟子隨信增上，依於明信隨順法智，自性清淨心，彼為煩惱染污而得究竟，是究竟者，入大乘道因。信如來者，有是大利益。」[129]

4、《寶性論》

（1）卷一概說七句金剛句：「舍利弗，隨如來信此眾生義。」[130]

（2）卷二〈僧寶品第四〉：「同《勝鬘經、自性清淨章第十三》」[131]

（3）卷四〈無量煩惱所纏品第六〉：

「唯依如來信　信於第一義　如無眼目者　不能見日輪」[132]

（4）卷四〈無量煩惱所纏品第六〉：

「是故經說，十住菩薩唯能少分見如來藏，何況凡夫二乘人等。」[133]

（二）信解（adhimukti）

（5）《寶性論》

①卷三〈一切眾生有如來藏品第五〉：

「謗大乘法一闡提障，此障對治，謂諸菩薩摩訶薩信大乘

129 同上。
130 後魏、勒那摩提譯，《究竟一乘寶性論》卷一，《大正藏》第三十一冊，頁 821a。
131 後魏、勒那摩提譯，《究竟一乘寶性論》卷二，《大正藏》第三十一冊，頁 827a。
132 後魏、勒那摩提譯，《究竟一乘寶性論》卷四，《大正藏》第三十一冊，頁 839b。
133 同上，頁 840b。

故，偈言信法故。」[134]

②卷三〈一切眾生有如來藏品第五〉：

「大乘信為子　般若以為母　禪胎大悲乳　諸佛如實子」[135]

以上均討論如來藏本際不相應體煩惱纏不清淨法－不可思議法。因此在三經中，只說不可思議法，沒有談到對治法，因此，用「須拉達」表達。而在《寶性論》〈一切眾生有如來藏品第五〉，由於法身隨順世間而從眾生說法，對顛倒想有對治法，而採用「阿底姆克替」表達。

（6）《寶性論》

③卷四〈校量信功德品第十一〉，如圖 3-5：

「佛性佛菩提　佛法及佛業　諸出世淨人　所不能思議
此諸佛境界　若有能信者　得無量功德　勝一切眾生」[136]
「身及彼所轉　功德及成義　示此四種法　唯如來境界
智者信為有　及信畢竟得　以信諸功德　速證無上道」[137]

圖 3-5《寶性論》的「信解」

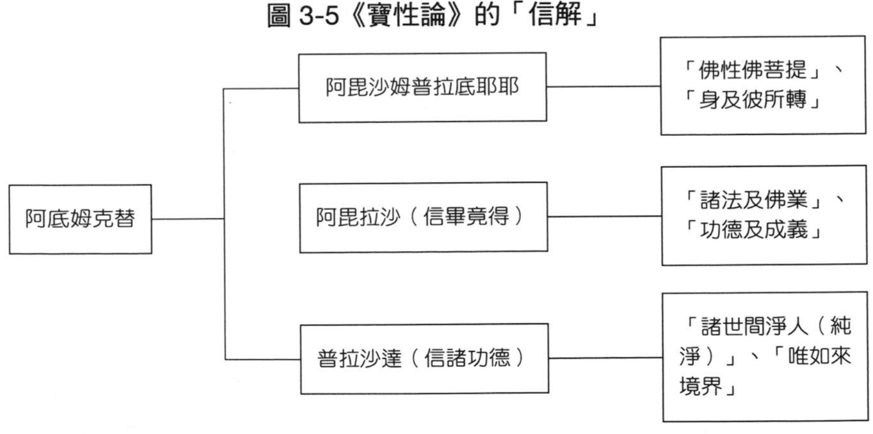

134 後魏、勒那摩提譯，《究竟一乘寶性論》卷三，《大正藏》第三十一冊，頁 829a。
135 同上，頁 829b。
136 後魏、勒那摩提譯，《究竟一乘寶性論》卷四，《大正藏》第三十一冊，頁 846c。
137 同上，頁 847a。

第四章

從《寶性論》談
三經一論如來藏思想理論性和連貫性

三經一論是早期如來藏思想主要經典，從《如來藏經》、《不增不減經》到《勝鬘經》，最後由《寶性論》以論立意，將此三經以譬喻式、意義化方式，論述於〈一切眾生有如來藏品第五〉和〈無量煩惱所纏品第六〉中，並以此為中心議題，引用《陀羅尼自在王經》、《如來莊嚴智慧光明入一切佛境界經》之七句金剛句，和佛業九喻而形成完整的思想體系。本章共分五節，第一節從《寶性論》談三經一論思想順序，本節考量出書、譯出時間及思想考據來推論《寶性論》所引述之三經一論，依次為《如來藏經》、《不增不減經》、《勝鬘經》、《寶性論》，以確立由《寶性論》推論三經一論對於早期如來義理論化之可行性。第二節從《寶性論》談三經一論如來藏思想彙總，本節利用《如來藏經》、《不增不減經》、《勝鬘經》和《寶性論》文本兩者之間思想融合性，藉以說明《寶性論》歸納早期如來藏理論完整性。第三節《寶性論》引自《不增不減經》、《勝鬘經》之字詞比對談如來藏思想，字詞間差異性，進而探討彼此間是否存在義理差異性，為方便經文間比對，於字詞相同或相近者下方以橫線註記，並附以說明，俾助於《寶性論》、《不增不減經》、《勝鬘經》對於早期如來藏思想能更瞭解和透徹。第四節仍強調三經一論早期如來藏思想理論連貫性，雖分四卷，但仍分立而綜其成，本節用圖表來說明其思想架構，並以譬喻來論證如來藏思想理論化之連貫性和相互性。

第五節結論－漢譯《究竟一乘寶性論》文本與思想特色，本節總結其思想特色，包括：分卷和結合必要性，以四卷為最佳；「轉依」是依如來藏，而「轉」雜穢，「且」得淨妙身；以虛空為譬喻主張空性；煩惱不觸心，心不觸煩惱，自性清淨心而有染者，難可了知；不只唯「信」佛語，更具有「信實有」、「信畢竟得」、「信諸功德」的「信解」功能，最後以承襲《如來藏經》、《不增不減經》、《勝鬘經》等經，將早期大乘如來藏思想經典，《寶性論》予以理論化。

第一節
從《寶性論》談三經一論如來藏思想順序

關於三經一論如來藏思想確定年代前後順序，現有學術論著可能因歷史資料不完整，並沒有作很詳細考據，本節引述日本學者平川彰著《印度佛教史》[1]中對於三經一論之出書年代，並以年代考據以及思想考據兩者思考邏輯為基礎，其推論結果與一般學術論著對於三經一論年代前後順序大抵相符。從學術角度，雖不嚴謹，但其用意僅以其關連性，來說明探討以三經一論論述早期如來藏思想是可行的。

壹、概說

為考據三經一論如來藏思想確定年代前後順序，本節引述日本學者平川彰著《印度佛教史》[2]中對於三經一論之出書年代為依據，經摘錄如次：

一、《如來藏經》約西元三〇〇年以前（頁 305）。

二、《勝鬘經》約西元四〇〇年以前（頁 300）。

三、《不增不減經》早於《勝鬘經》年代（頁 300）。

四、《寶性論》約西元四〇〇年前（頁 367）。

另外為本節需要，摘錄次第如下：

一、後期大乘佛教，以笈多王朝建國為界線，約西元三二〇年，或龍樹

1　平川彰著、莊崑木譯，《印度佛教史》（臺北市：商周出版，2002 年），文中各頁次。
2　平川彰著、莊崑木譯，《印度佛教史》（臺北市：商周出版，2002 年），文中各頁次。

菩薩以後。

二、《涅槃經》約西元四〇〇年以前（頁298）。但依曇無讖所譯四十卷《北本》，其內容可能最早取材自《長阿含》的《遊行經》（頁 299）。

因此，完全判定三經一論之確定年代是相當困難的。本節圖以年代考據以及思想考據兩者作為思考邏輯，推論三經一論的如來藏思想先後順序，俾從其三經之思想探討，而整理出《寶性論》的思想體系。

貳、《如來藏經》：

一、年代考據：法炬於晉憲帝（A.D.290-360）譯出，《舊錄》作《如來藏方等經》，其傳來中國，與竺法護所譯（華嚴部）的《如來興顯經》〈大集部〉的《大哀經》（《陀羅尼自在王菩薩品》與《序品》的舊譯）等同時，約成立於西元二五〇年以前，《寶性論》所依據《大方等如來藏經》係東晉佛陀跋陀羅所譯。[3]

二、思想考據：古代正理學派，立譬喻量，以為譬喻有成立正理的力量，在古代，用譬喻是通俗也是合於常理的，就連後起的理論學中，真正的定義是必須被確定和經得起考證，最能表達事實方式之一就是譬喻。因此，相較於《不增不減經》、《勝鬘經》以理論定義，無疑其思想是較早的。[4]

參、《不增不減經》：

一、年代考據：菩提流支於元魏孝昌元年（A.D.525）譯出。[5]

二、思想考據：

（一）經（paūrarta）內容：

3　印順著，《如來藏之研究》（臺北市：正聞，1992 年），頁 110。
4　同上，頁 75。
5　同上，頁 7。

「若我滅後五百歲………」[6]

（二）經義理推論：對於如來藏明確三義（理論化），其援用依次為《勝鬘經》、《寶性論》。

（三）關於一闡提[7]之定義及是否成佛：《不增不減經》將一闡提定義為：起不增見不減見是名一闡提，認為只要違反眾生界即是諸佛如來所呵責。相較於《寶性論》援引此經一闡提定義，僅於謗法故，只要信大乘法即有佛性。在上章節中，引河村孝照論著〈佛性、一闡提〉中，將曇無讖譯的《大般涅槃經》四十卷分成三個時期，若引《涅槃經》對於一闡提成佛論作為間接論證，推論《不增不減經》應是大乘初期經典。

肆、《勝鬘經》

一、年代考據：求那跋陀羅於宋元嘉十三年（A.D.436）譯出[8]。

二、思想考據：

（一）經內容：整部經內容是對勝鬘菩薩（阿羅漢乘）說法。

1、〈如來真實義功德章〉、〈十受章〉、〈三願章〉、〈攝受章〉敘述阿羅漢乘的攝受正法。

2、從〈一乘章第五〉開始「阿羅漢歸依於佛，阿羅漢有恐怖。何以故？阿羅漢於一切無行怖畏想住，如人執劍欲來害己，是故阿羅漢無究竟樂。何以故？世尊，依不求依如眾生無依彼彼恐怖，以恐怖故則求歸依，如阿羅漢有怖畏，

6　平川彰著、莊崑木譯，《印度佛教史》（臺北市：商周出版，2002 年），頁 215。（「佛滅後五百歲」雖無法成為顯示大乘經典出現之基準，但依文句可作為是大乘佛教初期經典之可能。）

7　參考河村孝照著、李世傑譯，〈佛性、一闡提〉（《如來藏思想》台北市：華宇出版，1986 年），頁 137。（文中《大般涅槃經》對一闡提定義依卷數安排之先後次第，由初卷：「一切眾生皆有佛性，除開一闡提」到後卷：「一闡提之生善」可間接說明，早期大乘初期經典是主張一闡提是不能成佛的。）

8　參考印順著，《如來藏之研究》（臺北市：正聞出版社，1992 年），頁 7。

以怖畏故，依於如來。」[9]、「如是無明住地力，於有愛數四住地，無明住地其力最大。譬如惡魔波旬於他化自在天色力壽命眷屬眾具自在殊勝，如是無明住地力，於有愛數四住地，其力最勝，恒沙等數上煩惱依，亦令四種煩惱久住，阿羅漢辟支佛智所不能斷，唯如來菩提智之所能斷。如是世尊，無明住地最為大力。」[10]到〈無邊聖諦章〉、〈如來藏章〉等八章談如來藏本際與煩惱不相應之不思議法，諸餘聲聞緣覺，唯信佛語。

3、〈勝鬘章〉第十五：「……時天帝釋長老阿難及諸大會天人阿修羅乾闥婆等，聞佛所說，歡喜奉行。」[11]

（二）經義理推論[12]：「不空如來藏，過於恒沙不離不脫不異不思議佛法。」[13]、「以如來藏，故說本際不可知。世尊，有如來藏故說生死，是名善說。世尊，生死。生死者，諸受根沒，次第不受根起，是名生死。世尊，死生者此二法是如來藏，世間言說故，有死有生。死者謂根壞，生者新諸根起，非如來藏有生有死，如來藏者離有為相，如來藏常住不變，是故如來藏，是依是持是建立。世尊，不離不斷不脫不異不思議佛法。世尊，斷脫異外有為法依持建立者，是如來藏。世尊，若無如來藏者，不得厭苦樂求涅槃。何以故？於此六識及心法智，此七法剎那不住，不種眾苦，不得厭苦樂求涅槃。世尊，如來藏者，無前際不起不滅法。」[14]、「所言苦滅者，名無始無作無起無盡離，盡常住自性清淨離一切煩惱藏。世尊，過於恒沙不離不脫不異不思議佛法成就說如來法身。世尊，

9 宋、求那跋陀羅譯，《勝鬘師子吼一乘大方便方廣經》〈法身章第八〉，《大正藏》第十二冊，頁 219b。
10 同上，頁 220a。
11 同上，頁 220b。
12 同上，頁 222b。
13 同上，頁 221c。
14 同上，頁 222b。

如是如來法身不離煩惱藏名如來藏。」[15]。

《勝鬘經》是講如來藏本際不相應體及煩惱纏不清淨法，雖然譯本較《不增不減經》為早，但從義理內容看，應該是晚於《不增不減經》。

伍、從《寶性論》談三經一論如來藏思想順序

一、年代考據：勒那摩提於元魏永平四年譯（A.D.511）[16]

二、思想考據：

（一）《如來藏經》的如來藏九喻，雖然與《寶性論》字句不盡相同，但其意義仍恰當地表現在卷四〈無量煩惱所纏品〉中。

（二）引述《不增不減經》、《勝鬘經》次數最多外，並與《寶性論》比照核對，發現所引之經文幾近雷同，因此從《寶性論》去推論《不增不減經》、《勝鬘經》是可行的。

（三）從《寶性論》談三經一論如來藏思想形成之先後次序：

1、《如來藏經》用譬喻式說法。

2、《不增不減經》將如來藏定義理論化，並用三義之異名同義，稱如來藏是本際不相應體煩惱纏不清淨法，是不可思議法。（另外二義是本際相應體不可思議清淨法，未來際平等、恒及有法）。

3、《勝鬘經》是對二乘說法，說如來藏本際不相應體煩惱纏不清淨法，是不可思議法。（是不空如來藏，是無量煩惱

15　同上，頁 221c。

16　《寶性論》引述《勝鬘經》、《不增不減經》各達八次及二十六次，經比對所引之字詞幾近雷同，筆者懷疑，三經一論譯者彼此相關性。如上所述，菩提流支譯《不增不減經》於西元 525 年，若以《寶性論》引述，其《不增不減經》應具有十足相關性，且應於《寶性論》譯出之前。否則，或許是後人將漢譯《寶性論》重新整編。從現有文獻上，漢譯《寶性論》相對於出土之梵文版，或藏版，其漢譯版仍是最早的經論，《不增不減經》為魏朝之菩提流支所譯；《勝鬘經》為曇無讖、求那跋陀羅、大唐菩提流支所譯；《如來藏經》為佛陀跋陀羅所譯；《如來莊嚴智慧光明入一切佛境界經》為曇摩流支所譯，表示用實際年代來看經論先後次序較容易混淆，不過，可以確信的是菩提流支對翻譯早期如來藏思想之經論貢獻很大。

藏所纏，是滅諦。）

4、《寶性論》說如來藏本際不相應體煩惱纏不清淨法，（是一切眾生有如來藏。），亦是三寶之因、身轉清淨成菩提、佛無量功德、自然不休息佛業等，承襲《如來藏經》、《不增不減經》、《勝鬘經》等三經的如來藏定義。

陸、小結

由以上推論，筆者傾向認為：

（一）依出書次序，應為《如來藏經》→《不增不減經》→《勝鬘經》→《寶性論》。

（二）依譯出時間次序，應為《如來藏經》→《勝鬘經》→《不增不減經》→《寶性論》。

（三）從思想義理上探討，《不增不減經》譯出時間雖晚於《勝鬘經》，出書年代應早於《勝鬘經》。

藉此推論，能對三經一論彼此先後次序，有合理的思考邏輯，因此，從《寶性論》角度，探討以三經一論論述早期如來藏思想是可行的。

第二節
從《寶性論》談三經一論早期來藏思想融合

從《寶性論》談三經一論早期如來藏思想，本節以《如來藏經》、《不增不減經》、《勝鬘經》為主，附以《寶性論》文本之相關內容，比較兩者之間思想是否差異，並於最後以《寶性論》比較引用上述經典差異性和獨特性，其用意仍在加強證明以《寶性論》論述早期如來藏理論是可行的。

壹、《如來藏經》

一、用九喻描述煩惱藏：

「我以佛眼觀一切眾生，貪欲恚癡諸煩惱中，有如來智、如來眼、如來身，結跏趺坐，儼然不動。」[17] 等，並引九喻描述煩惱藏。

《寶性論》：

於〈無量煩惱所纏品第六〉敘述煩惱藏，相關內容已於前述，不再贅文。[18]

17　東晉、佛陀跋陀羅譯，《大方等如來藏經》，《大正藏》第十六冊 ，頁 457c。
18　後魏、勒那摩提譯，《究竟一乘寶性論》卷四，《大正藏》第三十一冊，頁 837-840b。

貳、《不增不減經》

一、如來藏有三法（「此三法」眾生界言是異名義同）

1、本際相應體清淨法是不思議法。

2、本際不相應體煩惱纏不清淨法是不思議法。

3、未來際平等恒及有法。

《寶性論》：

1、「本際相應體清淨法，是不思議法」引述於〈佛寶品第二〉、〈法寶品第三〉及〈不退轉僧寶品第四〉。[19] 諸如註釋偈：

「如實見眾生　寂靜真法身　以見性本淨　煩惱本來無」[20]

及長行論述。

2、「本際不相應體煩惱纏不清淨法」引述於〈一切眾生有如來藏第五〉、〈無量煩惱所纏品第六〉論述。[21]

3、「未來際平等恒及有法」在〈身轉清淨成菩提品第八〉、〈如來功德品第九〉、〈自然不休息佛業品第十〉論述[22]。諸如於長行中：「清淨者有二種：一者自性清淨；二者離垢清淨。自性清淨者，謂性解脫無所捨離，以彼自性清淨心體不捨一切客塵煩惱，以彼本來不相應故。離垢清淨者，謂得解脫，又彼解脫不離一切法，如水不離塵，垢業而言清淨。」[23]，說明是依經而論，因此，筆者認為「自性清淨法身」應指「本際相應體清淨法」，「自性清淨」應指「本際不相應體煩惱纏不清淨法」，「離垢清淨」應指「未

19　後魏、勒那摩提譯，《究竟一乘寶性論》卷二，《大正藏》第三十一冊，頁 822b-824c。
20　同上，頁 824。
21　後魏、勒那摩提譯，《究竟一乘寶性論》卷三，《大正藏》第三十一冊，頁 828-840b。
22　後魏、勒那摩提譯，《究竟一乘寶性論》卷四，《大正藏》第三十一冊，頁 841-846b。
23　同上，頁 841b。

來際平等恒及有法」。

二、對於「一闡提」看法

眾生界不減是指聲聞乘之煩惱藏。眾生界不增是指緣覺乘之煩惱藏，所以眾生界是一界，是如來藏。另對照「若起二見，眾生界不增，眾生界不減，是一闡提」，參照《大般涅槃經》之內容，該經為大乘初期之經典，因此，筆者認為對於「一闡提」定義較為嚴苛，「如是等人非我弟子」。

《寶性論》：

於〈一切眾生有如來藏第五〉稱眾生有不同煩惱。[24] 於〈無量煩惱所纏品第六〉有九種煩惱藏 [25]。另稱一闡提：「謗法故」，信法即有佛性，參照《大般涅槃經》之內容，該論屬大乘中期之經典，因此，筆者認為對於「一闡提」定義較為寬鬆，「信大乘法即有佛性」。

三、從本際，未來際談如來藏

是過於恒沙不脫不斷不異不思議法，是常恒清淨不變之不生不滅法。該經之中心議題為本際不思議法，如何定義如來藏，則用未來際常恒清淨不變之不生不滅法去說明。

《寶性論》：

〈一切眾生有如來藏第五〉[26] 該論中心議題為「一切眾生有如來藏」，並深入闡釋本際如來藏之意義。

24　後魏、勒那摩提譯，《究竟一乘寶性論》卷三，《大正藏》第三十一冊，頁 828c-829a。
25　同上，頁 837。
26　後魏、勒那摩提譯，《究竟一乘寶性論》卷三，《大正藏》第三十一冊，頁 835b-c。

四、對於法身之定義

1、依「法」：是指過於恒沙不脫不斷不異法身之如來藏本際不相應法。

2、依「實體」：包含隨順世間之眾生、菩薩和如來應供。

3、透過法身在本際時，分為眾生界（法界）和眾生（人格化）之有形、無形兩種體和相。

《寶性論》：

〈一切眾生有如來藏第五〉[27] 試圖將眾生和眾生界結合，即眾生透過修行對治而能身轉清淨成菩提。

五、賦予體性

談如來藏三法，而三法是異名同義。

《寶性論》：

賦予定義性，即體性（buddhatva）：

（1）自性本來清淨。

（2）自性清淨（權稱雜垢清淨）。

（3）離垢清淨。中間則用「因」性連接「自性本來清淨」和「雜垢清淨」，用「轉」連接「雜垢清淨」和「離垢清淨」而使整個思想體系串連。

27　同上，頁 835b，頁 835b。和《大正藏》第十六冊，頁 832a。

參、《勝鬘經》[28]

一、含有空性之如來藏思想〈空義隱覆真實章第九〉：

「有二種如來藏空智。世尊，空如來藏，若離若脫若異，一切煩惱藏。世尊，不空如來藏，過於恒沙不離不脫不異不思議佛法。」[29]，闡述「不空如來藏」空中實有；但對於未來際的有為法，是「空如來藏」，是實有為空。

《寶性論》〈無量煩惱所纏品第六〉：

「不空如來藏　謂無上佛法　不相捨離相　不增減一法
如來無為身　自性本來淨　客塵虛妄染　本來自性空」[30]

因此，筆者認為，於論中闡述本際法體中，原來自性本來清淨就是空，後為客塵所染，此時自性清淨是空中實有。

二、對一乘說法〈一乘章第五〉：

煩惱是無明住地而起四地煩惱，常、樂、我、淨非真正第一義諦，是滅諦。因此，從聲聞乘談是涅槃一味等味，（法無優劣、智慧、解脫、清淨）不談常、樂、我、淨四波羅蜜，而說滅諦是常、是一、是依。[31]

《寶性論》〈一切眾生有如來藏第五〉[32]：

28　宋、求那跋陀羅譯，《勝鬘師子吼一乘大方便方廣經》，《大正藏》第十二冊，頁 217-223b。
29　同上，頁 221c。
30　後魏、勒那摩提譯，《究竟一乘寶性論》卷四，《大正藏》第三十一冊，頁 840a。
31　宋、求那跋陀羅譯，《勝鬘師子吼一乘大方便方廣經》，《大正藏》第十二冊，頁 220a。
32　《大正藏》第三十一冊，頁 829-830。

用四顛倒想和無明住地四障，卻認為常、樂、我、淨四波羅蜜是涅槃果，關於滅諦，於《寶性論》[33]〈法寶品第三〉中，說滅諦是離欲果，道諦是離欲因。

三、從本際談如來藏〈一乘章第五〉〈自性清淨章第十三〉：

1、在纏如來藏之法身是過於恒沙不脫不斷不異不可思議之如來法身，是所依，是持，是建立。
2、不起不滅，談生死是依如來藏（非如來藏）。
3、如來藏是滅諦，是第一義諦，該經明確定義所謂在纏如來藏是滅諦。另外，也說明：斷、脫、異外有為法之出纏如來藏是依在纏如來藏。

《寶性論》〈一切眾生有如來藏品第五〉〈無量煩惱所纏品第六〉：

於〈法寶品第三〉中談滅諦法，但對於在纏如來藏和出纏如來藏則以「恒、常、清涼、不變」為共同法。[34]

四、如來藏煩惱如何染心和自性清淨心關係〈自性清淨章第十三〉：

1、心等於法，而心有善心和不善心，心不觸煩惱，煩惱不觸心，難以了知。

「云何不觸法而能得染心？世尊，然有煩惱有煩惱染心，自性清淨心而有染者，難可了知。」[35]

2、有二法難以了知，自性清淨心難以了知，彼心為煩惱所染難以了

33 後魏、勒那摩提譯，《究竟一乘寶性論》卷二，《大正藏》第三十一冊，頁 824a。
34 後魏、勒那摩提譯，《究竟一乘寶性論》卷三，《大正藏》第三十一冊，頁 824b。
35 同上，頁 824c-825a。

知。

雖提出心染淨問題，但以「難以了知」帶過。

《寶性論》：

於〈僧寶品第四〉之不退轉菩薩僧寶之「染淨相應處」，關於自性清淨心本身和煩惱接觸之本際不相應體之不可思議法。雖也以「難以了知」帶過，但表明是「佛性」、「因性」，是「染淨相應處」。主要強調如何修行，而非心染淨之問題。[36]

五、信〈法身業第八〉、〈空義隱覆真實章第九〉、〈自性清淨章第十三〉、〈真子章第十四〉:

1、唯信佛語

2、隨信增上而隨順法智。

《寶性論》：

於各卷中，不只唯信佛語、隨信增上，更於〈校量功德品第十一〉中敘述具有信解功能。

六、因、轉

（一）《勝鬘經》：只闡述如來藏本際煩惱纏不思議法是滅諦，是不空如來藏，僅承襲《不增不減經》三法之一說法（雖然異名同義）。

（二）《寶性論》則以承襲《不增不減經》三法來說法，並談法身隨順人間之「因」和「轉」之動態性。

36　同上，頁 824c-827a。

肆、《寶性論》理論獨特性和說明

一、每一卷皆能獨立說法，但卻又能綜其成之經論

（一）卷一除論本偈外，概述七金剛句，前三句《堅固深心品》定義三寶，至於三寶之「因」「佛性（眾生界）」、「菩提」、「功德」、「業」義引自《不增不減經》和《勝鬘經》。

卷二則敘述三寶，即自性本來清淨之「體」、「相」、「用」，和三寶之「因」即「雜染相應處有眾生，有雜垢真如，不染而清淨，有離垢真如、菩提、佛無量功德和佛作業」。

卷三〈一切眾生有如來藏品第五〉談一切眾生有如來藏，即本際不相應煩惱藏不清淨法。

卷四即從〈在纏煩惱纏如來藏品第六〉（此品可與上一品相應，但各卷之獨立性，而劃為卷四），至離垢真如之〈身轉清淨成菩提品第八〉、〈佛無量功德品第九〉、〈佛作業自然不休息品第十〉、〈校信解功德品第十一〉。

（二）從卷一至卷四用譬喻、相似相對法來引述七句金剛句，並在煩惱纏不清淨法中，試圖用對治法來闡述不思議法。

二、引用《如來藏經》於〈在纏煩惱纏如來藏品第六〉中說明，並使用《不增不減經》《勝鬘經》之字義加以說明。

（一）以《不增不減經》如來藏之三義為思想依據，並用三寶之「因」和「轉」身清淨連成一個完整思想體系。

（二）使用法身、真如、種性並引「如來藏九喻」來定義自性清淨藏。

三、如來藏定義

（一）在〈一切眾生有如來藏品第五〉將如來藏用十義來描述，並從眾生相、煩惱、無明住地之譬喻對治法來闡述。

（二）從卷一論三寶之「因」的佛性時，即將「種性」定義予以擴大，即包含「因」（bija-hetu），族性（kūla），相傳（vamsa）而取代 dhātu 之佛性，即論中大部分以「gotra」稱為佛性。

（三）在〈在纏煩惱藏品第六〉中，分煩惱藏和自性清淨藏，用法身、真如、種性引用九喻來定義如來藏。

（四）在〈身轉清淨成菩提品第八〉、〈佛無量功德品第九〉、〈佛作業自然不休息品第十〉，用〈身轉清淨成菩提品第八〉之三自性身，〈佛無量功德品第九〉之四無畏、十力和十八不共法和三十二大人相，〈佛作業自然不休息品第十〉之佛業九喻，說明《不增不減經》之「未來際平等恒及有法」之「常恒清淨不變，不生不滅法」。

四、信之重視

（一）信：相較於三經，對於「信」，除用於二乘外，並對於一乘之「唯信佛語」更加重視。

（二）信解：除對於「於一切眾生有如來藏第五」之對治法用信解外，並於卷四〈校量信功德品第十一〉增加專品，以信解，說明「信為有」、「信畢竟得」、「信諸功德」。

五、對釋恆清著述《佛性思想》中關於「不空如來藏」定義之不同看法

釋恆清著述《佛性思想》頁 90，「依《不增不減經》有三義，已如

上述：一者如來藏本際相應體及清淨法。二者如來藏本際不相應體及煩惱纏不清淨法。三者如來藏未來際平等恒及有法。「第一義是說由於如來藏的本質……」此即《勝鬘經》所說的「如來藏不空」義……第二義……所以《勝鬘經》說是「如來藏空」義……第三義……。」

本書認為，如來藏是「過於恒沙不離不脫不異不思議佛法」，是「不空如來藏」，而「空如來藏」是斷、脫、異外、有為法，是『依』如來藏。故「依《不增不減經》所說三義，第二義是如來藏不可思議法，是《勝鬘經》「不空如來藏」。第三義是「常恒清涼不變恒及有法」，是「空如來藏」，其理由如下

（一）《寶性論》《《大正藏》》第三十一冊，頁839a，引《勝鬘經》《《大正藏》》第十二冊，頁221c，「世尊，有二種如來藏空智。世尊，空如來藏，若離若脫若異一切煩惱藏。世尊，不空如來藏，過於恒沙不離不脫不異不思議佛法。」

（二）《寶性論》《《大正藏》》第三十一冊，頁839a，引《勝鬘經》《《大正藏》》第十二冊，頁222b，「世尊，不離（不離智）不斷不脫不異（無為）不思議佛法。世尊，（亦有）斷、脫、異外（離離智）有為法（《勝鬘經》稱此為依持建立者，依如來藏故）。」

（三）《不增不減經》《《大正藏》》第十六冊，頁467參照「如來藏者，即是法身，舍利弗，如我所說法身義者，過於恒沙不離不脫不斷不異，不思議佛法，如來智慧功德。」、「如摩尼寶珠所有明色形相不離不脫，舍利弗，如來所說法身之義亦復如是。」、「此法身是不生不滅法，非過去際，非未來際，離二邊故。」、「舍利弗，我依此煩惱所纏不相應不思議法界，為眾生故說為客塵煩惱所染，自性清淨心不可思議法。」因此，如來藏是「過於恒沙不離不脫不斷不異不思議佛法」，是「如來藏本際不相應體及煩惱纏不清淨法」。

六、《寶性論》所引述《勝鬘經》不同內容說明

（一）《寶性論》引述《勝鬘經》內容有誤，有二處：

1、《《大正藏》》第三十一冊，頁 824a，「……常恒清涼不變……」。

2、《《大正藏》》第三十一冊，頁 833b，「……常恒清涼不變……」。

經查《勝鬘經》，並無此句，而是引自《不增不減經》，其主要理由是《勝鬘經》是論述「滅諦法」、「不可思議法」而非「未來際平等恒及有法」。

（二）《寶性論》雖引自《勝鬘經》內容，但由於說法對象而有不同意義，可分二種：

1、字詞不同：

（1）《寶性論》《《大正藏》》第三十一冊，頁 827a，「……諸餘聲聞辟支佛等，唯依佛語信此二法故……」引《勝鬘經》《《大正藏》》第十二冊，頁 222c，「……諸餘聲聞，唯信佛語……」

（2）《寶性論》《《大正藏》》第三十一冊，頁 840a，「……一切聲聞辟支佛等……唯佛得證……」引《勝鬘經》《《大正藏》》第十二冊，頁 221c，「……諸大聲聞能信如來……」。

2、定義不同：

（1）《寶性論》《《大正藏》》第三十一冊，頁 829b~830 參照，雖引《勝鬘經》，然其意義於阿羅漢乘，對治四無明住地有四法為「常、樂、我、淨」四波羅密之淨智。而《勝鬘經》《《大正藏》》卷十二，頁 222a，「此淨智者，雖曰淨智，於彼滅諦，尚非境界」。

（2）《寶性論》《《大正藏》》第三十一冊，頁 823b，824b 參照，主張滅諦（離欲果，獲得滅諦之結果）和道諦（離欲因，獲得滅諦之方法）。《勝鬘經》《《大正藏》》第十二冊，頁 221c，主張滅諦是一依諦。

（三）因此，《寶性論》引自《不增不減經》文本，其義理是相通的。但是，引自《勝鬘經》文中，有兩處不同，一者為如來之說法對象不同，二者為修法不同。並且，《寶性論》引用《勝鬘經》達二十六次之多，但從其引述內容有誤或不同意思，本書間接論證前述推論：「《寶性論》係兩人各有譯本，後人合，共成通部。」，非勒那摩提單獨譯出之看法[37]。

伍、用《不增不減經》理論，串連眾生界（法）與法身的相互性，如表 4-1

表 4-1 眾生界 (法) 與法身之相互性

如來藏空間		法身	
		形體	
眾生界	不思議法	本際	眾生
	恆及有法	未來際	菩提

（一）眾生界不思議法：

1、如來藏本際相應體及清淨法，為眾生故說為不可思議法自性清淨心。

2、如來藏本際不相應體，及煩惱纏不清淨法為眾生故，說為客塵煩惱所染，自性清淨心不可思議法。

（1）是過於恒沙不離不脫不斷不異不思議佛法，如來功

37　釋恆清認為《寶性論》勒那摩提單獨譯出，《佛性思想》（台北市：東大圖書，1997 年），頁 79。

德、智慧。

（2）《勝鬘經》稱為「無量煩惱藏所纏如來藏」是「不空如來藏」。

（二）眾生界平等、恒及有法：如來藏未來際平等恆及有法，依此不生不滅恆清涼不變歸依，說名眾生。

（三）言眾生者，即是不生不滅常恒清涼不變歸依，不可思議法界等異名，以是義故，我依彼法說名眾生。舍利弗，此三種法皆真實如不異不差。[38]

陸、用《不增不減經》理論談三經一論對於「信」之使用，如表 4-2

表 4-2 三經一論對於「信」之使用

如來藏	信 （śraddhā）	信解 （adhimukti）
本際不相應體及煩惱纏不清淨法，不可思議法	《如來藏經》 《不增不減經》 《勝鬘經》※ 《寶性論》	《寶性論》 法身隨順世間之眾生產生之四顛倒想之對治法
未來際平等恒及有法		《寶性論》 信為有（abhisampratyaya） 信畢竟得（abhilāsa） 信諸功德（prasāda）

※《勝鬘經・真子章第十四》已有由信（śraddhā），隨信增上而為信解（adhimukti）的信為有（abhisampratyaya）

※ 參照水谷幸正著〈如來藏與信〉闡述

38　元魏、菩提流支譯，《佛說不增不減經》，《大正藏》第十六冊，頁 467c。

第三節
從《寶性論》引《不增不減經》、《勝鬘經》之字詞比對談如來藏思想理論化

本節以《寶性論》卷一至卷四各品引《不增不減經》、《勝鬘經》內容之字詞與二經原經文字詞做比對，彼此相似者以劃底線表達，並以「說明」來闡述筆者看法，其目的希望藉由比較分析，對《寶性論》的早期如來藏思想理論能有更細膩、清晰的理解。

壹、《寶性論》卷一概說

一、眾生義：

「言眾生者，乃是諸佛如來境界。一切聲聞辟支佛等，以正智慧不能觀察眾生之義。何況能證毛道凡夫，於此義中唯信如來。」[39]

「言眾生者，即是第一義諦。舍利弗言，第一義諦者，即是眾生界。舍利弗言，眾生界者，即是如來藏。舍利弗言，如來藏者，即是法身故。」[40]

（一）《不增不減經》：定義眾生界是一界，是眾生界不增，眾生界不減。

「如是深義一切聲聞緣覺智慧所不能知，所不能見，不能觀察，何況一切愚癡凡夫而能測量，唯有諸佛如來智慧，乃能觀察知見此義。舍

39　後魏、勒那摩提譯，《究竟一乘寶性論》卷一，《大正藏》第三十一冊，頁 821a。
40　同上。

利弗，一切聲聞緣覺所有智慧，於此義中唯可仰信，不能如實知見觀察。」[41]

「甚深義者即是第一義諦，第一義諦者即是眾生界，眾生界者即是如來藏，如來藏者即是法身。」[42]

說明：兩者字詞使用幾乎一樣，定義眾生，是眾生界，是法界。

二、菩提義：

「世尊言，阿耨多羅三藐三菩提者，名涅槃界。世尊言，涅槃界者，即是法身故。」[43]

（一）《勝鬘經》：〈一乘章第五〉定義，得究竟法身者，則究竟一乘，而究竟者，即是無邊不斷。

「大乘者，即是佛乘，是故三乘即是一乘。得一乘者，得阿耨多羅三藐三菩提。阿耨多羅三藐三菩提者，即是涅槃界。涅槃界者，即是如來法身。」[44]

說明：兩者字詞使用幾乎一樣，定義法身隨順世間，由聲聞緣覺證入菩提，是涅槃界，得阿耨多羅三藐三菩提。

三、功德義：

「舍利弗，如來所說法身義者，過於恒沙不離不脫不思議佛法如來智慧功德。舍利弗，如世間燈，明色及觸不離不脫；又如摩尼寶珠，明色形相不離不脫。舍利弗，法身之義亦復如是。過於恒沙不離不脫不思

41　元魏、菩提流支譯，《佛說不增不減經》，《大正藏》第十六冊 ，頁 467a。
42　同上。
43　後魏、勒那摩提譯，《究竟一乘寶性論》卷一，《大正藏》第三十一冊，頁 821b。
44　宋、求那跋陀羅譯，《勝鬘師子吼一乘大方便方廣經》〈一乘章第五〉，《大正藏》第十二冊，頁 220c。

議佛法如來智慧功德故。」[45]

（一）《不增不減經》：定義眾生界，即是如來藏，即是法身。

「舍利弗，如我所說法身義者，過於恒沙不離不脫不斷不異，不思議佛法如來功德智慧。舍利弗，如世間燈所有明色及觸不離不脫，又如摩尼寶珠所有明色形相不離不脫。舍利弗，如來所說法身之義亦復如是。過於恒沙不離不脫不斷不異，不思議佛法如來功德智慧。」[46]

說明：兩者字詞使用幾乎一樣。《寶性論》用功德義，意在使七句金剛句是一完整思想體系，即無論法身是眾生界，或是法身隨順眾生而證得菩提功德，都是在說明一切眾生有如來藏。

貳、《寶性論》卷二〈法寶品第二〉

一、法寶義：

「舍利弗，如來法身清涼，以不二法故，以無分別法故。」[47]

「世尊，非滅法故，名苦滅諦。世尊，所言苦滅者，名無始無作無起無盡離盡，常恒清涼不變自性清淨，離一切煩惱藏所纏。世尊，過於恒沙不離不脫不異不思議佛法畢竟成就，說如來法身。世尊，如是如來法身不離煩惱藏所纏，名如來藏。」[48]

（一）《不增不減經》：

「舍利弗，如來法身常，以不異法故，以不盡法故。舍利弗，如來

45　後魏、勒那摩提譯，《究竟一乘寶性論》卷一，《大正藏》第三十一冊，頁 821b。
46　元魏、菩提流支譯，《佛說不增不減經》，《大正藏》第十六冊，頁 467a。
47　後魏、勒那摩提譯，《究竟一乘寶性論》卷二，《大正藏》第三十一冊，頁 824a。
48　同上。

法身恒，以常可歸依故，以未來際平等故。舍利弗，如來法身清涼，以不二法故，以無分別法故。舍利弗，如來法身不變，以非滅法故，以非作法故。」[49]

(二)《勝鬘經》:

「世尊，非壞法故，名為苦滅。所言苦滅者，名無始無作無起無盡離，盡常住自性清淨離一切煩惱藏。世尊，過於恒沙不離不脫不異不思議佛法成就說如來法身。世尊，如是如來法身不離煩惱藏名如來藏。」[50]

說明：兩者字詞使用幾乎一樣。唯《寶性論》對於滅締定義與《勝鬘經》稍有不同。

1、《寶性論》中「常恒清淨不變」是《不增不減經》對如來藏未來際平等恒及有法之形容，非引述《勝鬘經》，引述可能有誤。
2、〈法寶品〉定義則更充足，即如來藏是過於恒沙不離不脫不斷不異不思議佛法，是滅諦法，是不可思議法，是常恒清淨不變恒及有法，是異名同義的。

參、《寶性論》卷二〈僧寶品第三〉

一、如來藏三法：《寶性論》將此三法分散本品外，另於卷四〈身轉清淨成菩提品第八〉陳述：

「又彼如實知無始世來本際寂靜無我無法，非滅煩惱證時始有。此明何義？此見自性清淨法身，略說有二種法。何等為二？一者見性本來

49　元魏、菩提流支譯，《佛說不增不減經》，《大正藏》第十六冊 ，頁 467b。
50　宋、求那跋陀羅譯，《勝鬘師子吼一乘大方便方廣經》〈法身章第八〉，《大正藏》第十二冊，頁 221c。

自性清淨；二者見諸煩惱本來寂滅。偈言，以能知於彼自性清淨心，見煩惱無實故，離諸煩惱故。」[51]

「又清淨者，略有二種。何等為二？一者自性清淨；二者離垢清淨。自性清淨者，謂性解脫無所捨離，以彼自性清淨心體不捨一切客塵煩惱，以彼本來不相應故。」[52]

「離垢清淨者，謂得解脫。又彼解脫不離一切法，如水不離諸塵垢等而言清淨。

以自性清淨心，遠離客塵諸煩惱垢更無餘故。」[53]

(一)《不增不減經》:

「眾生界中亦三種法，皆真實如不異不差。何謂三法？一者如來藏本際相應體及清淨法；二者如來藏本際不相應體及煩惱纏不清淨法；三者如來藏未來際平等恒及有法。」[54]

「如來藏本際相應體及清淨法者，此法如實不虛妄不離不脫，智慧清淨真如法界不思議法，無始本際來，有此清淨相應法體。舍利弗，我依此清淨真如法界，為眾生故說為不可思議法自性清淨心。」[55]

「如來藏本際不相應體，及煩惱纏不清淨法者，此本際來離脫不相應煩惱所纏不清淨法，唯有如來菩提智之所能斷。舍利弗，我依此煩惱所纏不相應不思議法界，為眾生故說為客塵煩惱所染，自性清淨心不可思議法。」[56]

「如來藏未來際平等恒及有法者，即是一切諸法根本，備一切法，具一切法於世法中，不離不脫真實一切法，住持一切法，攝一切法。舍

51　後魏、勒那摩提譯，《究竟一乘寶性論》卷二，《大正藏》第三十一冊，頁 824c。
52　後魏、勒那摩提譯，《究竟一乘寶性論》卷四，《大正藏》第三十一冊，頁 841b。
53　同上。
54　元魏、菩提流支譯，《佛說不增不減經》，《大正藏》第十六冊 ，頁 467b。
55　同上。
56　同上，頁 467c。

利弗，我依此不生不滅常恒清涼不變歸依，不可思議清淨法界說名眾生。」[57]

「言眾生者，即是不生不滅常恒清涼不變歸依，不可思議清淨法界等異名。以是義故，我依彼法說名眾生。舍利弗，此三種法皆真實如不異不差。」[58]

（二）《勝鬘經》〈自性清淨章第十三〉：

「以如來藏故，說本際不可知。世尊，有如來藏故說生死，是名善說。世尊，生死，生死者，諸受根沒，次第不受根起，是名生死。世尊，死生者此二法是如來藏。世間言說故，有死有生，死者謂根壞，生者新諸根起，非如來藏有生有死。如來藏者，離有為相；如來藏常住不變。是故如來藏，是依、是持、是建立。世尊，不離不斷不脫不異不思議佛法。世尊，斷脫異外有為法依持建立者，是如來藏。世尊，若無如來藏者，不得厭苦樂求涅槃。何以故？於此六識及心法智，此七法剎那不住，不種眾苦，不得厭苦樂求涅槃。世尊，如來藏者，無前際不起不滅法。」[59]

說明：此字詞相似度不高，不過其意義是相通的。《不增不減經》明確將如來藏定義化，是「如來藏本際相應體及清淨法」「如來藏本際不相應體及煩惱纏不清淨法」「如來藏未來際平等恒及有法」並用三義之「異名同義」來使定義更明確。《勝鬘經》只講「如來藏本際不相應體及煩惱纏不清淨法」，但不用三義，稱是不思議法，是無量煩惱藏所纏、是滅諦、是不空如來藏、是「過於恒沙不離不脫不斷不異不思議佛法」。《寶性論》則將此三法用自性清淨心為因（dhātu），而於七句金剛句中，「佛寶、法寶、僧寶等三寶之因」、「一切眾生有如來藏」、「轉身清

57　同上。
58　同上。
59　宋、求那跋陀羅譯，《勝鬘師子吼一乘大方便方廣經》〈自性清淨章第十三〉，《大正藏》第十二冊，頁 222b。

淨成菩提」。

二、心（法）和煩惱關係

「自性清淨心本來清淨，又本來常為煩惱所染。此二種法於彼無漏真如，法界中善心不善心俱，更無第三心，如是義者，難可覺知。是故聖者勝鬘經言：世尊，剎尼迦善心，非煩惱所染剎尼迦不善心，亦非煩惱所染。煩惱不觸心，心不觸煩惱，云何不觸法而能得染心？世尊，然有煩惱，有煩惱染心，自性清淨心而有染者，難可了知。」[60]

（一）《勝鬘經》〈自性清淨章第十三〉：

「此性清淨，如來藏而客塵煩惱上煩惱所染，不思議如來境界。何以故？剎那善心非煩惱所染，剎那不善心亦非煩惱所染，煩惱不觸心，心不觸煩惱。云何不觸法，而能得染心？世尊，然有煩惱有煩惱染心，。自性清淨心而有染者，難可了知。」[61]

說明：兩者字詞使用幾乎一樣。不過，《寶性論》是對聲聞、辟支佛乘說法，因此在〈一切眾生有如來藏品第五〉引用《大集經、海慧菩薩品》以一子墮深厠糞井譬喻，說善根相應煩惱而生三界染心。《勝鬘經》則是對阿羅漢辟支佛乘說法，「一切上煩惱起，皆因無明住地緣無明住地。世尊，於此起煩惱剎那心剎那相應。世尊，心不相應無始無明住地。世尊，若復過於恒沙如來菩提智所應斷法，一切皆是無明住地所持所建立。」[62]。《勝鬘經》更深入的用無明住地、剎那心、如來菩提智來說明「心不相應無明住地」。

60　後魏、勒那摩提譯，《究竟一乘寶性論》卷二，《大正藏》第三十一冊，頁 824c-825a。
61　宋、求那跋陀羅譯，《勝鬘師子吼一乘大方便方廣經》〈自性清淨章第十三〉，《大正藏》第十二冊，頁 222b。
62　同上，頁 220b。

三、自性清淨心難以了知

「佛告勝鬘言：天女，自性清淨心而有染污難可了知。有二法難可了知，謂自性清淨心難可了知，彼心為煩惱所染亦難了知。天女，如此二法，汝及成就大法菩薩摩訶薩乃能聽受，諸餘聲聞辟支佛等，唯依佛語信此二法故。」[63]

（一）《勝鬘經》〈自性清淨章第十三〉：

「自性清淨心而有染者，難可了知，唯佛世尊，實眼實智，為法根本，為通達法，為正法依，如實知見。勝鬘夫人說是難解之法問於佛時，佛即隨喜，如是如是，自性清淨心而有染污難可了知。有二法難可了知，謂自性清淨心，難可了知，彼心為煩惱所染亦難了知。如此二法，汝及成就大法菩薩摩訶薩乃能聽受，諸餘聲聞唯信佛語。」[64]

說明：兩者字詞使用幾乎一樣。唯《勝鬘經》缺少辟支佛唯信佛語。其原因已如上述，即《寶性論》僅用譬喻式說明，僅唯信佛語。而《勝鬘經》已有定義（但未明確），雖唯信佛語，但在〈真子章第十四〉已有由「信」而「隨信增上」之「信解」得「信實有」（大利益）。

四、辟支佛（阿羅漢）究竟歸依得究竟一乘（涅槃）

「阿羅漢有恐怖。何以故？阿羅漢於一切無行怖畏想住，如人執劍欲來害己，是故阿羅漢無究竟樂。何以故？世尊依不求依如眾生無依彼彼恐怖，以恐怖故則求歸依。如是阿羅漢有怖畏，以恐怖故歸依如來。」[65]

63　後魏、勒那摩提譯，《究竟一乘寶性論》卷二，《大正藏》第三十一冊，頁 827a。
64　宋、求那跋陀羅譯，《勝鬘師子吼一乘大方便方廣經》〈自性清淨章第十三〉，《大正藏》第十二冊，頁 222b-c。、
65　後魏、勒那摩提譯，《究竟一乘寶性論》卷二，《大正藏》第三十一冊，頁 826b。

(一)《勝鬘經》〈一乘章第五〉

「阿羅漢有恐怖。何以故?阿羅漢於一切無行怖畏想住,如人執劍欲來害已,是故阿羅漢無究竟樂。何以故?世尊,依不求依如眾生無依彼彼恐怖,以恐怖故則求歸依。如阿羅漢有怖畏,以怖畏故,依於如來。」[66]

說明:兩者字詞使用一模一樣。說明阿羅漢有餘生法不盡,有生有餘梵行不成,故是少分歸依,非究竟歸依。

肆、《寶性論》卷三〈一切眾生有如來藏品第五〉

一、一闡提:

「若有比丘比丘尼優婆塞優婆夷,若起一見若起二見,諸佛如來非彼世尊,如是等人非我弟子。舍利弗,是人以起二見因緣,從闇入闇從冥入冥,我說是等名一闡提故。偈言:謗法故,闡提故。」[67]

(一)《不增不減經》:

「舍利弗,若有比丘比丘尼優婆塞優婆夷若起一見,若起二見。諸佛如來非彼世尊,如是等人非我弟子。舍利弗,此人以起二見因緣故,從冥入冥從闇入闇,我說是等,名一闡提。」[68]

說明:兩者字詞使用幾乎一樣。不過,在兩經前後文比較,《不增

66 宋、求那跋陀羅譯,《勝鬘師子吼一乘大方便方廣經》〈一乘章第五〉,《大正藏》第十二冊,頁 219b。
67 後魏、勒那摩提譯,《究竟一乘寶性論》卷三,《大正藏》第三十一冊,頁 828c。
68 元魏、菩提流支譯,《佛說不增不減經》,《大正藏》第十六冊,頁 467c。

不減經》明確定義二見是眾生界增、眾生界減，是諸佛如來遠離，諸佛如來之所訶責。《寶性論》只說引述《不增不減經》而稱一闡提之偈言謗法故。也就是謗法稱一闡提，得以信大乘對治即有佛性。

二、四顛倒想和無明住地四障對治法

「世尊，凡夫眾生於五陰法起顛倒想。謂無常常想；苦有樂想；無我我想；不淨淨想。世尊，一切阿羅漢辟支佛空智者，於一切智境界及如來法身本所不見。若有眾生，信佛語故，於如來法身起常想樂想我想淨想。世尊，彼諸眾生非顛倒見，是名正見。何以故？唯如來法身，是常波羅蜜樂波羅蜜我波羅蜜淨波羅蜜。世尊，若有眾生於佛法身作是見者，是名正見。世尊，正見者是佛真子，從佛口生從正法生，從法化生得法餘財。」[69]

「譬如取緣有漏業因而生三有，如是世尊，依無明住地緣無漏業因，生阿羅漢辟支佛大力菩薩三種意生身。世尊，此三乘地三種意生身生，及無漏業生。依無明住地有緣非無緣。」[70]

「唯如來法身，是常波羅蜜樂波羅蜜我波羅蜜淨波羅蜜。」[71]

「世尊，見諸行無常，是斷見非正見見涅槃常，是常見非正見，妄想見故，作如是見故。」[72]

（一）《勝鬘經》〈顛倒真實章第十二〉

「見諸行無常，是斷見非正見。見涅槃常，是常見非正見。妄想見故，作如是見。」[73]

69　後魏、勒那摩提譯，《究竟一乘寶性論》卷三，《大正藏》第三十一冊，頁 829c。
70　同上，頁 830b。
71　同上，頁 829c。
72　同上，頁 830c-831a。
73　宋、求那跋陀羅譯，《勝鬘師子吼一乘大方便方廣經》〈一乘章第五〉，《大正藏》第十二冊，

「顛倒眾生於五受陰，無常常想；苦有樂想；無我我想；不淨淨想。一切阿羅漢辟支佛淨智者，於一切智境界及如來法身本所不見。或有眾生，信佛語故，起常想樂想我想淨想，非顛倒見，是名正見。何以故？如來法身是常波羅蜜；樂波羅蜜；我波羅蜜；淨波羅蜜。於佛法身，作是見者是名正見。正見者，是佛真子，從佛口生，從正法生，從法化生，得法餘財。」[74]

《勝鬘經》〈一乘章第五〉

「取緣有漏業因而生三有，如是無明住地緣無漏業因，生阿羅漢辟支佛大力菩薩三種意生身，此三地彼三種意生身生，及無漏業生，依無明住地，有緣非無緣。」[75]

說明：兩者字詞使用幾乎一樣。《寶性論》在〈一切眾生有如來藏品第五〉中，如來是對眾生方便說世間法，聲聞者起四顛倒想，有四種對治法（信法、般若、禪定、大悲）得常、樂、我、淨四波羅蜜果。辟支佛起無明住地四障，有四種對治法。是常、樂、我、淨四波羅蜜果。但是《勝鬘經》在〈顛倒真實章第十二〉最後則說滅諦才是自性清淨法身：「一切阿羅漢辟支佛，智波羅蜜。此淨智者，雖曰淨智，於彼滅諦，尚非境界，況四依智。何以故？三乘初業，不愚於法，於彼義當覺當得，為彼故世尊說四依。世尊，此四依者，是世間法。世尊，一依者，一切依止，出世間上上第一義依，所謂滅諦。」[76]

三、用否定用法定義如來藏

「若無如來藏者，不得厭苦樂求涅槃。」[77]

頁 222a。
74 同上。
75 同上。
76 同上，頁 222a-b。
77 後魏、勒那摩提譯，《究竟一乘寶性論》卷三，《大正藏》第三十一冊，頁 831a。

(一)《勝鬘經》〈自性清淨章第十三〉:

「若無如來藏者，不得厭苦樂求涅槃。」[78]

說明：兩者字詞一模一樣。如來藏是過於恒沙不離、不斷、不脫、不異、不思議佛法，故不種眾苦，不得厭苦樂求涅槃。

四、法身隨順世間生三身

「舍利弗，即此法身過於恒沙，無量煩惱所纏，從無始來隨順世間生死濤波去來生退名為眾生。舍利弗，即此法身厭離世間生死苦惱，捨一切欲，行十波羅蜜攝八萬四千法門，修菩提行，名為菩薩。舍利弗，即此法身得離一切煩惱使纏，過一切苦，離一切煩惱垢得淨得清淨，得住彼岸清淨法中，到一切眾生所觀之地，於一切境界中更無勝者，離一切障離一切礙，於一切法中得自在力，名為如來應正遍知故。」[79]

「不離眾生界有法身，不離法身有眾生界。眾生界即法身，法身即眾生界。舍利弗，此二法者義一名異故。」[80]

(一)《不增不減經》

「舍利弗，即此法身過於恒沙，無邊煩惱所纏從無始世來隨順世間，波浪漂流往來生死，名為眾生。舍利弗，即此法身厭離世間生死苦惱，棄捨一切諸有欲求，行十波羅蜜，攝八萬四千法門，修菩提行，名為菩薩。復次舍利弗，即此法身離一切世間煩惱使纏過一切苦，離一切煩惱垢，得淨，得清淨，住於彼岸清淨法中，到一切眾生所願之地，於一切境界

78　宋、求那跋陀羅譯，《勝鬘師子吼一乘大方便方廣經》〈自性清淨章第十三〉，《大正藏》第十二冊，頁 222b。
79　後魏、勒那摩提譯，《究竟一乘寶性論》卷三，《大正藏》第三十一冊，頁 831a-b。
80　同上，頁 832b。

中究竟通達更無勝者，離一切障離一切礙，於一切法中得自在力，名為如來應正遍知。是故舍利弗，不離眾生界有法身，不離法身有眾生界，眾生界即法身，法身即眾生界。舍利弗，此二法者義一名異。」[81]

說明：兩者字詞使用幾乎一模一樣。《不增不減經》將法身分為二種說法，一者即是眾生界，是法界；二者法身實體化，有眾生、菩薩和如來。《寶性論》則續此內容於〈一切眾生有如來藏品第五〉中，對法眾生界，是不可思議法，對於實體化，是眾生和辟支佛、菩薩，用世間法來說明如來藏。

五、用世間法定義如來藏

「勝鬘經言：世尊，生死者，依世諦故說有生死。世尊，死者諸根壞。世尊，生者新諸根起。世尊，而如來藏不生不死不老不變。何以故？世尊，如來藏者。離有為相境界。世尊，如來藏者，常恒清涼不變故。」[82]

「世尊，有有為世間，有無為世間。世尊，有有為涅槃，有無為涅槃故。」[83]

「舍利弗，如來法身常，以不異法故，以不盡法故。舍利弗，如來法身恒，以常可歸依故，以未來際平等故。舍利弗，如來法身清涼，以不二法故，以無分別法故。舍利弗，如來法身不變，以非滅法故，以非作法故。」[84]

「世尊，言聲聞辟支佛得涅槃者，是佛方便故。」[85]

81　元魏、菩提流支譯，《佛說不增不減經》，《大正藏》第十六冊 ，頁 467b。
82　後魏、勒那摩提譯，《究竟一乘寶性論》卷三，《大正藏》第三十一冊，頁 833 b。
83　同上，頁 834b-c。
84　同上，頁 835b。
85　同上，頁 835c。

（一）《勝鬘經》〈自性清淨章第十三〉：

「死生者此二法是如來藏，世間言說故，有死有生，死者謂根壞，生者新諸根起，非如來藏有生有死。如來藏者離有為相，如來藏常住不變。」[86]

「阿羅漢辟支佛，不成就一切功德。言得涅槃者，是佛方便，唯有如來得般涅槃，成就無量功德故。[87]」

《勝鬘經》〈法身章第八〉：

「世尊，有有為生死、無為生死。涅槃亦如是，有餘及無餘。」[88]

（二）《不增不減經》：

「舍利弗，如來法身常，以不異法故，以不盡法故。舍利弗，如來法身恒，以常可歸依故，以未來際平等故。舍利弗，如來法身清涼，以不二法故，以無分別法故。舍利弗，如來法身不變，以非滅法故，以非作法故。」[89]

說明：兩者字詞非常相近。不過，有幾個觀點看《寶性論》引用可能有誤：

1、《寶性論》是如來對眾生說如來藏，因此說生死，說涅槃故，是世間法。但第一句引《勝鬘經》「……世尊，如來藏者，常恒清涼不變故。」可能有誤。因為《勝鬘經》是如來對阿羅漢辟支佛乘說法，是說不可思議法。

2、《寶性論》第一句引用《勝鬘經》「……世尊，如來藏不生不死，不老不變……」和《勝鬘經》「……非如來藏有生有死……」顯

86　宋、求那跋陀羅譯，《勝鬘師子吼一乘大方便方廣經》〈自性清淨章第十三〉，《大正藏》第十二冊，頁 222b。
87　同上，頁 219c。
88　同上，頁 221b。
89　元魏、菩提流支譯，《佛說不增不減經》，《大正藏》第十六冊 ，頁 467b。

然引用層次不同。因為，只有如來藏「法」才能不生不死。

3、《寶性論》引《不增不減經》未來際平等恒及有法作為世間法定義是正確的。當然也說生死、涅槃是依世諦，佛方便說。

六、滅諦法定義如來藏

「世尊，不離法身有如來藏。世尊，不離如來藏有法身。世尊，依一苦滅諦說名如來藏。世尊，如是說如來法身無量無邊功德。世尊，言涅槃者，即是如來法身故。」[90]

「法無優劣，故得涅槃。，知諸法平等智，故得涅槃。平等智，故得涅槃。平等解脫，故得涅槃。平等解脫知見，故得涅槃。是故世尊說，涅槃界一味等味，謂明解脫一味故。」[91]

(一)《勝鬘經》〈一依章第十一〉:

「一苦滅諦，離有為相。離有為相者，是常。常者，非虛妄法。非虛妄法者，是諦、是常、是依。是故滅諦，是第一義。」[92]

《勝鬘經》〈一乘章第五〉：

「法無優劣故得涅槃，智慧等故得涅槃，解脫等故得涅槃，清淨等故得涅槃。是故涅槃一味等味，謂解脫味。世尊，若無明住地，不斷不究竟者，不得一味等味謂明解脫味。」[93]

「涅槃界者，即是如來法身。」[94]

說明：兩者字詞仍然十分接近，只是角度稍有不同。《寶性論》引

90 後魏、勒那摩提譯，《究竟一乘寶性論》卷三，《大正藏》第三十一冊，頁 835c。
91 同上，頁 836c。
92 宋、求那跋陀羅譯，《勝鬘師子吼一乘大方便方廣經》〈一依章第十一〉，《大正藏》第十二冊，頁 222a。
93 同上，〈一乘章第五〉，《大正藏》第十二冊，頁 220b。
94 同上，〈一乘章第五〉，《大正藏》第十二冊，頁 220c。

如來藏本際煩惱纏不相應法，除於卷二〈法寶品第三〉明確定義外，在此說依一苦滅諦，說名如來藏。除此，《寶性論》亦引《勝鬘經》〈一乘章第五〉攝受正法，是一切聲聞辟支佛之世間、出世間法，所謂解脫味是涅槃界，一味等味。

七、不空如來藏

「不空如來藏，過於恒沙不離不脫，不思議佛法故。」[95]

「世尊，有二種如來藏空智。世尊，空如來藏，若離若脫若異一切煩惱藏。世尊，不空如來藏，過於恒沙不離不脫不異，不思議佛法故。」[96]

「世尊，如來藏智名為空智。世尊，如來藏空智者，一切聲聞辟支佛等，本所不見，本所不得，本所不證，本所不會。世尊，一切苦滅唯佛得證，壞一切煩惱藏，修一切滅苦道故。」[97]

（一）《勝鬘經》〈空義隱覆真實章第九〉：

「世尊，有二種如來藏空智。世尊，空如來藏，若離若脫若異，一切煩惱藏。世尊，不空如來藏，過於恒沙不離不脫不異不思議佛法。世尊，此二空智，諸大聲聞，能信如來。一切阿羅漢辟支佛，空智於四不顛倒境界轉。是故一切阿羅漢辟支佛，本所不見，本所不得。一切苦滅，唯佛得證，壞一切煩惱藏，修一切滅苦道。」[98]

說明：兩者字詞幾乎一樣，唯角度稍有不同。《勝鬘經》用空智來說如來藏並稱之為「不空如來藏」。對於阿羅漢、辟支佛空智，於四不顛倒境界轉，唯佛得證，得壞一切煩惱藏。此與《寶性論》稱聲聞、辟

95　後魏、勒那摩提譯，《究竟一乘寶性論》卷三，《大正藏》第三十一冊，頁 835 b。
96　後魏、勒那摩提譯，《究竟一乘寶性論》卷四，《大正藏》第三十一冊，頁 840a。
97　同上，頁 840a-b。
98　宋、求那跋陀羅譯，《勝鬘師子吼一乘大方便方廣經》〈空義隱覆真實章第九〉，《大正藏》第十二冊，頁 221c。

支佛空智，唯信佛語不同。

伍、《寶性論》卷四〈無量煩惱所纏品第六〉

一、定義如來藏

「世尊，如來說如來藏者，是法界藏，出世間法身藏，出世間上上藏，自性清淨法身藏，自性清淨如來藏故。」[99]

「世尊，是故如來藏是依是持是住持是建立。世尊，不離不離智，不斷不脫，不異無為，不思議佛法。世尊，亦有斷脫異外離離智有為法，亦依亦持亦住持亦建立，依如來藏故。」[100]

「生死者依如來藏。世尊，有如來藏故，說生死，是名善說故。」[101]

「世尊，依如來藏故有生死，依如來藏故證涅槃。世尊，若無如來藏者，不得厭苦樂求涅槃。」[102]

「世尊，如來藏者，於身見眾生非其境界。世尊，如來藏者，於取四顛倒眾生非其境界。」[103]

（一）《勝鬘經》〈自性清淨章第十三〉

「世尊，如來藏者，是法界藏，法身藏，出世間上上藏，自性清淨藏。」[104]

「是故如來藏，是依是持是建立。世尊，不離不斷不脫不異不思議

99 後魏、勒那摩提譯，《究竟一乘寶性論》卷四，《大正藏》第三十一冊，頁 839a。
100 同上。
101 同上，頁 839b。
102 同上。
103 同上。
104 宋、求那跋陀羅譯，《勝鬘師子吼一乘大方便方廣經》〈法身章第八〉，《大正藏》第十二冊，頁 222b。

佛法。世尊，斷脫異外有為法依持建立者，如來藏。」[105]

「生死者依如來藏，以如來藏故，說本際不可知。世尊，有如來藏故說生死，是名善說。」[106]

「世尊，若無如來藏者，不得厭苦樂求涅槃。」[107]

「如來藏者，墮身見眾生顛倒眾生空亂意眾生，非其境界。」[108]

說明：兩者字詞使用幾乎一樣。且其意義表達相同，說如來藏有四法藏（《寶性論》重複為自性清淨如來藏）是依、是持、是建立。說生死是依如來藏（並非如來藏）是名善說。

陸、《寶性論》卷四〈身轉清淨成菩提品第八〉

一、無量煩惱藏所纏如來藏

「世尊，若於無量煩惱藏所纏如來藏不疑惑者，於出無量煩惱藏法身亦無疑惑故。」[109]

(一)《勝鬘經》〈法身章第八〉

「若於無量煩惱藏所纏如來藏不疑惑者，於出無量煩惱藏法身亦無疑惑。」[110]

說明：兩者字詞一樣。《勝鬘經》定義如來藏為「無量煩惱藏所纏如來藏」。《寶性論》援引之。

105 同上。
106 同上。
107 同上。
108 同上。
109 後魏、勒那摩提譯，《究竟一乘寶性論》卷四，《大正藏》第三十一冊，頁 841a。
110 宋、求那跋陀羅譯，《勝鬘師子吼一乘大方便方廣經》〈法身章第八〉，大正藏第十二冊，頁 221b。

柒、小結

一、《寶性論》引述《勝鬘經》經文有二處錯誤，主要是《勝鬘經》未談及如來藏是常恒清涼不變恒及有法。

二、《寶性論》是如來對聲聞、辟支佛說法，而《勝鬘經》是如來對阿羅漢、辟支佛說法，因此在引經時，《寶性論》有「聲聞」字詞，而《勝鬘經》沒有。

三、將「如來藏」定義化：

（一）《不增不減經》說「如來藏」是「本際不相應體煩惱所纏不思議法」是「過於恒沙不離、不脫、不斷、不異、不思議佛法，如來智慧功德」，對於此定義詮釋則用如來際三法而三法異名同義，另二法為「如來藏本際相應體及清淨法」和「如來藏未來際平等恒及有法」。

（二）《勝鬘經》除援引「過於恒沙不離、不脫、不斷、不異、不思議佛法」外，另增加二個名詞「不空如來藏」和「無量煩惱藏所纏如來藏」。對於定義詮釋則用「滅諦法」。

（三）《寶性論》除援引上述二經外，定義為「一切眾生有如來藏」，對於定義註釋，更為俗諦化，用「常、樂、我、淨四波羅蜜」「信法、般若、禪定、大悲」等法，使唯「信」佛語外，更能「信解」而校信功德。

第四節
《寶性論》思想體系連貫性
——雖分立四卷而綜其成

本節利用圖示和列表方式來表達《寶性論》思想架構和思想體系連貫性，包括各卷中有以字詞定義和輔以譬喻方式表達，本圖表係筆者為使《寶性論》早期如來藏思想能清楚表達而彙總形成。

壹、《寶性論》思想架構，如圖 4-1 所示：

為了使論述能更清楚，筆者將《寶性論》用圖示方式來表達其早期如來藏思想思想架構，其中包括本論由卷一至卷四，對於重要字詞的表

圖 4-1《寶性論》的思想架構

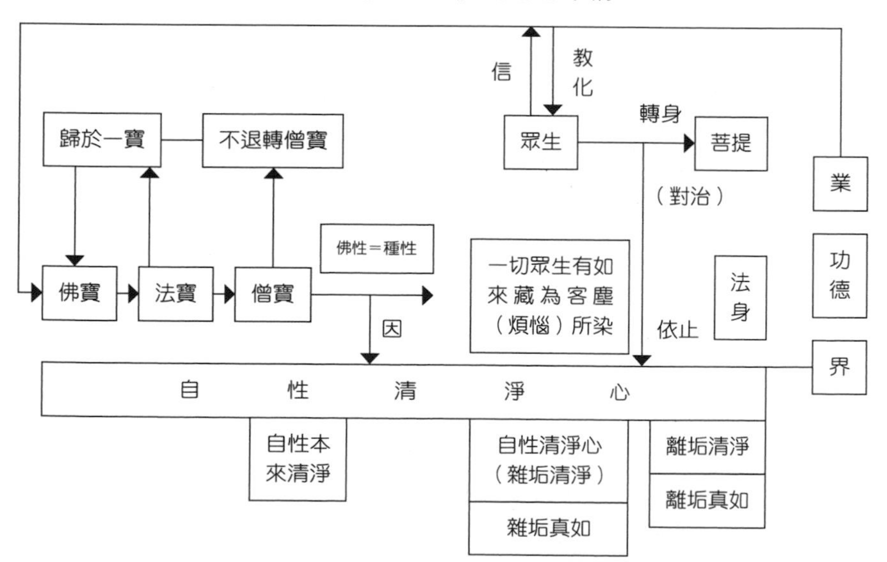

達，和如何輪轉，使得七句金剛句透過「因」「轉、依」「信」等動態因子，使得《寶性論》雖分立四卷而綜其成，形成早期如來藏思想體系連貫性。

貳、《寶性論》思想體系連貫性，如圖 4-2 所示：

一、如來藏思想理論化，〈一切眾生有如來藏第五〉、〈無量煩惱所纏品第六〉仍為本論的中心議題。承襲《如來藏經》、《不增不減經》、《勝鬘經》三經之「本際不相應體及煩惱纏不清淨法」。

（一）《如來藏經》則用九喻闡述「貪欲恚痴煩惱中，有如來智、如來眼、如來身，結跏趺坐，儼然不動」並引述於《寶性論》〈無量煩惱所纏品第六〉中。

（二）《不增不減經》則明確定義如來藏三義，定義「本際不相應體及煩惱纏不清淨法」是「過於恒沙不離不脫不斷不異不思

圖 4-2《寶性論》思想連貫性

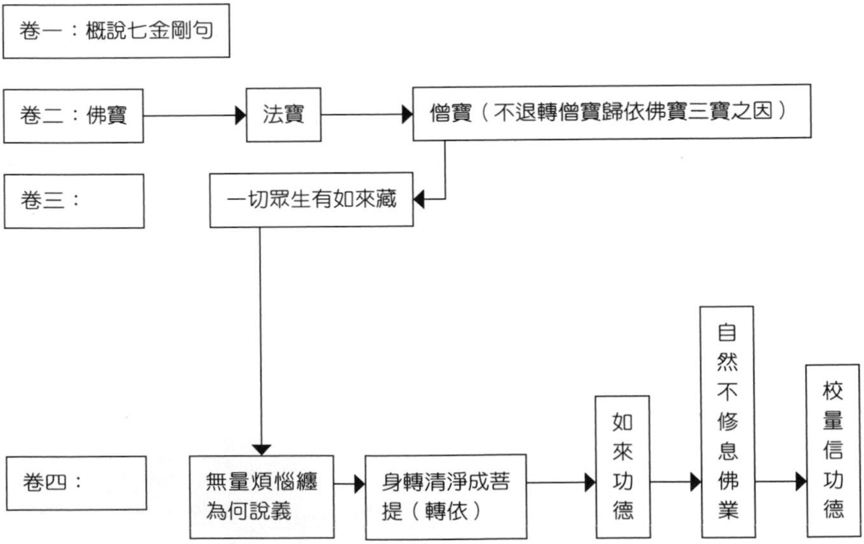

卷一：概說七金剛句

卷二：佛寶 → 法寶 → 僧寶（不退轉僧寶歸依佛寶三寶之因）

卷三：一切眾生有如來藏

卷四：無量煩惱纏為何說義 → 身轉清淨成菩提（轉依）→ 如來功德 → 自然不修息佛業 → 校量信功德

議佛法，如來智慧功德」，雖然是不思議法，但是用「如來藏本際相應體不可思議自性清淨心」和「未來際不生不滅法，常、恒、清涼、不變之平等恒及有法」等三義異名，而三種法皆真實如不差不異。

（三）《勝鬘經》則將「過於恒沙不離不脫不斷不異不思議佛法」稱為「無量煩惱纏」和從空智角度稱為「不空如來藏」，並明確定義此不思議法是滅諦，是第一義諦，是「無始無作無起無盡，離盡常住自性清淨，離一切煩惱藏」。

二、由譬喻來論證如來藏思想理論化，如表 4-3：

〈佛寶品〉、〈法寶品〉、〈僧寶品〉是闡述自性本來清淨的不可思議法；〈身轉清淨成菩提品〉、〈如來功德品〉、〈自然不休息佛業品〉闡述離垢清淨的未來際平等及有法。由於異名同義，因此，在內容上雖有援引三經之論述，但實質上主要依《十地經》、《陀羅尼自在王經》和佛業九喻之《如來智慧莊嚴光明入一切佛境界經》等，並用佛業九喻引用於〈佛寶品〉和〈自然不休息佛業品〉，而使七句金剛句形成一個以自性清淨心為「界」（dhātu）之獨特的思想體系。

表 4-3 由譬喻來論證如來藏思想理論化

《寶性論》	定義種類	引述經論	內容簡述
（一）卷一 七句金剛句 〈佛寶〉	譬喻	《陀羅尼自在王經》	①聲聞菩薩諸功德。 ②諸佛如來不可思議三昧境界。 ③無垢大寶莊嚴寶殿成就。 ④大眾雲集種種供養讚嘆如來。
（二）卷一 七句金剛句 〈法寶〉	譬喻	《陀羅尼自在王經》	①妙法莊嚴法座。 ②法門名字及示現功德。
（三）卷一 七句金剛句 〈僧寶〉	譬喻	《陀羅尼自在王經》	諸菩薩摩訶薩迭共三昧行境界。

<table>
<tr><td>(四)卷一
〈佛性〉</td><td>譬喻</td><td>《十地經》</td><td colspan="3">為清淨彼性，修六十種法，數數說金，為清淨佛性。</td></tr>
<tr><td>(五)卷一
〈如來業〉</td><td>譬喻</td><td>《陀羅尼自在王經》</td><td colspan="3">不清淨大毘琉璃摩尼寶，如來為眾生次序說法，勤未休息：
①說無常、苦、無我、不淨。
②空、無相、無願。
③不退法輪。
④清淨波羅蜜行。</td></tr>
<tr><td>(六)卷一
〈自性清淨如來性〉</td><td>譬喻</td><td>——</td><td colspan="3">「譬如石鑛中 真金不可見
能清淨者見 見佛亦如是」</td></tr>
<tr><td>(七)卷二
〈佛寶品〉</td><td>譬喻</td><td>《如來莊嚴智慧光明入一切佛境界經》</td><td colspan="3">①如來智慧慈悲及神力如刀與金剛杵，刀能割截諸苦芽，金剛杵能摧碎諸見山，覆滅顛倒意及一切稠林。
②佛業九喻，以無垢清淨琉璃池中，帝釋王身鏡像現等九喻，說明如來法身無為等功德相應示現自利益，並轉大法輪示現他利益。</td></tr>
<tr><td rowspan="4">(八)卷二
〈法寶品〉</td><td rowspan="4">對治法
相似相對法</td><td rowspan="4">《般若波羅蜜經》</td><td>法</td><td>相似
相對法</td><td>對治法</td></tr>
<tr><td>①清淨無塵垢</td><td>日輪</td><td></td></tr>
<tr><td>②以一切種一切智能照知</td><td>顯現一切色像</td><td></td></tr>
<tr><td>③起一切種一切智對治法</td><td>對治闇</td><td>用見道－滅諦和修道－無分別智。對治諸曀障，覺觀貪瞋痴一切煩惱。</td></tr>
<tr><td>(九)卷二
〈僧寶品〉</td><td>譬喻</td><td>《華嚴經、性起品》</td><td colspan="3">①三千大千世界，雖有佛智慧於眾生中，但眾生顛倒想而不生信心，如來教化彼眾生修八聖道，離顛倒已，見如來智。</td></tr>
</table>

<table>
<tr><td rowspan="23">（十）卷三〈一切眾生有如來藏〉</td><td>譬喻</td><td rowspan="23">《寶積經》</td><td colspan="3">①寧可以須彌山為如來說有，而不說計「空」為有。</td></tr>
<tr><td rowspan="4">相似
相對法</td><td>②自性
清淨</td><td colspan="2">相似相對法</td></tr>
<tr><td>法身</td><td colspan="2">寶珠（所思能修滿一切願）</td></tr>
<tr><td>真如</td><td colspan="2">虛空（不變異性如虛空）</td></tr>
<tr><td>種性</td><td colspan="2">水（慈悲柔軟如水）</td></tr>
<tr><td rowspan="5">對治法
相似相對法</td><td>③眾生</td><td>相似相對法</td><td>對治法</td></tr>
<tr><td>闡提</td><td>一闡提障
謗大乘法</td><td>信法</td></tr>
<tr><td>外道</td><td>諸外道障
實無神我而樂取我</td><td>般若</td></tr>
<tr><td>聲聞</td><td>聲聞人障
怖畏世間苦</td><td>禪定</td></tr>
<tr><td>辟支佛</td><td>辟支佛障
樂住寂靜</td><td>大悲</td></tr>
<tr><td rowspan="5">對治法
相似相對法</td><td>④無明住地</td><td>相似相對法</td><td>對治法</td></tr>
<tr><td>緣</td><td>無明住地緣</td><td>淨波羅蜜</td></tr>
<tr><td>因</td><td>無明無地緣行</td><td>我波羅蜜</td></tr>
<tr><td>生</td><td>四種取</td><td>樂波羅蜜</td></tr>
<tr><td>壞</td><td>不可思議變異死</td><td>常波羅蜜</td></tr>
<tr><td rowspan="4">譬喻
相似相對法
對治法</td><td>⑤因</td><td>相似相對法</td><td>對治法</td></tr>
<tr><td>法身
清淨</td><td>海</td><td>信法</td></tr>
<tr><td>慧定</td><td>珍寶</td><td>般若三昧</td></tr>
<tr><td>悲</td><td>水</td><td>大悲</td></tr>
<tr><td rowspan="4">譬喻
相似相對法
對治法</td><td>⑥果</td><td>相似相對法</td><td>對治法</td></tr>
<tr><td>通智</td><td>燈之明（光）</td><td>五通</td></tr>
<tr><td>無垢</td><td>燈之煖（熱）</td><td>無漏盡</td></tr>
<tr><td>真如</td><td>燈之色</td><td>轉身漏盡</td></tr>
</table>

<table>
<tr><td rowspan="13"></td><td rowspan="6">譬喻</td><td rowspan="6">《大集經》
〈虛空藏品〉</td><td colspan="2">⑦地、水、火、風等四大，以虛空為最大。</td></tr>
<tr><td>⑧自性清淨</td><td>相似相對法</td></tr>
<tr><td>不正思惟</td><td>風起</td></tr>
<tr><td>業煩惱</td><td>水聚</td></tr>
<tr><td>陰界入世間老病死</td><td>火生</td></tr>
<tr><td>自性心不生</td><td>虛空（不起、不聚、不生）</td></tr>
<tr><td>譬喻</td><td>〈海慧菩薩品〉</td><td colspan="2">⑨以一子墮深廁糞井譬喻，說善根相應煩惱，而生三界非染心。
⑩以大毘琉璃摩尼寶喻，說雖墮入泥中千年，但水洗即本自清淨。</td></tr>
<tr><td>譬喻</td><td rowspan="6">《寶鬘經》</td><td colspan="2">⑪依漏盡故說入城喻。
⑫畫師喻示現真如一切功德。</td></tr>
<tr><td rowspan="5">相似相對法</td><td>⑬無差別涅槃界</td><td>相似相對法</td></tr>
<tr><td>依出世間無分別智，慧故。</td><td>日光明</td></tr>
<tr><td>依慧得一切智智，知一切種，智故</td><td>日照</td></tr>
<tr><td>依二者得自性清淨心解脫故</td><td>日輪</td></tr>
<tr><td>此三種，不相捨離，得不離法界體</td><td>日</td></tr>
<tr><td>（十一）卷四
〈無量煩惱所纏品〉</td><td>譬喻</td><td>《如來藏經》</td><td colspan="2">如來藏九喻說煩惱與如來藏（法身、真如、種性）</td></tr>
<tr><td>（十二）卷四
〈身轉清淨成菩提品〉</td><td>譬喻</td><td></td><td colspan="2">①說雜垢清淨：
「如清淨池水　無有諸塵濁
種種雜花樹　周匝常圍遶
如月離羅睺　日無雲翳等
無垢功德具　顯現即彼體」
②說離垢清淨：
「蜂王美味蜜　堅實淨真金
寶藏大果樹　無垢真金像</td></tr>
</table>

			轉輪聖王身　妙寶如來像 如是等諸法　即是如來身」 ③「知虛空無相　而現色等相 法身亦如是　具六根境界」 ④「如來鏡像身　而不離本體 猶如一切色　不離於虛空」 ⑤「如摩尼寶珠　依種種諸色 異本生諸相　一切皆不實」 ⑥「譬如虛空中　有一切色身 於初佛身中　最後身亦爾」
（十三）卷四〈如來功德品〉	譬喻	《陀羅尼自在王經》	①明十力等六十四種佛身功德： 「佛力金剛杵　破無智者障 如來無所畏　處眾如師子 如來不共法　清淨如虛空 如彼水中月　眾生二種見」
	譬喻	《寶女經》	②依金剛杵、師子、虛空、水中月等四喻廣說。
（十四）卷四〈自然不休息品〉	譬喻		①「如大海水寶　空日地雲風 諸地如大海　智水功德寶 菩提如空界　廣無中後邊 為利益眾生　二種業如日 能悉照遍知　一切眾生界 皆有如來性　如地中伏藏 猶如彼大地　體安固不動 為利益眾生　見彼我無別 客塵煩惱等　本自無體性 一切皆虛妄　如雲聚不實 起大慈悲心　猶如猛風吹 煩惱智障盡　如彼雲聚散 化事未究竟　故常在世間 從本際以來　自然不休息」
	譬喻	《如來莊嚴智慧光明入一切佛境界經》	用佛業九喻，說佛業自然不休息： 「帝釋妙鼓雲　梵天日摩尼 響及虛空地　如來身亦爾」

第五節

結論

——漢譯《究竟一成寶性論》文本與思想特色

由於《勝鬘經》、《佛說不增不減經》於《寶性論》各被引述達二十六次及八次之多，經比照核對，對於字詞使用幾乎一樣；因此，本書透過《寶性論》與《勝鬘經》、《佛說不增不減經》彼此字詞之比照核對，並將《如來藏經》九喻說引入，以探討漢譯《究竟一成寶性論》文本和思想特色。於卷一，開宗明義引用《陀羅尼自在王經》序分的七句金剛句，即是早期如來藏思想，強調「如來藏」，於無始世界來，用三寶「佛寶」、「法寶」、「僧寶」來闡述「自性清淨法身」。此法身從無始世來，過於恒沙，無邊煩惱所纏，隨順世間，曰「一切眾生有如來藏」，並強調修法和實踐過程，如何去除雜垢，還我「自性清淨」（權稱「雜垢清淨」，此字詞為本書自創，以別於「離垢清淨」，其用意用「雜垢」、「離垢」字詞，使兩者字意更清楚明確）。後三句用「佛菩提」、「佛功德」、「佛作業」等金剛句闡述「離垢清淨」（「身轉清淨成菩提」）。另外，為貫穿其思想脈絡，本書以三個組成要素和三個動態因子互相連結。三個組成要素，依七句金剛句，分別為「佛寶、法寶、僧寶」、「佛性（眾生）」、「佛菩提、佛功德、佛作業」；三個動態因子則是「三寶之因」、「轉依」、「信」。因此，《寶性論》雖分四卷，各卷中利用《不增不減經》、《勝鬘經》的理論和輔以《如來藏經》、《如來莊嚴智慧光明入一切佛境界經》等經的譬喻，將「如來藏」思想予以明確敘述。其中尤以〈佛寶品第二〉、〈自然不休息佛業品第十〉之共同引用《如來莊嚴智慧光明入一切佛境界經》之九喻來作前後連結，使得《寶性論》連貫而形成完整思想體系。本節總結其思想特色如下：

一、分卷和結合必要性

依據《《大正藏》》紀載，有謂三卷、四卷、五卷或六卷，或因傳譯佚本之不同，而有不同紀載，本書從「此論廣門有十一品，中則七品，略惟一品」字句做義理耙梳，認為以四卷為最佳。從論典書寫方式，雖分四卷，但每卷皆能分別闡述「如來藏」思想，各卷分別以「雜垢清淨」闡述「一切眾生有來藏」之思想體系，卷一，開宗明義引用《陀羅尼自在王經》序分的七句金剛句；卷二，「佛寶、法寶、僧寶」等三寶性，談「自性清淨法身」；卷三以〈一切眾生有如來藏品第五〉為中心議題，談「雜垢清淨」；卷四雖以「離垢清淨」為主，然將〈無量煩惱所纏品第六〉之論述「雜垢清淨」放在卷四，其用意即強調，「一切眾生有如來藏」思想體系之整體性。

依《寶性論》內容，自性清淨心有三（三者意義相同，只是流轉時各相不同）：（一）自性本來清淨，即彼如實知無始世來，本際寂靜無我、無法，非滅煩惱證時始有。（二）自性清淨，自性清淨者，謂性解脫無所捨離，以彼自性清淨心體不捨一切客塵煩惱，以彼本來不相應故（權稱雜垢清淨，本字詞筆者自創，用意別於「離垢清淨」）。（三）離垢清淨，謂得解脫，又彼解脫不離一切法，如水不離塵，垢業而言清淨。因此，用三個角度去闡述如來藏：（一）於〈一切眾生有如來藏品第五〉中，以「如來藏十義」來描述如來藏總相，和於〈無量煩惱所纏品第六〉闡述如來藏三義，並引《如來藏經》「九喻」來描述如來藏別相。（二）引《陀羅尼自在王經》七句金剛句，用「佛寶」、「法寶」、「僧寶」，和「佛菩提」、「如來功德」、「自然不休息佛業」等六句來闡述「如來藏」（「眾生」、「佛性」），形成前後連貫的完整思想體系。（三）引《不增不減經》如來藏三義「如來藏本際不相應體煩惱纏不清淨不思議法」

「如來藏本際相應體不可思議法自性清淨心」、「如來藏未來際平等恒及有法」，和《勝鬘經》空如來藏、不空如來藏，詮釋以「自性清淨心」為「界」分稱「自性清淨法身」、「自性本來清淨」（權稱雜垢清淨）和「離垢清淨」等三個面向來描述如來藏。（請參閱本書第四章圖 4-1,4-2 表 4-3 說明）。

二、「轉依」含義

「轉依」在瑜伽學派中是很重要的教義，轉依的依是指阿賴耶識，轉依意謂轉識成智。「依」者，乃指「依他起性」，是染淨法之所依。染謂虛妄遍計所執，淨謂真實圓成實性。「轉」謂「轉捨轉得」，亦即轉捨不淨的遍計所執，使它「永改本性」後，轉得「永成本性」的清淨圓成實性。《寶性論》主張「轉依」，所「依」者是「不生不滅法，是恒清涼不變與平等法」，是如來藏所依止。「是故如來藏是依是持是住持是建立。世尊，不離不離智，不斷不脫，不異無為，不思議佛法。世尊，亦有斷脫異外離離智有為法，亦依亦持亦住持亦建立，依如來藏故。」，而「轉」雜穢，即是自性本清淨，只是去除煩惱「且」得淨妙身，由轉穢並且得到淨妙身，是果、是菩提、是佛無量功德和佛業自然不休息。因此，早期如來藏思想的「轉、依」與瑜伽學派的「轉依」有不同的詮釋。

三、關於「空性」

《寶性論》主張空性，並以虛空為譬喻，「如虛空相，諸佛亦爾者。此依第一義，諸佛如來清淨法身，自體相不共法故。」，並引《金剛般若波羅密經》言，「不可以三十二大人相成就見如來」；但亦有「我」，「**如清淨真空　得第一無我　諸佛得淨體　是名得大身**」，是諸佛如來清淨法身，非外道之神我，也非辟支佛無明住地無我作我想，而是真正如來實我之第一清淨大身。所謂自性清淨法身，即是「三寶性」，於「佛寶品」「法寶品」「僧寶品」詮釋。「**無始世來性（dhātu）　作諸法依止　依性有諸道　及證涅槃果**」，即自無始世來，自性本來清淨，如虛空相，不可以三十二大人相成就見如來。

四、心與煩惱關係

《寶性論》對於自性清淨而有煩惱染者，難可了知帶過。「自性清淨心本來清淨，又本來常為煩惱所染。此二種法於彼無漏真如，法界中善心不善心俱，更無第三心，如是義者，難可覺知。是故聖者勝鬘經言：世尊，剎尼迦善心，非煩惱所染剎尼迦不善心，亦非煩惱所染。煩惱不觸心，心不觸煩惱，云何不觸法而能得染心？世尊，然有煩惱，有煩惱染心，自性清淨心而有染者，難可了知。《勝鬘經》談論較《寶性論》深入，「…於此六識及心法智。此七法剎那不住。…」「…一切上煩惱起，皆因無明住地緣無明住地…」「…剎那善心非煩惱所染，剎那不善心亦非煩惱所染，煩惱不觸心，心不觸煩惱。云何不觸法，而能得染心？世尊，然有煩惱有煩惱染心。自性清淨心而有染者，難可了知。」。在心與煩惱的關係，並未談及唯識學說的阿賴耶思想，因此，從三經一論談早期如來藏思想與後期的如來藏思想特色（與阿賴耶思想完全會通），會有不同論述結果。

五、《寶性論》、《勝鬘經》、《不增不減經》如來說法對象不同

筆者引兩經之內容和兩經逐字比較和思考義理方向，並且挑出《寶性論》引《勝鬘經》、《不增不減經》之內容與義理不符合之地方，其中有《寶性論》完全引錯之字句，也有兩經對《寶性論》所引之內容或漏字有不同解釋之處，或是所引之內容有不同之解讀，筆者認為如來說法對象不同：「《不增不減經》《寶性論》是如來對聲聞、辟支佛乘說法，

《勝鬘經》則是對阿羅漢、辟支佛乘說法」。

除如上述心與煩惱關係《勝鬘經》較《寶性論》深入外，諸如，（一）《寶性論》是對聲聞、辟支佛說法，因此在〈一切眾生有如來藏品第五〉引用《大集經、海慧菩薩品》以一子墮深厠糞井譬喻，說善根相應煩惱而生三界染心。《勝鬘經》則是對阿羅漢辟支佛乘說法，「一切上煩惱起，皆因無明住地緣無明住地。世尊，於此起煩惱剎那心剎那相應。世尊，心不相應無始無明住地。世尊，若復過於恒沙如來菩提智所應斷法，一切皆是無明住地所持所建立。」。《勝鬘經》更深入的用無明住地、剎那心、如來菩提智來說明「心不相應無明住地」。（二）《寶性論》引《不增不減經》引法身隨順世間為眾生，如來對眾生（包括聲聞乘、辟支佛乘）方便說法。「依如來藏故說生死，是名善說」，於〈一切眾生有如來藏品第五〉中，有離欲因的中道法和對治法（包括信法、般若、禪定、大悲等四法，和常、樂、我、淨四波羅密等四果），而為實踐與修行過程。此有異於《勝鬘經》如來是對阿羅漢辟支佛乘說法，而稱「如來藏」是「滅諦法」、「過於恒沙不離不脫不異不思議法」、「不空如來藏」、「無量煩惱藏所纏如來藏」、「不可思議法」角度不同。

六、《寶性論》關於「信」、「信解」闡述

《寶性論》引《如來藏經》、《勝鬘經》、《不增不減經》中，對於「信」的定義，是「不可思議法」，是唯「信」佛語；至《勝鬘經》最後一章〈真子章第十四〉時，有「隨信增上」，即已趨向「信實有」。《寶性論》不只唯「信」佛語，另外提出法身隨順人間所產生的四顛倒想和四無明住地障想之「信法」、「般若」、「禪定」、「大悲」和「常恆清涼不變及有法」之「信實有」、「信畢竟得」、「信諸功德」的「信解」功能。（請參閱本書第三章表 3-4，3-5 圖形說明）

七、如來藏思想理論化

承襲《如來藏經》、《不增不減經》、《勝鬘經》等早期大乘如來藏思想經典，《寶性論》予以理論化，於卷一，開宗明義引用《陀羅尼自在王經》序分的七句金剛句，開宗明義，總說早期如來藏思想。於卷二，定義「『如來』藏」者，在無始世界，即是「自性清淨法身」，並用三寶「佛寶」、「法寶」、「僧寶」來闡述。於卷三，此「自性清淨法身」，從無始世來，隨順世間，過於恒沙，無邊煩惱所纏，曰「一切眾生有如來藏」，並用各種面相來描述，包括眾生（曰法、曰眾生、聲聞、阿羅漢、一闡提等）、煩惱（貪、嗔、癡、慢、疑等）、含煩惱自性清淨藏（雜垢清淨）、法（信、般若、三昧及大悲）、對治法（常、樂、我、淨）等，如何去除雜垢，還我自性清淨心。於卷四，後三句用「佛菩提」、「佛功德」、「佛作業」等金剛句闡述身轉清淨成菩提（離垢清淨）各種面相，包括自性清淨藏、自利利他、常不休息等。各卷中利用《不增不減經》、《勝鬘經》的理論和輔以《如來藏經》、《如來莊嚴智慧光明入一切佛境界經》等經的譬喻，將「如來藏」思想予以明確敘述。其中尤以〈佛寶品第二〉、〈自然不休息佛業品第十〉之共同引用《如來莊嚴智慧光明入一切佛境界經》之九喻來作前後連結，使得《寶性論》連貫而形成完整思想體系。

整個思想體系中，主要是從「法」談如來藏思想，是「一切眾生有如來藏」、「無量煩惱藏所纏如來藏」、「不空如來藏」、「滅諦」（前三個名稱由《勝鬘經》提出）、「過於恒沙不離不脫不斷不異不思議佛法」、「如來藏本際不相應體煩惱纏不清淨不思議法」（前二者是《不增不減經》提出）「如來藏本際相應體不可思議法自性清淨心」、「如來藏未來際平等恒及有法（恒常清涼不變及有法）」（前三者由《不增不減經》提出三義說，對眾生言，異名同義）。另外，《勝鬘經》提出「如來藏是法界藏、法身藏、出世間上上藏、自性清淨藏」亦被引入《寶性論》而論述。（請參閱本書第三章圖 3-2 圖形說明）。

八、期許對《寶性論》做更多考據，使早期如來藏思想能有更確實理論根據

本書透過三經一論彼此交叉比對，讓漢譯《寶性論》能有較清晰質性義理分析，但是，現行之梵文本、漢譯本、甚至藏傳本亦無法能確切證明《寶性論》是否原文，譬如「常恒清涼不變」字詞，經與梵文本比照發現，不僅是字詞不同，並且牽涉到義理解釋。又譬如「諸餘聲聞、辟支佛等」，從《寶性論》整部論內容闡述如來對眾生（包括聲聞乘和辟支佛乘，相對於《勝鬘經》對阿羅漢乘辟支佛乘說法不同）說法，如前所述，關於《勝鬘經》之傳譯，除劉宋、求那跋陀羅（目前依據之譯本）外，尚有北涼、曇無讖譯（第一譯，佚），可佐證《寶性論》譯本在北朝時期已經成熟。因此，或謂梵文本《寶性論》係在漢譯本《寶性論》之後，或謂漢譯《寶性論》之原來梵文本已佚，而通稱《寶性論》原著者係約在西元七世紀，堅意或堅慧（sāramati）所作（可能為現存漢譯本轉譯為梵文本）等並非不可能。又諸如漢譯《寶性論》所引之經論考據內容，有如《堅固深心品》已失佚，又如引《金剛般若波羅蜜經》有數譯本，雖本書稱引自鳩羅摩什譯，但查元魏菩提流支譯的內容亦相仿，亦有如引經的內容仍無法很確切地來自某部經。至於梵文本與漢譯本對照部分，如梵文本關於「如《勝鬘經》言」等字詞並無出現，但經文中卻有《勝鬘經》之內容，此問題也可能因為《勝鬘經》尚無梵文本出現之緣故。

【參考書目】

一、引用《大正藏》之原典：

1. 姚秦、鳩摩羅什譯《金剛般若波羅蜜經》，《大正藏》第八冊。
2. 西晉、竺法護譯《正法華經》，《大正藏》第九冊。
3. 東晉、佛陀跋陀羅譯《大方廣佛華嚴經》（六十卷），《大正藏》第九冊。
4. 兩晉、竺法護譯《佛說如來興顯經》，《大正藏》第十冊。
5. 姚秦、鳩摩羅什譯《十住經》（四卷），《大正藏》第十冊。
6. 元魏、曇摩流支譯《如來莊嚴智慧光明入一切佛境界經》，《大正藏》第十二冊。
7. 宋、求那跋陀羅譯《勝鬘師子吼一乘大方便方廣經》，《大正藏》第十二冊。
8. 北涼、曇無讖譯《大般涅槃經》，《大正藏》第十二冊。
9. 東晉、法顯譯《佛說大般泥洹經》，《大正藏》第十二冊。
10. 西晉、竺法護譯《阿差末菩薩品》，《大正藏》第十三冊。
11. 宋、智嚴共寶雲譯《大方等大集經》（六十卷），《大正藏》第十三冊。
12. 西晉、竺法護譯《大哀經》，《大正藏》第十三冊。
13. 元魏、菩提流支譯《佛說不增不減經》，《大正藏》第十六冊。
14. 東晉、佛陀跋陀羅譯《大方等如來藏經》，《大正藏》第十六冊 。

15. 北梁、曇無讖譯《金光明經》，《大正藏》第十六冊 。
16. 元魏、菩提流支譯《入愣伽經》，《大正藏》第十六冊 。
17. 元魏、菩提流支譯《妙法蓮華經憂波提舍》，《大正藏》第二十六冊。
18. 後魏、勒那摩提共僧朗等譯《妙法蓮華經憂波提舍》，《大正藏》第二十六冊。
19. 北涼、曇無讖譯《菩薩地持經》，《大正藏》第三十冊。
20. 後魏、勒那摩提譯《究竟一乘寶性論》，《大正藏》第三十一冊。
21. 隋、費長房撰《歷代三寶記》，《大正藏》第四十九冊。
22. 梁、慧皎撰《高僧傳》，《大正藏》第五十冊。
23. 唐、道宣撰《大唐內典錄》，《大正藏》第五十五冊。
24. 唐、靖邁撰《古今譯經圖》，《大正藏》第五十五冊。
25. 唐、圓照集《貞元新定釋教目錄》，《大正藏》第五十五冊。
26. 唐、智昇撰《開元釋教錄》，《大正藏》第五十五冊。
27. 唐、明佺等撰《大周刊定眾經目錄》，《大正藏》第五十五冊。

二、專書書目：

1. 湯錫予著，《漢魏兩晉南北朝佛教史》，（台北市：國史研究室，1973年）。
2. 小野玄妙著、楊白衣譯，《佛教經典總論》（台北市：新文豐，1983年）。
3. 高崎直道等著、世界佛學名著譯叢，《如來藏思想》(台北市：華宇出版，1986年)
4. 中村瑞隆著、世界佛學名著譯叢，《梵漢對照究竟一乘寶性論研究》（台北市：華宇出版，1988年）。
5. 印順著，《如來藏之研究》（台北市：正聞出版社，1992年）。
6. 郭朋著，《印順佛學思想研究》（台北市：正聞出版社，1992年）。
7. 王文顏著，《佛典重譯經研究與考錄》（台北市：文史哲出版社，

1993 年）。
8. 釋恆清著，《佛性思想》（台北市：東大圖書，1997 年）。
9. 黃懺華著，《中國佛教史》（台北市：國家出版社，2001 年）。
10. 平川彰著、莊崑木譯，《印度佛教史》（台北市：商周出版社，2002 年）。
11. 杰米 . 霍巴德等主編、龔雋等譯，《修剪菩提樹——「批判佛教的風暴」》（上海古籍出版社，2004 年）。
12. 嚴耕望遺著、李啟文整理，《魏晉南北朝佛教地理稿》（臺北市：中央研究院歷史語言研究所出版，2005 年）。
13. 林光明、林怡馨編譯，《梵漢大辭典》（臺北市：嘉豐出版社，2005 年）。
14. 賴賢宗著，《如來藏說與唯識思想的交涉》（台北市：新文豐出版，2006 年）。
15. 周貴華著，《唯識心性與如來藏》（中國北京：宗教文化出版，2006 年）。
16. 松本史朗著、肖平、楊平萍譯，《緣起與空——如來藏思想批判》（中國北京：中國人民大學出版社，2006 年）
17. 呂澂，《中國佛學源流略講》（中國北京：中華書局，2006 年）
18. 談錫永著，《寶性論梵本新譯》（台北市：全佛出版社，2006 年）。
19. 談錫永、邵頌雄著，《如來藏論集》（臺北市：全佛文化出版，2006 年）。
20. 黃寶生譯注，《梵漢對勘究竟一乘寶性論》（北京：中國社會科學出版社，2017 年）。
21. 郭朋，《印順佛學思想研究》（台北市：正聞出版社，1992 年）。
22. 吳汝鈞，《印度佛學的現代詮釋》（台北市：文津出版社，1994 年）。
23. 楊維中，《如來藏經典與中國佛教》（南京市：江蘇人民出版社，2012 年）

三、論文

1. 河村孝照著、李世傑譯，〈佛性、一闡提〉（摘自《如來藏思想》台北市：華宇出版，1986 年）。
2. 水谷幸正著、李世傑譯，〈如來藏與信〉（摘自《如來藏思想》台北市：華宇出版社，1986 年）。
3. 高崎直道著、李世傑譯，〈如來藏思想的歷史與文獻〉（摘自《如來藏思想》台北市：華宇出版社，1986 年）。

附錄

附錄經文間接轉載自 CBETA 中華電子佛典協會

附錄 1

大方等如來藏經

東晉天竺三藏佛陀跋陀羅譯

如是我聞。一時佛在王舍城耆闍崛山中。寶月講堂栴檀重閣。成佛十年與大比丘眾百千人俱。菩薩摩訶薩六十恒河沙。皆悉成就大精進力。已曾供養百千億那由他諸佛。皆悉能轉不退法輪。若有眾生聞其名者。於無上道終不退轉。其名曰法慧菩薩。師子慧菩薩。金剛慧菩薩。調慧菩薩。妙慧菩薩。月光菩薩。寶月菩薩。滿月菩薩。勇猛菩薩。無量勇菩薩。無邊勇菩薩。超三界菩薩。觀世音菩薩。大勢至菩薩。香象菩薩。香上菩薩。香上首菩薩。首藏菩薩。日藏菩薩。幢相菩薩。大幢相菩薩。離垢幢菩薩。無邊光菩薩。放光菩薩。離垢光菩薩。喜王菩薩。常喜菩薩。寶手菩薩。虛空藏菩薩。離憍慢菩薩。須彌山菩薩。光德王菩薩。總持自在王菩薩。總持菩薩。滅眾病菩薩。療一切眾生病菩薩。歡喜念菩薩。饜意菩薩。常饜菩薩。普照菩薩。月明菩薩。寶慧菩薩。轉女身菩薩。大雷音菩薩。導師菩薩。不虛見菩薩。一切法自在菩薩。彌勒菩薩。文殊師利菩薩。如是等六十恒河沙菩薩摩訶薩。從無量佛剎。與無央數天龍夜叉乾闥婆阿修羅迦樓羅緊那羅摩睺羅伽俱。悉皆來集尊重供養爾時世尊於栴檀重閣。正坐三昧而現神變。有千葉蓮華大如車輪。其數無量色香具足而未開敷。一切花內皆有化佛。上昇虛空彌覆世界猶如寶帳。一一蓮花放無量光。一切蓮花同時舒榮。佛神力故須臾之間皆悉萎變。其諸花內一切化佛結加趺坐。各放無數百千光明。於時此剎莊嚴殊特。一切大眾歡喜踊躍。怪未曾有咸有疑念。今何因緣無數妙花忽然毀變。

萎黑臭穢甚可惡饜。爾時世尊。知諸菩薩大眾所疑。告金剛慧。善男子。於佛法中諸有所疑恣汝所問。時金剛慧菩薩知諸大眾咸有疑念。而白佛言。世尊。以何因緣。無數蓮花中皆有化佛。上昇虛空彌覆世界。須臾之間皆悉萎變。一切化佛各放無數百千光明。眾會悉見合掌恭敬。爾時金剛慧菩薩。以偈頌曰。

我昔未曾睹　神變若今日
見佛百千億　坐彼蓮花藏
各放無數光　彌覆一切剎
離垢諸導師　莊嚴諸世界
蓮花忽萎變　莫不生惡饜
今以何因緣　而現此神化
我睹恒沙佛　及無量神變
未曾見如今　願為分別說

爾時世尊。告金剛慧及諸菩薩言。善男子。有大方等經名如來藏。將欲演說故現斯瑞。汝等諦聽善思念之。咸言善哉願樂欲聞。佛言善男子。如佛所化無數蓮花忽然萎變。無量化佛在蓮花內。相好莊嚴結加趺坐。放大光明眾睹希有靡不恭敬。如是善男子。我以佛眼觀一切眾生。貪欲恚癡諸煩惱中。有如來智如來眼如來身。結加趺坐儼然不動。善男子。一切眾生。雖在諸趣煩惱身中。有如來藏常無染污。德相備足如我無異。又善男子。譬如天眼之人。觀未敷花見諸花內有如來身結加趺坐。除去萎花便得顯現。如是善男子。佛見眾生如來藏已。欲令開敷為說經法。除滅煩惱顯現佛性。善男子。諸佛法爾。若佛出世若不出世。一切眾生如來之藏常住不變。但彼眾生煩惱覆故。如來出世廣為說法。除滅塵勞淨一切智。善男子。若有菩薩信樂此法。專心修學便得解脫。成等正覺普為世間施作佛事。爾時世尊以偈頌曰。

譬如萎變花　　其花未開敷
天眼者觀見　　如來身無染
除去萎花已　　見無礙導師
為斷煩惱故　　最勝出世間
佛觀眾生類　　悉有如來藏
無量煩惱覆　　猶如穢花纏
我為諸眾生　　除滅煩惱故
普為說正法　　令速成佛道
我已佛眼見　　一切眾生身
佛藏安隱住　　說法令開現

復次善男子。譬如淳蜜在巖樹中。無數群蜂圍繞守護。時有一人巧智方便。先除彼蜂乃取其蜜。隨意食用惠及遠近。如是善男子。一切眾生有如來藏。如彼淳蜜在于巖樹。為諸煩惱之所覆蔽。亦如彼蜜群蜂守護。我以佛眼如實觀之。以善方便隨應說法。滅除煩惱開佛知見。普為世間施作佛事。爾時世尊以偈頌曰。

譬如巖樹蜜　　無量蜂圍繞
巧方便取者　　先除彼群蜂
眾生如來藏　　猶如巖樹蜜
結使塵勞纏　　如群蜂守護
我為諸眾生　　方便說正法
滅除煩惱蜂　　開發如來藏
具足無礙辯　　演說甘露法
普令成正覺　　大悲濟群生

復次善男子。譬如粳糧未離皮糩。貧愚輕賤謂為可棄。除蕩既精常為御用。如是善男子。我以佛眼觀諸眾生。煩惱糠糩覆蔽如來無量知見。

故以方便如應說法。令除煩惱淨一切智。於諸世間為最正覺。爾時世尊。以偈頌曰。

譬一切粳糧　　皮檜未除蕩
貧者猶賤之　　謂為可棄物
外雖似無用　　內實不毀壞
除去皮檜已　　乃為王者膳
我見眾生類　　煩惱隱佛藏
為說除滅法　　令得一切智
如我如來性　　眾生亦復然
開化令清淨　　速成無上道

復次善男子。譬如真金墮不淨處。隱沒不現經歷年載。真金不壞而莫能知。有天眼者語眾人言。此不淨中有真金寶。汝等出之隨意受用。如是善男子。不淨處者無量煩惱是。真金寶者如來藏是。有天眼者謂如來是。是故如來廣為說法。令諸眾生除滅煩惱。悉成正覺施作佛事。爾時世尊以偈頌曰。

如金在不淨　　隱沒莫能見
天眼者乃見　　即以告眾人
汝等若出之　　洗滌令清淨
隨意而受用　　親屬悉蒙慶
善逝眼如是　　觀諸眾生類
煩惱淤泥中　　如來性不壞
隨應而說法　　令辦一切事
佛性煩惱覆　　速除令清淨

復次善男子。譬如貧家有珍寶藏。寶不能言我在於此。既不自知又無語者。不能開發此珍寶藏。一切眾生亦復如是。如來知見力無所畏。大法寶藏在其身內。不聞不知耽惑五欲。輪轉生死受苦無量。是故諸佛出興于世。為開身內如來法藏。彼即信受淨一切智。普為眾生開如來藏。無礙辯才為大施主。如是善男子。我以佛眼觀諸眾生有如來藏。故為諸菩薩而說此法。爾時世尊以偈頌曰。

譬如貧人家　　內有珍寶藏
主既不知見　　寶又不能言
窮年抱愚冥　　無有示語者
有寶而不知　　故常致貧苦
佛眼觀眾生　　雖流轉五道
大寶在身內　　常在不變易
如是觀察已　　而為眾生說
令得智寶藏　　大富兼廣利
若信我所說　　一切有寶藏
信勤方便行　　疾成無上道

復次善男子。譬如菴羅果內實不壞。種之於地成大樹王。如是善男子。我以佛眼觀諸眾生。如來寶藏在無明殼。猶如果種在於核內。善男子。彼如來藏清涼無熱。大智慧聚妙寂泥洹。名為如來應供等正覺。善男子。如來如是觀眾生已。為菩薩摩訶薩淨佛智故顯現此義。爾時世尊以偈頌曰。

譬如菴羅果　　內實不毀壞
種之於大地　　必成大樹王
如來無漏眼　　觀一切眾生
身內如來藏　　如花果中實
無明覆佛藏　　汝等應信知
三昧智具足　　一切無能壞

是故我說法　　開彼如來藏
疾成無上道　　如果成樹王

復次善男子。譬如有人持真金像。行詣他國經由險路懼遭劫奪。裹以弊物令無識者。此人於道忽便命終。於是金像棄捐曠野。行人踐蹈咸謂不淨。得天眼者見弊物中有真金像。即為出之一切禮敬。如是善男子。我見眾生種種煩惱。長夜流轉生死無量。如來妙藏在其身內。儼然清淨如我無異。是故佛為眾生說法。斷除煩惱淨如來智。轉復化導一切世間。爾時世尊以偈頌曰。

譬人持金像　　行詣於他國
裹以弊穢物　　棄之在曠野
天眼者見之　　即以告眾人
去穢現真像　　一切大歡喜
我天眼亦然　　觀彼眾生類
惡業煩惱纏　　生死備眾苦
又見彼眾生　　無明塵垢中
如來性不動　　無能毀壞者
佛既見如是　　為諸菩薩說
煩惱眾惡業　　覆弊最勝身
當勤淨除斷　　顯出如來智
天人龍鬼神　　一切所歸仰

復次善男子。譬如女人貧賤醜陋。眾人所惡而懷貴子。當為聖王王四天下。此人不知經歷時節。常作下劣生賤子想。如是善男子。如來觀察一切眾生。輪轉生死受諸苦毒。其身皆有如來寶藏。如彼女人而不覺知。是故如來普為說法。言善男子莫自輕鄙。汝等自身皆有佛性。若勤精進滅眾過惡。則受菩薩及世尊號。化導濟度無量眾生。爾時世尊以偈頌曰。

譬如貧女人　色貌甚庸陋
而懷貴相子　當為轉輪王
七寶備眾德　王有四天下
而彼不能知　常作下劣想
我觀諸眾生　嬰苦亦如是
身懷如來藏　而不自覺知
是故告菩薩　慎勿自輕鄙
汝身如來藏　常有濟世明
若勤修精進　不久坐道場
成最正覺道　度脫無量眾

復次善男子。譬如鑄師鑄真金像。既鑄成已倒置于地。外雖焦黑內像不變。開摸出像金色晃曜。如是善男子。如來觀察一切眾生。佛藏在身眾相具足。如是觀已廣為顯說。彼諸眾生得息清涼。以金剛慧搥破煩惱。開淨佛身如出金像。爾時世尊以偈頌曰。

譬如大冶鑄　無量真金像
愚者自外觀　但見焦黑土
鑄師量已冷　開摸令質現
眾穢既已除　相好畫然顯
我以佛眼觀　眾生類如是
煩惱淤泥中　皆有如來性
授以金剛慧　搥破煩惱摸
開發如來藏　如真金顯現
如我所觀察　示語諸菩薩
汝等善受持　轉化諸群生

爾時世尊告金剛慧菩薩摩訶薩。若出家若在家。善男子善女人。受持讀誦書寫供養。廣為人說如來藏經。所獲功德不可計量。金剛慧若有菩薩為佛道故。勤行精進修習神通。入諸三昧欲殖德本。供養過恒河沙現在諸佛。造過恒河沙七寶臺閣。高十由旬縱廣正等各一由旬。設七寶床敷以天繒。為一一佛日日造立過恒河沙七寶臺閣。以用奉獻一一如來及諸菩薩聲聞大眾。以如是事普為一切過恒河沙現在諸佛。如是次第乃至過五十恒沙眾寶臺閣。以用供養過五十恒沙現在諸佛及諸菩薩聲聞大眾。乃至無量百千萬劫。金剛慧。不如有人樂喜菩提。於如來藏經受持讀誦書寫供養乃至一譬喻者。金剛慧。此善男子。於諸佛所種諸善根福雖無量。比善男子善女人所得功德。百分不及一千分不及一。乃至算數譬喻所不能及。爾時世尊重說偈言。

若人求菩提　聞持此經者
書寫而供養　乃至於一偈
如來微妙藏　須臾發隨喜
當聽此正教　功德無有量
若人求菩提　住大神通力
欲供十方佛　菩薩聲聞眾
其數過恒沙　億載不思議
為一一諸佛　造立妙寶臺
臺高十由旬　縱廣四十里
中施七寶座　嚴飾備眾妙
敷以天繒褥　隨座各殊異
無量過恒沙　獻佛及大眾
悉以此奉獻　日夜不休息
滿百千萬劫　所獲福如是
慧者聞此經　能持一譬喻
而為人解說　其福過於彼

乃至於算數　譬喻所不及
眾生之所依　速成無上道
菩薩諦思惟　甚深如來藏
知眾生悉有　疾成無上道

爾時世尊。復告金剛慧菩薩言。過去久遠無量無邊。不可思議阿僧祇劫。復過是數。爾時有佛。號常放光明王如來應供等正覺明行足善逝世間解無上士調御丈夫天人師佛世尊。金剛慧。何故名曰常放光明王。彼佛本行菩薩道時。降神母胎常放光明徹照十方千佛世界微塵等剎。若有眾生見斯光者一切歡喜。煩惱悉滅色力具足念智成就得無礙辯。若地獄餓鬼畜生閻羅王阿修羅等見光明者。皆離惡道生天人中。若諸天人見光明者。於無上道得不退轉具五神通。若不退轉者皆得無生法忍五十功德旋陀羅尼。金剛慧。彼光明所照國土。皆悉嚴淨如天琉璃。黃金為繩以界八道。種種寶樹花果茂盛香氣芬馨。微風吹動出微妙音。演暢三寶菩薩功德根力覺道禪定解脫。眾生聞者皆得法喜。信樂堅固永離惡道。金剛慧。彼十方剎一切眾生蒙光明故。晝夜六時合掌恭敬。金剛慧。彼菩薩處胎出生。乃至成佛無餘泥洹常放光明。般泥洹後舍利塔廟亦常放光。以是因緣諸天世人。號曰常放光明王。金剛慧。常放光明王如來應供等正覺初成佛時。於其法中有一菩薩名無邊光。與二十億菩薩以為眷屬。無邊光菩薩摩訶薩於彼佛所。問如來藏經佛為演說。在於一坐經五十大劫。護念一切諸菩薩故。其音普告十佛世界微塵等百千佛剎。為諸菩薩無數因緣百千譬喻。說如來藏大乘經典。諸菩薩等聞說此經受持讀誦如說修行。除四菩薩皆已成佛。金剛慧。汝莫異觀。彼無邊光菩薩豈異人乎。即我身是。彼四菩薩未成佛者。文殊師利。觀世音。大勢至。汝金剛慧是。金剛慧。如來藏經能大饒益。若有聞者皆成佛道。爾時世尊重說偈曰。

過去無數劫　佛號光明王
常放大光明　普照無量土

無邊光菩薩　於佛初成道
而啟問此經　佛即為演說
其有遇最勝　而聞此經者
皆已得成佛　唯除四菩薩
文殊觀世音　大勢金剛慧
此四菩薩等　皆曾聞此法
金剛慧為彼　第一神通子
時號無邊光　已曾聞此經
我本求道時　師子幢佛所
亦曾受斯經　如聞說修行
我因此善根　疾得成佛道
是故諸菩薩　應持說此經
聞已如說行　得佛如我今
若持此經者　當禮如世尊
若得此經者　是名佛法主
則為世間護　諸佛之所歎
若有持是經　是人名法王
是為世間眼　應讚如世尊

爾時世尊說此經已。金剛慧。及諸菩薩四眾眷屬。天人乾闥婆阿修羅等。聞佛所說歡喜奉行。

大方等如來藏經

附錄 2

佛說不增不減經

元魏北印度三藏菩提流支譯

如是我聞。一時婆伽婆住王舍城耆闍崛山中。與大比丘眾千二百五十人俱。諸菩薩摩訶薩無量無邊不可稱計。

爾時慧命舍利弗。於大眾中即從坐起。前至佛所到已頂禮佛足。退坐一面合掌白佛言。世尊。一切眾生從無始世來。周旋六道往來三界。於四生中輪迴生死受苦無窮。世尊。此眾生聚眾生海。為有增減為無增減。此義深隱我未能解。若人問我當云何答。爾時世尊。告舍利弗。善哉善哉。舍利弗。汝為安隱一切眾生。安樂一切眾生。憐愍一切眾生。利益一切眾生。饒益安樂一切眾生。諸天人故。乃能問我是甚深義。舍利弗。汝若不問如來應供正遍知如是義者有多過咎。所以者何。於現在世及未來世。諸天人等一切眾生。長受衰惱損害之事。永失一切利益安樂。舍利弗。大邪見者。所謂見眾生界增。見眾生界減。舍利弗此大邪見諸眾生等。以是見故生盲無目。是故長夜妄行邪道。以是因緣於現在世墮諸惡趣。舍利弗。大險難者。所謂取眾生界增堅著妄執。取眾生界減堅著妄執。舍利弗。此諸眾生堅著妄執。是故長夜妄行邪道。以是因緣。於未來世墮諸惡趣。

舍利弗。一切愚癡凡夫不如實知一法界故。不如實見一法界故起邪見心。謂眾生界增眾生界減。舍利弗。如來在世我諸弟子不起此見。若我滅後過五百歲。多有眾生愚無智慧。於佛法中雖除鬚髮。服三法衣現沙門像。然其內無沙門德行。如是等輩實非沙門自謂沙門。非佛弟子謂佛弟子。而自說言。我是沙門真佛弟子。如是等人起增減見。何以故。此諸眾生以依如來不了義經。無慧眼故。遠離如實空見故。不如實知如來所證初發心故。不如實知修集無量菩提功德行故。不如實知如來所得無量法故。不如實知如來無量力故。不如實知如來無量境界故。不信如來無量行處故。不如實知如來不思議無量法自在故。不如實知如來不思議無量方便故。不能如實分別如來無量差別境界故。不能善入如來不可思議大悲故。不如實知如來大涅槃故。舍利弗。愚癡凡夫無聞慧故聞如來涅槃起斷見滅見。以起斷想及滅想故。謂眾生界滅。成大邪見極重惡業。復次舍利弗。此諸眾生依於滅見復起三見。此三種見與彼滅見。不相捨離猶如羅網。何謂三見。一者斷見。謂畢竟盡。二者滅見。謂即涅槃。三者無涅槃見。謂此涅槃畢竟空寂。舍利弗。此三種見如是縛如是執如是觸。以是三見力因緣故。展轉復生二種邪見。此二種見與彼三見。不相捨離猶如羅網。何謂二見。一者無欲見。二者畢竟無涅槃見。舍利弗。依無欲見復起二見。此二種見與無欲見。不相捨離猶如羅網。何謂二見。一者戒取見。二者於不淨中起淨顛倒見。

舍利弗。依畢竟無涅槃見復起六種見。此六種見與無涅槃見。不相捨離猶如羅網。何謂六見。一者世間有始見。二者世間有終見。三者眾生幻化所作見。四者無苦無樂見。五者無眾生事見。六者無聖諦見。復次舍利弗。此諸眾生依於增見復起二見。此二種見與彼增見。不相捨離猶如羅網。何謂二見。一者涅槃始生見。二者無因無緣忽然而有見。舍利弗。此二種見令諸眾生。於善法中無願欲心勤精進心。舍利弗。是諸眾生以起如是二種見故。正使七佛如來應正遍知。次第出世為其說法。於善法中若生欲心。勤精進心無有是處。

舍利弗。此二種見乃是無明諸惑根本。所謂涅槃始生見。無因無緣忽然而有見。舍利弗。此二種見乃是極惡根本大患之法。舍利弗。依此二見起一切見。此一切見與彼二見不相捨離猶如羅網。一切見者。所謂若內若外。若麤若細若中種種諸見。所謂增見減見。舍利弗。此二種見依止一界。同一界合一界。一切愚癡凡夫。不如實知彼一界故。不如實見彼一界故。起於極惡大邪見心。謂眾生界增。謂眾生界減。

爾時慧命舍利弗白佛言。世尊。何者是一界而言。一切愚癡凡夫。不如實知彼一界故。不如實見彼一界故。起於極惡大邪見心。謂眾生界增。謂眾生界減。舍利弗言。善哉世尊。此義甚深我未能解。唯願如來為我解說令得解了。

爾時世尊。告慧命舍利弗。此甚深義乃是如來智慧境界。亦是如來心所行處。舍利弗。如是深義一切聲聞緣覺智慧所不能知。所不能見。不能觀察。何況一切愚癡凡夫而能測量。唯有諸佛如來智慧。乃能觀察知見此義。舍利弗。一切聲聞緣覺所有智慧。於此義中唯可仰信。不能如實知見觀察。舍利弗。甚深義者即是第一義諦。第一義諦者即是眾生界。眾生界者即是如來藏。如來藏者即是法身。舍利弗。如我所說法身義者。過於恒沙不離不脫不斷不異。不思議佛法如來功德智慧。

舍利弗。如世間燈所有明色及觸不離不脫。又如摩尼寶珠所有明色形相不離不脫。舍利弗。如來所說法身之義亦復如是。過於恒沙不離不脫不斷不異。不思議佛法如來功德智慧。

舍利弗。此法身者是不生不滅法。非過去際。非未來際。離二邊故。舍利弗。非過去際者離生時故。非未來際者。離滅時故。舍利弗。如來法身常。以不異法故。以不盡法故。舍利弗。如來法身恒。以常可歸依故。以未來際平等故。舍利弗。如來法身清涼。以不二法故。以無分別法故。舍利弗。如來法身不變。以非滅法故以非作法故。

舍利弗。即此法身過於恒沙。無邊煩惱所纏從無始世來隨順世間。波浪漂流往來生死名為眾生。舍利弗。即此法身厭離世間生死苦惱。棄捨一切諸有欲求。行十波羅蜜。攝八萬四千法門。修菩提行名為菩薩。

復次舍利弗。此法身離一切世間煩惱使纏過一切苦。離一切煩惱垢。得淨得清淨。住於彼岸清淨法中。到一切眾生所願之地。於一切境界中究竟通達更無勝者。離一切障離一切礙。於一切法中得自在力。名為如來應正遍知。是故舍利弗。不離眾生界有法身。不離法身有眾生界。眾生界即法身。法身即眾生界。舍利弗。此二法者義一名異。

復次舍利弗。如我上說。眾生界中亦三種法。皆真實如不異不差。何謂三法。一者如來藏本際相應體及清淨法。二者如來藏本際不相應體及煩惱纏不清淨法。三者如來藏未來際平等恒及有法。

舍利弗當知。「如來藏本際相應體及清淨法」。此法如實不虛妄不離不脫。智慧清淨真如法界不思議法。無始本際來。有此清淨相應法體。舍利弗。我依此清淨真如法界。為眾生故說為不可思議法自性清淨心。

舍利弗當知。「如來藏本際不相應體及煩惱纏不清淨法」者。此本際來離脫不相應煩惱所纏不清淨法。唯有如來菩提智之所能斷。舍利弗。我依此煩惱所纏不相應不思議法界。為眾生故說為客塵煩惱所染。自性清淨心不可思議法。

舍利弗當知。「如來藏未來際平等恒及有法者」。即是一切諸法根本。備一切法具一切法於世法中不離不脫真實一切法。住持一切法攝一切法。舍利弗。我依此不生不滅常恒清涼不變歸依。「不可思議清淨法界說名眾生」。所以者何。言眾生者即是不生不滅常恒清涼不變歸依。不可思議清淨法界等異名。以是義故。我依彼法說名眾生。舍利弗。此三種法皆真實如不異不差。於此真實如不異不差法中。畢竟不起極惡不善二種邪見。何以故。以如實見故。所謂減見增見。舍利弗。此二邪見諸佛如來畢竟遠離。諸佛如來之所呵責。

舍利弗。若有比丘比丘尼優婆塞優婆夷若起一見。若起二見。諸佛如來非彼世尊。如是等人非我弟子。舍利弗。此人以起二見因緣故。從冥入冥從闇入闇。我說是等名一闡提。是故舍利弗。汝今應學此法。化彼眾生令離二見住正道中。舍利弗。如是等法。汝亦應學。離彼二見住正道中。

佛說此經已。慧命舍利弗。比丘比丘尼優婆塞優婆夷。菩薩摩訶薩。及諸天龍夜叉乾闥婆阿修羅迦樓羅緊那羅摩睺羅伽人非人等一切大眾。皆大歡喜信受奉行。

佛說不增不減經

附錄 3
勝鬘師子吼一乘大方便方廣經

宋中印度三藏求那跋陀羅譯

如來真實義功德章第一

如是我聞。一時佛住舍衛國祇樹給孤獨園。時波斯匿王及末利夫人。信法未久共相謂言。勝鬘夫人是我之女。聰慧利根通敏易悟。若見佛者必速解法心得無疑。宜時遣信發其道意。夫人白言。今正是時。王及夫人與勝鬘書略讚如來。無量功德。即遣內人名旃提羅。使人奉書至阿踰闍國入其宮內敬授勝鬘。勝鬘得書歡喜頂受。讀誦受持生希有心。向旃提羅而說偈言。

我聞佛音聲　世所未曾有
所言真實者　應當修供養
仰惟佛世尊　普為世間出
亦應垂哀愍　必令我得見
即生此念時　佛於空中現
普放淨光明　顯示無比身
勝鬘及眷屬　頭面接足禮
咸以清淨心　歎佛實功德
如來妙色身　世間無與等
無比不思議　是故今敬禮

如來色無盡　　智慧亦復然
一切法常住　　是故我歸依
降伏心過惡　　及與身四種
已到難伏地　　是故禮法王
知一切爾焰　　智慧身自在
攝持一切法　　是故今敬禮
敬禮過稱量　　敬禮無譬類
敬禮無邊法　　敬禮難思議
哀愍覆護我　　令法種增長
此世及後生　　願佛常攝受
我久安立汝　　前世已開覺
今復攝受汝　　未來生亦然
我已作功德　　現在及餘世
如是眾善本　　唯願見攝受

爾時勝鬘及諸眷屬。頭面禮佛。佛於眾中即為受記。汝歎如來真實功德。以此善根當於無量阿僧祇劫。天人之中為自在王一切生處常得見。我現前讚歎如今無異。當復供養無量阿僧祇佛過二萬阿僧祇劫。當得作佛。號普光如來應正遍知。彼佛國土。無諸惡趣老病衰惱不適意苦亦無不善惡業道名。彼國眾生色力壽命五欲眾具皆悉快樂勝於他化自在諸天。彼諸眾生純一大乘諸有修習善根眾生皆集於彼。勝鬘夫人得受記時。無量眾生諸天及人願生彼國。世尊悉記皆當往生。

十受章第二

爾時勝鬘聞受記已。恭敬而立受十大受。世尊。我從今日乃至菩提。於所受戒不起犯心。世尊。我從今日乃至菩提於諸尊長不起慢心。世尊。我從今日乃至菩提。於諸眾生不起恚心。世尊。我從今日乃至菩提。於他身色及外眾具不起疾心。世尊。我從今日乃至菩提。於內外法不起慳心。世尊。我從今日乃至菩提。不自為已受畜財物。凡有所受悉為成熟貧苦眾生。世尊。我從今日乃至菩提。不自為已行四攝法。為一切眾生故。以不愛染心無厭足心無罣礙心攝受眾生。世尊。我從今日乃至菩提。若見孤獨幽繫疾病種種厄難困苦眾生。終不暫捨。必欲安隱。以義饒益令脫眾苦。然後乃捨。世尊。我從今日乃至菩提。若見捕養眾惡律儀及諸犯戒終不棄捨。我得力時。於彼彼處見此眾生。應折伏者而折伏之。應攝受者而攝受之。何以故。以折伏攝受故令法久住。法久住者。天人充滿惡道減少。能於如來所轉法輪。而得隨轉。見是利故救攝不捨。世尊。我從今日乃至菩提。攝受正法終不忘失。何以故。忘失法者則忘大乘。忘大乘者則忘波羅蜜。忘波羅蜜者則不欲大乘。若菩薩不決定大乘者。則不能得攝受正法欲。隨所樂入。永不堪任越凡夫地。我見如是無量大過。又見未來攝受正法。菩薩摩訶薩無量福利故受此大受。法主世尊現為我證。唯佛世尊現前證知。而諸眾生善根微薄。或起疑網以十大受極難度故。彼或長夜非義饒益不得安樂。為安彼故。今於佛前說誠實誓。我受此十大受如說行者。以此誓故於大眾中當雨天花出天妙音。說是語時於虛空中。雨眾天花出妙聲言。如是如是如汝所說。真實無異。彼見妙花及聞音聲一切眾會疑惑悉除。喜踊無量而發願言。恒與勝鬘常共俱會同其所行。世尊悉記一切大眾如其所願。

三願章第三

爾時勝鬘。復於佛前發三大願而作是言。以此實願安隱無量無邊眾生。以此善根於一切生得正法智。是名第一大願。我得正法智已。以無厭心為眾生說。是名第二大願。我於攝受正法捨身命財護持正法。是名第三大願。爾時世尊即記勝鬘。三大誓願如一切色悉入空界。如是菩薩恒沙諸願。皆悉入此三大願中。此三願者真實廣大。

攝受章第四

爾時勝鬘白佛言。我今當復承佛威神說調伏大願真實無異。佛告勝鬘。恣聽汝說。勝鬘白佛。菩薩所有恒沙諸願。一切皆入一大願中。所謂攝受正法。攝受正法真為大願。佛讚勝鬘。善哉善哉。智慧方便甚深微妙。汝已長夜殖諸善本。來世眾生久種善根者。乃能解汝所說。汝之所說攝受正法。皆是過去未來現在諸佛已說今說當說。我今得無上菩提。亦常說此攝受正法。如是我說攝受正法所有功德不得邊際。如來智慧辯才亦無邊際。何以故。是攝受正法有大功德有大利益。

勝鬘白佛。我當承佛神力更復演說攝受正法廣大之義。佛言。便說。勝鬘白佛。攝受正法廣大義者。則是無量。得一切佛法攝八萬四千法門。譬如劫初成時普興大雲雨眾色雨及種種寶。如是攝受正法雨無量福報及無量善根之雨。世尊。又如劫初成時有大水聚。出生三千大千界藏及四百億種種類洲。如是攝受正法。出生大乘無量界藏。一切菩薩神通之力。一切世間安隱快樂。一切世間如意自在。及出世間安樂。劫成乃至天人本所未得皆於中出。又如大地持四重擔。何等為四。一者大海。二者諸山。三者草木。四者眾生。如是攝受正法善男子善女人。建立大地堪能荷負四種重任。喻彼大地。何等為四。謂離善知識無聞非法眾生。以人天善根而成熟之。求聲聞者授聲聞乘。求緣覺者授緣覺乘。求大乘者授以大乘。是名攝受正法善男子善女人建立大地堪能荷負四種重任。世尊。如是攝受正法善男子善女人。建立大地堪能荷負四種重任。普為眾生作不請之友。大悲安慰哀愍眾生。為世法母。又如大地有四種寶藏。何等為四。一者無價。二者上價。三者中價。四者下價。是名大地四種寶藏。如是攝受正法善男子善女人。建立大地得眾生四種最上大寶。何等為四。攝受正法善男子善女人。無聞非法眾生以人天功德善根而授與之。求聲聞者授聲聞乘。求緣覺者授緣覺乘。求大乘者授以大乘。如是得大寶眾生。皆由攝受正法善男子善女人得此奇特希有功德。世尊。大寶藏者。即是攝受正法。世尊。攝受正法。攝受正法者。無異正法。無異攝受正法。正法即是攝受正法。世尊。無異波羅蜜。無異攝受正法。攝受正法即是波羅蜜。何以故。攝受正法善男子善女人。應以施成熟者。以施成熟。乃至捨身支節。將護彼意而成熟之。彼所成熟眾生建立正法。是名檀波羅蜜。應以戒成熟者。以守護六根淨身口意業。乃至正四威儀。將護彼意而成熟之。彼所成熟眾生建立正法。是名尸波羅蜜。應以忍成熟者。若彼眾生罵詈毀辱誹謗恐怖。以無恚心饒益心第一忍力乃至顏色無變。將護彼意而成熟之。彼所成熟眾生建立正法。是名羼提波羅蜜。應以精進成熟者。於彼眾生不起懈心生大欲心第一精進。乃至若四威儀。將護彼意而成熟之。彼所成熟眾生建立正法。是名毘梨耶波羅蜜。應以禪成熟者。於彼眾生以不亂心不外向心第一正念乃至久時所作久時所說終不忘失。將護彼意而成熟之。彼所成熟眾生建立正法。是名禪波羅蜜。應以智慧成熟者。彼諸眾生問一切義以無畏心而為演說一切論一切工巧究竟明處乃至種種工巧諸事。將護彼意而成熟之。彼所成熟眾生建立正法。是名般若波羅蜜。是故世尊。無異波羅蜜。無異攝受正法。攝受正法即是波羅蜜。

世尊。我今承佛威神更說大義。佛言。便說。勝鬘白佛。攝受正法。攝受正法者。無異攝受正法。無異攝受正法者。攝受正法善男子善女人。即是攝受正法。何以故。若攝受正法善男子善女人。為攝受正法捨三種分。何等為三。謂身命財。善男子善女人捨身者。生死後際等離老病死。得不壞常住無有變易不可思議功德如來法身。捨命者。生死後際等畢竟離死。得無邊常住不可思議功德。通達一切甚深佛法。捨財者。生死後際等得不共一切眾生無盡無減畢竟常住不可思議具足功德。得一切眾生殊勝供養。世尊。如是捨三分善男子善女人。攝受正法。常為一切諸佛所記一切眾生之所瞻仰。

世尊。又善男子善女人攝受正法者。法欲滅時。比丘比丘尼優婆塞優婆夷。朋黨諍訟破壞離散。以不諂曲不欺誑不幻偽。愛樂正法。攝受正法。入法朋中。入法朋者。必為諸佛之所授記。世尊。我見攝受正法如是大力。佛為實眼實智。為法根本。為通達法。為正法依。亦悉知見。

爾時世尊。於勝鬘所說攝受正法大精進力。起隨喜心。如是勝鬘。如汝所說。攝受正法大精進力。如大力士少觸身分生大苦痛。如是勝鬘。少攝受正法令魔苦惱。我不見餘一善法令魔憂苦如少攝受正法。又如牛王形色無比勝一切牛。如是大乘少攝受正法。勝於一切二乘善根。以廣大故。又如須彌山王端嚴殊特勝於眾山。如是大乘捨身命財以攝取心攝受正法。勝不捨身命財初住大乘一切善根。何況二乘。以廣大故。是故勝鬘。當以攝受正法。開示眾生教化眾生建立眾生。如是勝鬘。攝受正法。如是大利如是大福。如是大果。勝鬘。我於阿僧祇阿僧祇劫說攝受正法功德義利不得邊際。是故攝受正法。有無量無邊功德。

一乘章第五

佛告勝鬘。汝今更說一切諸佛所說攝受正法。勝鬘白佛。善哉世尊。唯然受教。即白佛言。世尊。攝受正法者是摩訶衍。何以故。摩訶衍者。出生一切聲聞緣覺世間出世間善法。世尊。如阿耨大池出八大河。如是摩訶衍。出生一切聲聞緣覺世間出世間善法。世尊。又如一切種子皆依於地而得生長。如是一切聲聞緣覺世間出世間善法。依於大乘而得增長。是故世尊。住於大乘攝受大乘。即是住於二乘攝受二乘一切世間出世間善法。如世尊說六處。何等為六。謂「正法住。正法滅。波羅提木叉。比尼。出家。受具足。」為大乘故說此六處。何以故。正法住者。為大乘故說。大乘住者。即正法住。正法滅者。為大乘故說。大乘滅者。即正法滅。波羅提木叉。比尼。此二法者。義一名異。比尼者即大乘學。何以故。以依佛出家而受具足。是故說大乘威儀戒是比尼是出家是受具足。是故「阿羅漢。無出家受具足」。何以故。阿羅漢依如來出家受具足故。阿羅漢歸依於佛。阿羅漢有恐怖。何以故。阿羅漢於一切無行怖畏想住。如人執劍欲來害己。是故阿羅漢無究竟樂。何以故。世尊。依不求依如眾生無依彼彼恐怖。以恐怖故則求歸依。如阿羅漢有怖畏。以怖畏故。依於如來。世尊。阿羅漢辟支佛有怖畏。是故「阿羅漢辟支佛。有餘生法不盡故。有生有餘梵行不成故。不純事不究竟故。當有所作。不度彼故。當有所斷。以不斷故。去涅槃界遠。」何以故。唯有如來應正等覺得般涅槃。成就一切功德故。阿羅漢辟支佛。不成就一切功德。言得涅槃者。是佛方便。唯有如來得般涅槃。成就無量功德故。阿羅漢辟支佛。成就有量功德。言得涅槃者。是佛方便。唯有如來得般涅槃。成就不可思議功德故。阿羅漢辟支佛。成就思議功德。言得涅槃者。是佛方便。唯有如來得般涅槃。一切所應斷過皆悉斷滅。成就第一清淨。阿羅漢辟支佛有餘過。非第一清淨。言得涅槃者。是佛方便。唯有如來得般涅槃。為一切眾生之所瞻仰。出過阿羅漢辟支佛菩薩境界。是故阿羅漢辟支佛。去涅槃界遠。言阿羅漢辟支佛觀察解脫四智究竟得蘇息處者。亦是如來方便。有餘不了義說。何以故。有二種死。何等為二。謂分段死。不思議變易死。分段死者。謂虛偽眾生。不思議變易死者。謂阿羅漢辟支佛大力菩薩意生身乃至究竟無上菩提。二種死中。以分段死故。說阿羅漢辟支佛智我生已盡。得有餘果證故。說梵行已立。凡夫人天所不能辦。七種學人先所未作。虛偽煩惱斷故。說所作已辦。阿羅漢辟支佛所斷煩惱更不能受後有故。說不受後有。非盡一切煩惱。亦非盡一切受生故說不受後有。何以故有煩惱。是阿羅漢辟支佛所不能斷煩惱有二種。何等為二。謂住地煩惱。及起煩惱。住地有四種。何等為四。謂見一處住地。欲愛住地。色愛住地。有愛住地。此四種住地。生一切起煩惱。起者剎那心剎那相應。世尊。心不相應無始無明住地。世尊。此四住地力。一切上煩惱依種。比無明住地。算數譬喻所不能及。

世尊。如是無明住地力。於有愛數四住地。無明住地其力最大。譬如惡魔波旬於他化自在天色力壽命眷屬眾具自在殊勝。如是無明住地力。於有愛數四住地。其力最勝。恒沙等數上煩惱依。亦令四種煩惱久住。阿羅漢辟支佛智所不能斷。唯如來菩提智之所能斷。如是世尊。無明住地最為大力。世尊。又如取緣有漏業因而生三有。如是無明住地緣無漏業因。生阿羅漢辟支佛大力菩薩三種意生身。此三地彼三種意生身生。及無漏業生。依無明住地。有緣非無緣。是故三種意生及無漏業緣無明住地。世尊如是有愛住地數四住地。不與無明住地業同。無明住地異離四住地。佛地所斷。佛菩提智所斷。何以故。阿羅漢辟支佛。斷四種住地。無漏不盡不得自在力。亦不作證。無漏不盡者。即是無明住地。世尊。阿羅漢辟支佛最後身菩薩。為無明住地之所覆障故。於彼彼法不知不覺。以不知見故。所應斷者不斷不究竟。以不斷故。名有餘過解脫。非離一切過解脫。名有餘清淨。非一切清淨。名成就有餘功德。非一切功德。以成就有餘解脫有餘清淨有餘功德故。知有餘苦。斷有餘集。證有餘滅。修有餘道。是名得少分涅槃。得少分涅槃者。名向涅槃界。若知一切苦。斷一切集。證一切滅。修一切道。於無常壞世間。無常病世間。得常住涅槃。於無覆護世間無依世間。為護為依。何以故。法無優劣故得涅槃。智慧等故得涅槃。解脫等故得涅槃。清淨等故得涅槃。是故涅槃一味等味。謂解脫味。世尊。若無明住地。不斷不究竟者。不得一味等味謂明解脫味。何以故。無明住地不斷不究竟者。過恒沙等所應斷法。不斷不究竟。過恒沙等所應斷法不斷故。過恒沙等法應得不得應證不證。是故無明住地積聚生一切修道斷煩惱上煩惱。彼生心上煩惱。止上煩惱。觀上煩惱。禪上煩惱。正受上煩惱。方便上煩惱。智上煩惱。果上煩惱。得上煩惱。力上煩惱。無畏上煩惱。如是過恒沙等上煩惱。如來菩提智所斷。一切皆依無明住地之所建立。一切上煩惱起。皆因無明住地緣無明住地。世尊。於此起煩惱剎那心剎那相應。世尊。心不相應無始無明住地。世尊。若復過於恒沙如來菩提智所應斷法。一切皆是無明住地所持所建立。譬如一切種子皆依地生建立增長若地壞者彼亦隨壞。如是過恒沙等如來菩提智所應斷法。一切皆依無明住地生建立增長。若無明住地斷者。過恒沙等如來菩提智所應斷法。皆亦隨斷。如是一切煩惱上煩惱斷。過恒沙等如來所得一切諸法通達無礙一切智見。離一切過惡。得一切功德法王法主。而得自在。登一切法自在之地。如來應等正覺正師子吼。我生已盡梵行已立所作已辦不受後有。是故世尊。以師子吼依於了義。一向記說。

世尊。不受後有智有二種。謂如來以無上調御。降伏四魔出一切世間。為一切眾生之所瞻仰。得不思議法身。於一切爾焰地得無礙法自在。於上更無所作無所得地。十力勇猛昇於第一無上無畏之地。一切爾炎無礙智觀不由於他。不受後有智師子吼。世尊。阿羅漢辟支佛。度生死畏次第得解脫樂。作是念。我離生死恐怖不受生死苦。世尊。阿羅漢辟支佛觀察時。得不受後有觀第一蘇息處涅槃地。世尊。彼先所得地。不愚於法不由於他。亦自知得有餘地。必當得阿耨多羅三藐三菩提。何以故。聲聞緣覺乘皆入大乘。大乘者即是佛乘。是故三乘即是一乘。得一乘者。得阿耨多羅三藐三菩提。阿耨多羅三藐三菩提者。即是涅槃界。涅槃界者即是如來法身。得究竟法身者。則究竟一乘。無異如來無異法身。如來即法身。得究竟法身者。則究竟一乘。究竟者即是無邊不斷。

世尊。如來無有限齊時。住如來應等正覺後際等住。如來無限齊。大悲亦無限齊。安慰世間。無限大悲無限安慰世間。作是說者。是名善說如來。若復說言無盡法常住法一切世間之所歸依者。亦名善說如來。是故於未度世間無依世間。與後際等作無盡歸依常住歸依者。謂如來應等正覺也。法者即是說一乘道。僧者是三乘眾。此二歸依非究竟歸依。名少分歸依。何以故。說一乘道法。得究竟法身。於上更無說一乘法身。三乘眾者有恐怖歸依如來。求出修學向阿耨多羅三藐三菩提。是故二依非究竟依。是有限依。若有眾生如來調伏。歸依如來得法津澤。生信樂心歸依法僧。是二歸依非此二歸依。是歸依如來。歸依第一義者。是歸依如來。此二歸依第一義。是究竟歸依如來。何以故。無異如來。無異二歸依。如來即三歸依。何以故。說一乘道。如來四無畏成就師子吼說。若如來隨彼所欲而方便說。即是大乘無有三乘。三乘者入於一乘。一乘者即第一義乘。

無邊聖諦章第六

世尊。聲聞緣覺初觀聖諦以一智斷諸住地。以一智四斷知功德作證亦善知此四法義。世尊。無有出世間上上智。四智漸至及四緣漸至。無漸至法是出世間上上智。世尊。金剛喻者是第一義智。世尊。非聲聞緣覺不斷無明住地初聖諦智是第一義智。世尊。以無二聖諦智。斷諸住地。世尊。如來應等正覺。非一切聲聞緣覺境界不思議空智。斷一切煩惱藏。世尊。若壞一切煩惱藏究竟智。是名第一義智。初聖諦智。非究竟智。向阿耨多羅三藐三菩提智。

世尊。聖義者。非一切聲聞緣覺。聲聞緣覺成就有量功德。聲聞緣覺成就少分功德。故名之為聖。聖諦者。非聲聞緣覺諦。亦非聲聞緣覺功德。世尊。此諦如來應等正覺初始覺知。然後為無明 [縠 - 禾 + 卵] 藏世間開現演說。是故名聖諦。

如來藏章第七

聖諦者說甚深義。微細難知。非思量境界。是智者所知。一切世間所不能信。何以故。此說甚深如來之藏。如來藏者。是如來境界。非一切聲聞緣覺所知。如來藏處。說聖諦義。如來藏處甚深故。說聖諦亦甚深。微細難知。非思量境界。是智者所知。一切世間所不能信。

法身章第八

若於無量煩惱藏所纏如來藏不疑惑者。於出無量煩惱藏法身亦無疑惑。於說如來藏。如來法身不思議佛境界及方便說。心得決定者此則信解說二聖諦。如是難知難解者。謂說二聖諦義。何等為說二聖諦義。謂說作聖諦義。說無作聖諦義。說作聖諦義者。是說有量四聖諦。何以故。非因他能知一切苦斷一切集證一切滅修一切道。是故世尊。有有為生死無為生死。涅槃亦如是。有餘及無餘。說無作聖諦義者。說無量四聖諦義。何以故。能以自力知一切受苦斷一切受集證一切受滅修一切受滅道。如是八聖諦。如來說四聖諦。如是四無作聖諦義。唯如來應等正覺事究竟。非阿羅漢辟支佛事究竟。何以故。非下中上法得涅槃。何以故。如來應等正覺。於無作四聖諦義事究竟。以一切如來應等正覺。知一切未來苦斷一切煩惱上煩惱所攝受一切集滅一切意生身除。一切苦滅作證。世尊。非壞法故。名為苦滅。所言苦滅者。名無始無作無起無盡離。盡常住自性清淨離一切煩惱藏。世尊。過於恒沙不離不脫不異不思議佛法成就說如來法身。世尊。如是如來法身不離煩惱藏名如來藏。

空義隱覆真實章第九

世尊。如來藏智。是如來空智。世尊。如來藏者。一切阿羅漢辟支佛大力菩薩。本所不見本所不得。世尊。有二種如來藏空智。世尊。空如來藏。若離若脫若異。一切煩惱藏。世尊。不空如來藏。過於恒沙不離不脫不異不思議佛法。世尊。此二空智。「諸大聲聞。能信如來。一切阿羅漢辟支佛。空智於四不顛倒境界轉。」是故一切阿羅漢辟支佛。本所不見。本所不得。一切苦滅。唯佛得證。壞一切煩惱藏。修一切滅苦道。

一諦章第十

世尊。此四聖諦。三是無常一是常。何以故。三諦入有為相。入有為相者。是無常。無常者是虛妄法。虛妄法者。非諦非常非依。是故苦諦集諦道諦。非第一義諦。非常非依。

一依章第十一

一苦滅諦。離有為相。離有為相者是常。常者非虛妄法。非虛妄法者。是諦是常是依。是故滅諦。是第一義。

顛倒真實章第十二

不思議是滅諦。過一切眾生心識所緣。亦非一切阿羅漢辟支佛智慧境界。譬如生盲不見眾色七日嬰兒不見日輪。苦滅諦者。亦復如是。非一切凡夫心識所緣。亦非二乘智慧境界。凡夫識者二見顛倒。一切阿羅漢辟支佛智者。則是清淨。邊見者。凡夫於五受陰我見妄想計著生二見。是名邊見。

所謂常見斷見。見諸行無常。是斷見非正見。見涅槃常。是常見非正見。妄想見故作如是見。於身諸根分別思惟現法見壞。於有相續不見起於斷見。妄想見故。於心相續愚闇不解不知。剎那間意識境界起於常見。妄想見故。此妄想見於彼義。若過若不及作異想分別。若斷若常。顛倒眾生於五受陰。無常常想苦有樂想。無我我想。不淨淨想。一切阿羅漢辟支佛淨智者。於一切智境界及如來法身本所不見。或有眾生。信佛語故。起常想樂想我想淨想。非顛倒見。是名正見。何以故。如來法身是常波羅蜜樂波羅蜜。我波羅蜜。淨波羅蜜。於佛法身。作是見者是名正見。正見者。是佛真子。從佛口生。從正法生。從法化生。得法餘財。世尊淨智者。一切阿羅漢辟支佛。智波羅蜜。此淨智者。雖曰淨智。於彼滅諦。尚非境界。況四依智。何以故。三乘初業。不愚於法。於彼義當覺當得。為彼故世尊說四依。世尊此四依者。是世間法。世尊。一依者。一切依止。出世間上上第一義依。所謂滅諦。

自性清淨章第十三

世尊。生死者依如來藏。以如來藏故。說本際不可知。世尊。有如來藏故說生死。是名善說。世尊。生死。生死者。諸受根沒。次第不受根起。是名生死。世尊。死生者此二法是如來藏。世間言說故。有死有生。死者謂根壞。生者新諸根起。非如來藏有生有死。如來藏者離有為相。如來藏常住不變。是故如來藏。是依是持是建立。世尊。不離不斷不脫不異不思議佛法。世尊。斷脫異外有為法依持建立者。是如來藏。世尊。若無如來藏者。不得厭苦樂求涅槃。何以故。於此六識及心法智。此七法刹那不住。不種眾苦。不得厭苦樂求涅槃。世尊。如來藏者。無前際不起不滅法。種諸苦得厭苦樂求涅槃。世尊。如來藏者。非我非眾生非命非人。如來藏者。墮身見眾生顛倒眾生空亂意眾生。非其境界。

世尊。如來藏者。是法界藏。法身藏。出世間上上藏。自性清淨藏。此性清淨。如來藏而客塵煩惱上煩惱所染。不思議如來境界。何以故。刹那善心非煩惱所染。刹那不善心亦非煩惱所染。煩惱不觸心。心不觸煩惱。云何不觸法。而能得染心。世尊。然有煩惱有煩惱染心。自性清淨心而有染者。難可了知。唯佛世尊。實眼實智。為法根本。為通達法。為正法依。如實知見。

勝鬘夫人說是難解之法問於佛時。佛即隨喜。如是如是。自性清淨心而有染污難可了知。有二法難可了知。謂自性清淨心。難可了知。彼心為煩惱所染亦難了知。如此二法。汝及成就大法菩薩摩訶薩乃能聽受。諸餘聲聞唯信佛語。

真子章第十四

若我弟子隨信增上者。依明信已隨順法智。而得究竟。

隨順法智者觀察施設根意解境界。觀察業報。觀察阿羅漢眼。觀察心自在樂禪樂。觀察阿羅漢辟支佛大力菩薩聖自在通。此五種巧便觀成就。於我滅後未來世中。我弟子隨信增上依於明信隨順法智。自性清淨心。彼為煩惱染污而得究竟。是究竟者入大乘道因。信如來者。有是大利益。不謗深義。

爾時勝鬘白佛言。更有餘大利益。我當承佛威神復說斯義。佛言。更說。勝鬘白佛言。三種善男子善女人。於甚深義離自毀傷。生大功德入大乘道。何等為三。謂若善男子善女人。自成就甚深法智。若善男子善女人。成就隨順法智。若善男子善女人。於諸深法不自了知。仰惟世尊。

非我境界。唯佛所知。是名善男子善女人仰惟如來。除此諸善男子善女人已。

勝鬘章第十五

諸餘眾生。於諸甚深法堅著妄說違背正法習諸外道腐敗種子者。當以王力及天龍鬼神力而調伏之。爾時勝鬘與諸眷屬頂禮佛足。佛言。善哉善哉。勝鬘。於甚深法方便守護。降伏非法善得其宜。汝已親近百千億佛能說此義。

爾時世尊。放勝光明普照大眾。身昇虛空高七多羅樹。足步虛空還舍衛國。時勝鬘夫人與諸眷屬。合掌向佛觀無厭足。目不暫捨。過眼境已踊躍歡喜。各各稱歎如來功德。具足念佛還入城中。向友稱王稱歎大乘。城中女人七歲已上。化以大乘。友稱大王。亦以大乘化諸男子七歲已上。舉國人民皆向大乘。

爾時世尊入祇桓林。告長老阿難。及念天帝釋。應時帝釋與諸眷屬。忽然而至住於佛前。爾時世尊向天帝釋及長老阿難。廣說此經。說已告帝釋言。汝當受持讀誦此經。憍尸迦。善男子善女人。於恒沙劫修菩提行。行六波羅蜜。若復善男子善女人。聽受讀誦乃至執持經卷。福多於彼。何況廣為人說。是故憍尸迦。當讀誦此經為三十三天分別廣說。復告阿難。汝亦受持讀誦。為四眾廣說。時天帝釋白佛言。世尊。當何名斯經。云何奉持。佛告帝釋。此經成就無量無邊功德。一切聲聞緣覺。不能究竟觀察知見。憍尸迦。當知此經甚深微妙大功德聚。今當為汝略說其名。諦聽諦聽善思念之。時天帝釋及長老阿難白佛言。善哉世尊。唯然受教。佛言。此經歎如來真實第一義功德。如是受持。不思議大受。如是受持。一切願攝大願。如是受持。說不思議攝受正法。如是受持。說入一乘。如是受持。說無邊聖諦。如是受持。說如來藏。如是受持。說法身。如是受持。說空義隱覆真實。如是受持。說一諦。如是受持。說常住安隱一依。如是受持。說顛倒真實。

如是受持。說自性清淨心隱覆。如是受持。說如來真子。如是受持。說勝鬘夫人師子吼。如是受持。復次憍尸迦。此經所說斷一切疑。決定了義入一乘道。憍尸迦。今以此說勝鬘夫人師子吼經。付囑於汝。乃至法住受持讀誦。廣分別說。帝釋白佛言。善哉世尊。頂受尊教。時天帝釋長老阿難及諸大會天人阿修羅乾闥婆等。聞佛所說。歡喜奉行。

勝鬘師子吼一乘大方便方廣經

附錄 4
究竟一乘寶性論

究竟一乘寶性論卷第一

後魏中印度三藏勒那摩提譯

教化品第一

我今悉歸命　一切無上尊
為開法王藏　廣利諸群生
諸佛勝妙法　謗以為非法
愚癡無智慧　迷於邪正故
具足智慧人　善分別邪正
如是作論者　不違於正法
順三乘菩提　對三界煩惱
雖是弟子造　正取邪則捨
善說名句義　初中後功德
智者聞是義　不取於餘法
如我知佛意　堅住深正義
如實修行者　取同於佛語
雖無善巧言　但有真實義
彼法應受持　如取金捨石

妙義如真金　　巧語如瓦石
依名不依義　　彼人無明盲
依自罪業障　　謗諸佛妙法
如是諸人等　　則為諸佛呵
或有取他心　　謗諸佛妙法
如是諸人等　　則為諸佛呵
為種種供養　　謗諸佛妙法
如是諸人等　　則為諸佛呵
愚癡及我慢　　樂行於小法
謗法及法師　　則為諸佛呵
外現威儀相　　不識如來教
謗法及法師　　則為諸佛呵
為求名聞故　　起種種異說
謗法及法師　　則為諸佛呵
說乖修多羅　　言是真實義
謗法及法師　　則為諸佛呵
求利養攝眾　　誑惑無智者
謗法及法師　　則為諸佛呵
佛觀如是等　　極惡罪眾生
慈悲心自在　　為說法除苦
深智大慈悲　　能如是利益
我說不求利　　為正法久住

究竟一乘寶性論佛寶品第二

佛體無前際　　及無中間際
亦復無後際　　寂靜自覺知
既自覺知已　　為欲令他知

是故為彼說　　無畏常恒道
佛能執持彼　　智慧慈悲刀
及妙金剛杵　　割截諸苦芽
摧碎諸見山　　覆藏顛倒意
及一切稠林　　故我今敬禮

究竟一乘寶性論法寶品第三

非有亦非無　　亦復非有無
亦非即於彼　　亦復不離彼
不可得思量　　非聞慧境界
出離言語道　　內心知清涼
彼真妙法日　　清淨無塵垢
大智慧光明　　普照諸世間
能破諸曀障　　覺觀貪瞋癡
一切煩惱等　　故我今敬禮

究竟一乘寶性論僧寶品第四

正覺正知者　　見一切眾生
清淨無有我　　寂靜真實際
以能知於彼　　自性清淨心
見煩惱無實　　故離諸煩惱
無障淨智者　　如實見眾生
自性清淨性　　佛法僧境界
無閡淨智者　　見諸眾生性
遍無量境界　　故我今敬禮

問曰。依何等法有此三寶。答曰。偈言。

真如有雜垢　　及遠離諸垢
佛無量功德　　及佛所作業
如是妙境界　　是諸佛所知
依此妙法身　　出生於三寶

究竟一乘寶性論一切眾生有如來藏品第五

問曰。云何得知一切眾生有如來藏。答曰。偈言。

一切眾生界　　不離諸佛智
以彼淨無垢　　性體不二故
依一切諸佛　　平等法性身
知一切眾生　　皆有如來藏

又復略說偈言。

體及因果業　　相應及以行
時差別遍處　　不變無差別
彼妙義次第　　第一真法性
我如是略說　　汝今應善知

此偈明何義。偈曰。

自性常不染　　如寶空淨水
信法及般若　　三昧大悲等
淨我樂常等　　彼岸功德果

厭苦求涅槃　　欲願等諸業
大海器寶水　　無量不可盡
如燈明觸色　　性功德如是
見實者說言　　凡夫聖人佛
眾生如來藏　　真如無差別
有不淨雜淨　　及以善淨等
如是次第說　　眾生菩薩佛
如空遍一切　　而空無分別
自性無垢心　　亦遍無分別
如虛空遍至　　體細塵不染
佛性遍眾生　　諸煩惱不染
如一切世間　　依虛空生滅
依於無漏界　　有諸根生滅
火不燒虛空　　若燒無是處
如是老病死　　不能燒佛性
地依於水住　　水復依於風
風依於虛空　　空不依地等
如是陰界根　　住煩惱業中
諸煩惱業等　　依不善思惟
不善思惟行　　住清淨心中
自性清淨心　　不住彼諸法
陰入界如地　　煩惱業如水
不正念如風　　淨心界如空
依性起邪念　　念起煩惱業
依因煩惱業　　能起陰界入
依止於五陰　　界入等諸法
有諸根生滅　　如世界成壞
淨心如虛空　　無因復無緣

及無和合義　　亦無生住滅
如虛空淨心　　常明無轉變
為虛妄分別　　客塵煩惱染
菩薩摩訶薩　　如實知佛性
不生亦不滅　　又無老病等
菩薩如是知　　得離於生死
憐愍眾生故　　示現有生滅
佛身不變異　　以得無盡法
眾生所歸依　　以無邊際故
常住不二法　　以離妄分別
恒不執不作　　清淨心力故
法身及如來　　聖諦與涅槃
功德不相離　　如光不離日

究竟一乘寶性論無量煩惱所纏品第六

萎花中諸佛　　眾蜂中美蜜
皮糩等中實　　糞穢中真金
地中珍寶藏　　諸果子中芽
朽故弊壞衣　　纏裹真金像
貧賤醜陋女　　懷轉輪聖王
焦黑泥模中　　有上妙寶像
眾生貪瞋癡　　妄想煩惱等
塵勞諸垢中　　皆有如來藏
花蜂糩糞穢　　地果故弊衣
貧賤女泥模　　煩惱垢相似
佛蜜實真金　　寶牙金像王
上妙寶像等　　如來藏相似

問曰。華佛譬喻為明何義。答曰。言萎華者喻諸煩惱。言諸佛者喻如來藏。偈曰。

功德莊嚴佛　住於萎華中
淨天眼者見　去花顯諸佛
佛眼觀自法　遍一切眾生
下至阿鼻獄　具足如來藏
自處常住際　以慈悲方便
令一切眾生　遠離諸障礙
如朽故華中　有諸佛如來
天眼者見知　除去萎華葉
如來亦如是　見貪煩惱垢
不淨眾生中　具足如來藏
以大慈悲心　憐愍世間故
為一切眾生　除煩惱花葉

問曰。蜂蜜譬喻為明何義。答曰。言群蜂者喻諸煩惱。言美蜜者喻如來藏。偈言。

上妙美味蜜　為群蜂圍遶
須者設方便　散蜂而取蜜
如來亦如是　以一切智眼
見諸煩惱蜂　圍遶佛性蜜
以大方便力　散彼煩惱蜂
顯出如來藏　如取蜜受用
猶如百千億　那由他諸虫
遮障微妙蜜　無有能近者
有智者須蜜　殺害彼諸虫

取上味美蜜　　隨意而受用
無漏智如蜜　　在眾生身中
煩惱如毒虫　　如來所殺害

問曰。糩實譬喻為明何義。答曰。言皮糩者喻諸煩惱。言內實者喻如來藏偈言。

穀實在糩中　　無人能受用
時有須用者　　方便除皮糩
佛見諸眾生　　身有如來性
煩惱皮糩纏　　不能作佛事
以善方便力　　令三界眾生
除煩惱皮糩　　隨意作佛事
如稻穀麥等　　不離諸皮糩
內實未淨治　　不任美食用
如是如來藏　　不離煩惱糩
令一切眾生　　煩惱所飢渴
佛自在法王　　在眾生身中
能示以愛味　　除彼飢渴苦

問曰。糞金譬喻為明何義。答曰。糞穢譬喻者諸煩惱相似。真金譬喻者如來藏相似偈言。

如人行遠路　　遺金糞穢中
經百千歲住　　如本不變異
淨天眼見已　　遍告眾人言
此中有真金　　汝可取受用
佛觀眾生性　　沒煩惱糞中

為欲拔濟彼　　雨微妙法雨
如於不淨地　　漏失真金寶
諸天眼了見　　眾生不能知
諸天既見已　　語眾悉令知
教除垢方便　　得淨真金用
佛性金亦爾　　墮煩惱穢中
如來觀察已　　為說清淨法

問曰。地寶譬喻為明何義。答曰。地譬喻者諸煩惱相似。寶藏譬喻者如來藏相似。偈言。

譬如貧人舍　　地有珍寶藏
彼人不能知　　寶又不能言
眾生亦如是　　於自心舍中
有不可思議　　無盡法寶藏
雖有此寶藏　　不能自覺知
以不覺知故　　受生死貧苦
譬如珍寶藏　　在彼貧人宅
人不言我貧　　寶不言我此
如是法寶藏　　在眾生心中
眾生如貧人　　佛性如寶藏
為欲令眾生　　得此珍寶故
彼諸佛如來　　出現於世間

問曰。果芽譬喻為明何義。答曰。果皮譬喻者諸煩惱相似。子芽譬喻者如來藏相似。偈言。

如種種果樹　　子芽不朽壞

種地中水灌　生長成大樹
一切諸眾生　種種煩惱中
皆有如來性　無明皮所纏
種諸善根地　生彼菩提芽
次第漸增長　成如來樹王
依地水火風　空時日月緣
多羅等種內　出生大樹王
一切諸眾生　皆亦復如是
煩惱果皮內　有正覺子牙
依白淨等法　種種諸緣故
次第漸增長　成佛大法王

[0815c03] 問曰。衣像譬喻為明何義。答曰。弊衣譬喻者諸煩惱相似。金像譬喻者如來藏相似。偈言。

弊衣纏金像　在於道路中
諸天為人說　此中有金像
種種煩惱垢　纏裹如來藏
佛無障眼見　下至阿鼻獄
皆有如來身　為令彼得故
廣設諸方便　說種種妙法
金像弊衣纏　墮在曠野路
有天眼者見　為淨示眾人
眾生如來藏　煩惱爛衣纏
在世間險道　而不自覺知
佛眼觀眾生　皆有如來藏
為說種種法　令彼得解脫

問曰。女王譬喻為明何義。答曰。賤女譬喻者諸煩惱相似。歌羅邏四大中有轉輪王身喻者。生死歌羅邏藏中有如來藏轉輪王相似。偈言。

譬如孤獨女　住在貧窮舍
身懷轉輪王　而不自覺知
如彼貧窮舍　三有亦如是
懷胎女人者　喻不淨眾生
如彼藏中胎　眾生性亦爾
內有無垢性　名為不孤獨
貧女垢衣纏　極醜陋受苦
處於孤獨舍　懷妊王重擔
如是諸煩惱　染污眾生性
受無量苦惱　無有歸依處
實有歸依處　而無歸依心
不覺自身中　有如來藏故

[0816a04] 問曰。摸像譬喻為明何義。答曰。泥摸譬喻者諸煩惱相似。寶像譬喻者如來藏相似。偈言。

如人融真金　鑄在泥摸中
外有焦黑泥　內有真寶像
彼人量已冷　除去外泥障
開摸令顯現　取內真寶像
佛性常明淨　客垢所染污
諸佛善觀察　除障令顯現
離垢明淨像　在於穢泥中
鑄師知無熱　然後去泥障
如來亦如是　見眾生佛性

儼然處煩惱　　如像在摸中
能以巧方便　　善用說法椎
打破煩惱摸　　顯發如來藏

究竟一乘寶性論為何義說品第七

問曰。餘修多羅中皆說一切空。此中何故說有真如佛性。偈言。

處處經中說　　內外一切空
有為法如雲　　及如夢幻等
此中何故說　　一切諸眾生
皆有真如性　　而不說空寂

答曰偈言。

以有怯弱心　　輕慢諸眾生
執著虛妄法　　謗真如實性
計身有神我　　為令如是等
遠離五種過　　故說有佛性

究竟一乘寶性論身轉清淨成菩提品第八

淨得及遠離　　自他利相應
依止深快大　　如彼所為義

初說佛菩提及得菩提方便。偈言。

向說佛法身　　自性清淨體

為諸煩惱垢　　客塵所染污
譬如虛空中　　離垢淨日月
為彼厚密雲　　羅網之所覆
佛功德無垢　　常恒及不變
不分別諸法　　得無漏真智

次說無垢清淨體。偈言。

如清淨池水　　無有諸塵濁
種種雜花樹　　周匝常圍遶
如月離羅睺　　日無雲翳等
無垢功德具　　顯現即彼體
蜂王美味蜜　　堅實淨真金
寶藏大果樹　　無垢真金像
轉輪聖王身　　妙寶如來像
如是等諸法　　即是如來身

[0816b21] 次說成就自利利他。偈言。

無漏及遍至　　不滅法與恒
清涼不變異　　不退寂靜處
諸佛如來身　　如虛空無相
為諸勝智者　　作六根境界
示現微妙色　　出乎妙音聲
令嗅佛戒香　　與佛妙法味
使覺三昧觸　　令知深妙法
細思惟稠林　　佛離虛空相

次說第一義相應。偈言。

如空不思議　常恒及清涼
不變與寂靜　遍離諸分別
一切處不著　離閡麁澀觸
亦不可見取　佛淨心無垢

次說佛法身。偈言。

非初非中後　不破壞不二
遠離於三界　無垢無分別
此甚深境界　非二乘所知
具勝三昧慧　如是人能見
出過於恒沙　不思議功德
唯如來成就　不與餘人共
如來妙色身　清淨無垢體
遠離諸煩惱　及一切習氣
種種勝妙法　光明以為體
令眾生解脫　常無有休息
所作不思議　如摩尼寶王
能現種種形　而彼體非實
為世間說法　示現寂靜處
教化使淳熟　授記令入道
如來鏡像身　而不離本體
猶如一切色　不離於虛空

次說如來常住身。偈言。

世尊體常住　　以修無量因
眾生界不盡　　慈悲心如意
智成就相應　　法中得自在
降伏諸魔怨　　體寂靜故常

次說不可思議體。偈言。

非言語所說　　第一義諦攝
離諸覺觀地　　無譬喻可說
最上勝妙法　　不取有涅槃
非三乘所知　　唯是佛境界

究竟一乘寶性論如來功德品第九

自利亦利他　　第一義諦身
依彼真諦身　　有此世諦體
果遠離淳熟　　此中具足有
六十四種法　　諸功德差別

略說偈言。

佛力金剛杵　　破無智者障
如來無所畏　　處眾如師子
如來不共法　　清淨如虛空
如彼水中月　　眾生二種見

初說十力。偈言。

處非處果報　業及於諸根
性信至處道　離垢諸禪定
憶念過去世　天眼寂靜智
如是等諸句　說名十種力

如金剛杵者。偈言。

處非處業性　眾生諸信根
種種隨修地　過宿命差別
天眼漏盡等　佛力金剛杵
能刺摧散破　癡鎧山牆樹

次說四無畏。偈言。

如實覺諸法　遮諸闇道障
說道得無漏　是四種無畏
於所知境界　畢竟知自他
自知教他知　此非遮障道
能證勝妙果　自得令他得
說自他利諦　是諸處無畏

如師子王者。偈言。

譬如師子王　諸獸中自在
常在於山林　不怖畏諸獸
佛人王亦爾　處於諸群眾
不畏及善住　堅固奮迅等

次說佛十八不共法。偈言。

佛無過無諍　　無妄念等失
無不定散心　　無種種諸想
無作意護心　　欲精進不退
念慧及解脫　　知見等不退
諸業智為本　　知三世無障
佛十八功德　　及餘不說者
佛身口無失　　若他來破壞
內心無動相　　非作心捨心
世尊欲精進　　念淨智解脫
知見常不失　　示現可知境
一切諸業等　　智為本展轉
三世無障礙　　廣大智行常
是名如來體　　大智慧相應
覺彼大菩提　　最上勝妙法
為一切眾生　　轉於大法輪
無畏勝妙法　　令彼得解脫

次說虛空不相應義。偈言。

地水火風等　　彼法空中無
諸色中亦無　　虛空無閡法
諸佛無閡障　　猶如虛空相
如來在世間　　如地水火風
而諸佛如來　　所有諸功德
乃至無一法　　共餘世間有

次說三十二大人相。偈言。

足下相平滿　　具足千輻輪
跟傭趺上隆　　伊尼鹿王蹹
手足悉柔軟　　諸指皆纖長
鵝王網縵指　　臂肘上下傭
兩肩前後平　　左右俱圓滿
立能手過膝　　馬王陰藏相
身傭相洪雅　　如尼拘樹王
體相七處滿　　上半如師子
威德勢堅固　　猶如那羅延
身色新淨妙　　柔軟金色皮
淨軟細平密　　一孔一毛生
毛柔軟上靡　　微細輪右旋
身淨光圓匝　　頂上相高顯
項如孔雀王　　頤方若師子
髮淨金精色　　喻如因陀羅
額上白毫相　　通面淨光明
口含四十齒　　二牙白踰雪
深密內外明　　上下齒平齊
迦陵頻伽聲　　妙音深遠聲
所食無完過　　得味中上味
細薄廣長舌　　二目淳紺色
眼睫若牛王　　功德如蓮華
如是說人尊　　妙相三十二
一一不雜亂　　普身不可嫌

次說如水中月偈言。

秋空無雲翳　月在天及水
一切世間人　皆見月勢力
清淨佛輪中　具功德勢力
佛子見如來　功德身亦爾

究竟一乘寶性論自然不休息佛業品第十

於可化眾生　以教化方便
起化眾生業　教化眾生界
諸佛自在人　於可化眾生
常待時待處　自然作佛事
遍覺知大乘　最妙功德聚
如大海水寶　如來智亦爾
菩提廣無邊　猶如虛空界
放無量功德　大智慧日光
遍照諸眾生　有佛妙法身
無垢功德藏　如我身無異
煩惱障智障　雲霧羅網覆
諸佛慈悲風　吹令散滅盡

次說大乘業喻。略說偈言。

帝釋妙鼓雲　梵天日摩尼
響及虛空地　如來身亦爾

初說帝釋鏡像譬喻。偈言。

如彼毘琉璃　清淨大地中

天主帝釋身　於中鏡像現
如是眾生心　清淨大地中
諸佛如來身　於中鏡像現
帝釋現不現　依地淨不淨
如是諸世間　鏡像現不現
如來有起滅　依濁不濁心
如是諸眾生　鏡像現不現
天主帝釋身　鏡像有生滅
不可得說有　不可得說無
如來身亦爾　鏡像有生滅
不可得說有　不可得說無
如地普周遍　遠離高下穢
大琉璃明淨　離垢功德平
以彼毘琉璃　清淨無垢故
天主鏡像現　及莊嚴具生
若男若女等　於中見天主
及妙莊嚴具　作生彼處願
眾生為生彼　修行諸善行
持戒及布施　散花捨珍寶
後時功德盡　地滅彼亦滅
心琉璃地淨　諸佛鏡像現
諸佛子菩薩　見佛心歡喜
為求菩提故　起願修諸行

不生不滅者。即是如來。偈言。

如毘琉璃滅　彼鏡像亦滅
無可化眾生　如來不出世

琉璃寶地淨　　示現佛妙像
彼淨心不壞　　信根芽增長
白淨法生滅　　佛像亦生滅
如來不生滅　　猶如帝釋王
此業自然有　　見是等現前
法身不生滅　　盡諸際常住

次說天中妙鼓譬喻。偈言。

天妙法鼓聲　　依自業而有
諸佛說法音　　眾生自業聞
如妙聲遠離　　功用處身心
令一切諸天　　離怖得寂靜
佛聲亦如是　　離功用身心
令一切眾生　　得證寂滅道
於彼戰鬪時　　為破修羅力
因鼓出畏聲　　令修羅退散
如來為眾生　　滅諸煩惱苦
為世間說法　　示勝禪定道

一切世間人。不覺自過失。偈言。

聾不聞細聲　　天耳聞不遍
唯智者境界　　以聞心不染

次說雲雨譬喻偈言。

知有起悲心　　遍滿世間處

定持無垢藏　　佛雨淨穀因
世間依善業　　依風生雲雨
依悲等增長　　佛妙法雲雨

依止器世間。雨水味變壞偈言。

譬如虛空中　　雨八功德水
到醎等住處　　生種種異味
如來慈悲雲　　雨八聖道水
到眾生心處　　生種種解味

無差別心。偈言。

信於妙大乘　　及中謗法者
人遮多鳥鬼　　此三聚相似
正定聚眾生　　習氣不定聚
身見邪定聚　　邪見流生死
秋天無雲雨　　人空鳥受苦
夏天多雨水　　燒鬼令受苦
佛現世不現　　悲雲雨法雨
信法器能得　　謗法有不聞

不護眾生。偈言。

天雨如車軸　　澍下衝大地
雹及礔礰石　　金剛爆火等
不護微細虫　　山林諸果樹
草穀稻糧等　　行人故不雨

如來亦如是　　於麁細眾生
相應諸方便　　般若悲雲雨
諸煩惱習氣　　我邪見眾生
如是種類等　　一切智不護

為滅苦火。偈言。

知病離病因　　取無病修藥
苦因彼滅道　　知離觸修等
無始世生死　　波流轉五道
五道中受樂　　猶如臭爛糞
寒熱惱等觸　　諸苦畢竟有
為令彼除滅　　降大妙法雨
知天中退苦　　人中追求苦
有智者不求　　人天自在樂
慧者信佛語　　已信者知苦
亦復知苦因　　觀滅及知道

次說梵天譬喻。偈言。

梵天過去願　　依諸天淨業
梵天自然現　　化佛身亦爾
梵宮中不動　　常現於欲界
諸天見妙色　　失五欲境界
佛法身不動　　而常現世間
眾生見歡喜　　不樂諸有樂

有現不現。偈言。

從天退入胎　　現生有父母
在家示嬰兒　　習學諸伎藝
戲樂及遊行　　出家行苦行
現就外道學　　降伏於天魔
成佛轉法輪　　示道入涅槃
諸薄福眾生　　不能見如來

次說日譬喻。偈言。

如日光初出　　普照諸蓮華
有同一時開　　亦有一時合
佛日亦如是　　照一切眾生
有智如華開　　有罪如華合
如日照水華　　而日無分別
佛日亦如是　　照而無分別

次第偈言。

日初出世間　　千光次第照
先照高大山　　後照中下山
佛日亦如是　　次第照世間
先照諸菩薩　　後及餘眾生

光明輪不同。偈言。

色智身二法　　大悲身如空
遍照諸世間　　故佛不同日
日不能遍照　　諸國土虛空

不破無明闇　　不示何知境
放種種諸色　　光明雲羅網
示大慈悲體　　真如妙境界
佛入城聚落　　無眼者得眼
見佛得大利　　亦滅諸惡法
無明沒諸有　　邪見黑闇障
如來日光照　　見慧未見處

次說摩尼珠譬喻。偈言。

一時同處住　　滿足所求意
摩尼寶無心　　而滿眾生願
自在大法王　　同住於悲心
眾生種種聞　　佛心無分別

次說響譬喻。偈言。

譬如諸響聲　　依他而得起
自然無分別　　非內非外住
如來聲亦爾　　依他心而起
自然無分別　　非內非外住

次說虛空譬喻。偈言。

無物不可見　　無觀無依止
過眼識境界　　無色不可見
空中見高下　　而空不如是
佛中見一切　　其義亦如是

次說地譬喻。偈言。

一切諸草木　依止大地生
地無分別心　而增長成就
眾生心善根　依止佛地生
佛無分別心　而增廣成就
佛聲猶如響　以無名字說
佛身如虛空　遍不可見常
如依地諸法　一切諸妙藥
遍為諸眾生　不限於一人
依佛地諸法　白淨妙法藥
遍為諸眾生　不限於一人

究竟一乘寶性論校量信功德品第十一

佛性佛菩提　佛法及佛業
諸出世淨人　所不能思議
此諸佛境界　若有能信者
得無量功德　勝一切眾生
以求佛菩提　不思議果報
得無量功德　故勝諸世間
若有人能捨　魔尼諸珍寶
遍布十方界　無量佛國土
為求佛菩提　施與諸法王
是人如是施　無量恒沙劫
若復有人聞　妙境界一句
聞已復能信　過施福無量
若有智慧人　奉持無上戒

身口意業淨　自然常護持
為求佛菩提　如是無量劫
是人所得福　不可得思議
若復有人聞　妙境界一句
聞已復能言　過戒福無量
若人入禪定　焚三界煩惱
過天行彼岸　無菩提方便
若復有人聞　妙境界一句
聞已復能信　過禪福無量
無慧人能捨　唯得富貴報
修持禁戒者　得生人天中
修行斷諸障　悲慧不能除
慧除煩惱障　亦能除智障
聞法為慧因　是故聞法勝
何況聞法已　復能生信心
我此所說法　為自心清淨
依諸如來教　修多羅相應
若有智慧人　聞能信受者
我此所說法　亦為攝彼人
依燈電摩尼　日月等諸明
一切有眼者　皆能見境界
依佛法光明　慧眼者能見
以法有是利　故我說此法
若一切所說　有義有法句
能令修行者　遠離於三界
及示寂靜法　最勝無上道
佛說是正經　餘者顛倒說
雖說法句義　斷三界煩惱

無明覆慧眼　　貪等垢所縛
又於佛法中　　取少分說者
世典善言說　　彼三尚可受
何況諸如來　　遠離煩惱垢
無漏智慧人　　所說修多羅
以離於諸佛　　一切世間中
更無勝智慧　　如實知法者
如來說了義　　彼不可思議
思者是謗法　　不識佛意故
謗聖及壞法　　此諸邪思惟
煩惱愚癡人　　妄見所計故
故不應執著　　邪見諸垢法
以淨衣受色　　垢膩不可染

問曰。以何因緣有此謗法。答曰。偈言。

愚不信白法　　邪見及憍慢
過去謗法障　　執著不了義
著供養恭敬　　唯見於邪法
遠離善知識　　親近謗法者
樂著小乘法　　如是等眾生
不信於大乘　　故謗諸佛法
智者不應畏　　怨家蛇火毒
因陀羅礔礰　　刀杖諸惡獸
虎狼師子等　　彼但能斷命
不能令人入　　可畏阿鼻獄
應畏謗深法　　及謗法知識
決定令人入　　可畏阿鼻獄

雖近惡知識　　惡心出佛血
及殺害父母　　斷諸聖人命
破壞和合僧　　及斷諸善根
以繫念正法　　能解脫彼處
若復有餘人　　誹謗甚深法
彼人無量劫　　不可得解脫
若人令眾生　　覺信如是法
彼是我父母　　亦是善知識
彼人是智者　　以如來滅後
迴邪見顛倒　　令入正道故
三寶清淨性　　菩提功德業
我略說七種　　與佛經相應
依此諸功德　　願於命終時
見無量壽佛　　無邊功德身
我及餘信者　　既見彼佛已
願得離垢眼　　成無上菩提◎

論曰。第一教化品。如向偈中已說。應知此論。廣門有十一品。中則七品。略唯一品。初釋一品。具攝此論法義體相。應知偈言。

佛法及眾僧　　性道功德業
略說此論體　　七種金剛句

此偈明何義。言金剛者。猶如金剛難可沮壞。所證之義亦復如是。故言金剛。所言句者。以此論句。能與證義為根本故。此明何義。內身證法無言之體。以聞思智難可證得。猶如金剛。名字章句以能詮彼理中證智。隨順正道。能作根本故。名為句。此復何義。有二義故。何謂二義。一難證義。二者因義。是名為義。金剛字句應如是知。

又何謂為義。何謂為字。義者。則有七種證義。何謂七義。一者佛義。二者法義。三者僧義。四者眾生義五者菩提義。六者功德義。七者業義。是名為義。是故經言。又第一義諦者。所謂心緣尚不能知。何況名字章句故。所言字者。隨以何等名字。章句。言語。風聲。能表。能說。能明。能示。此七種義。是名為字。是故經言。又世諦者。謂世間中所用之事。名字章句言語所說故。又此七種金剛句義。如諸經中廣說應知。應云何知依佛義故。如來經中告阿難言。阿難。所言如來者。非可見法。是故眼識不能得見故。依法義故。如來經中告阿難言。阿難。所言法者。非可說事。以是故非耳識所聞故。依僧義故。如來經中告阿難言。阿難。所言僧者。名為無為。是故不可身心供養禮拜讚歎故。依眾生義故。如來經中告舍利弗言。舍利弗。言眾生者。乃是諸佛如來境界。一切聲聞辟支佛等。以正智慧不能觀察眾生之義。何況能證毛道凡夫。於此義中唯信如來。是故舍利弗。隨如來信此眾生義。舍利弗。言眾生者。即是第一義諦。舍利弗言。第一義諦者。即是眾生界。舍利弗言。眾生界者。即是如來藏。舍利弗言。如來藏者。即是法身故。依菩提義故。經中說言。世尊言阿耨多羅三藐三菩提者。名涅槃界。世尊言。涅槃界者。即是法身故。依功德義故。如來經中告舍利弗言。舍利弗。如來所說法身義者。過於恒沙不離不脫不思議佛法如來智慧功德。舍利弗。如世間燈。明色及觸不離不脫。又如摩尼寶珠。明色形相不離不脫。舍利弗。法身之義亦復如是。過於恒沙不離不脫不思議佛法如來智慧功德故。依業義故。如來經中告文殊師利言。文殊師利。如來不分別。不分別無分別。而自然無分別。如所作業自然行故。如是等名略說七種金剛字句。總攝此論體相應知。是故偈言。

七種相次第　總持自在王
菩薩修多羅　序分有三句
餘殘四句者　在菩薩如來
智慧差別分　應當如是知

此偈明何義。以是七種金剛字句。總攝此論。一切佛法廣說其相。如陀羅尼自在王經序分中三句。餘四句在彼修多羅菩薩如來法差別分。應知云何序分有初三句。彼修多羅序分中言。婆伽婆平等證一切法。善轉法輪。善能教化調伏無量諸弟子眾。如是三種根本字句。次第示現佛法僧寶。說彼三寶次第生起成就。應知餘四句者。說隨順三寶因。成就三寶因。應知此明何義。以諸菩薩於八地中。十自在為首。具足得一切自在。是故菩薩坐於道場勝妙之處。於一切法中。皆得自在是故經言。婆伽婆平等證一切法故。以諸菩薩住九地時。於一切法中。得為無上最大法師。善知一切諸眾生心。到一切眾生根機第一彼岸。能斷一切眾生煩惱習氣。是故菩薩成大菩提。是故經言。善轉法輪故。以諸菩薩於第十地中。得住無上法王位。後能於一切佛所作業。自然而行。常不休息。是故經言。善能教化調伏無量諸弟子眾故。彼善能教化調伏無量諸弟子眾。即彼經中次後示現。是故經言。與大比丘眾俱。如是乃至復有無量菩薩眾俱。如是次第。善能教化聲聞位地及佛菩提。善能調伏一切煩惱。如是畢竟有無量功德。又說聲聞菩薩諸功德已。次說諸佛如來不可思議三昧境界。又說諸佛如來三昧境界已。次說無垢大寶莊嚴寶殿成就。又說大寶莊嚴寶殿成就已。次說大眾雲集種種供養讚歎如來。雨種種衣。雨種種華。雨種種香。如是等。示現佛寶不思議事。應知又復次說妙法莊嚴法座。又說妙法莊嚴法座已。次說法門名字及示現功德。此明法寶功德差別。應如又復次說諸菩薩摩訶薩迭共三昧行境界。示現種種功德。此明僧寶功德差別。應知又復次說如來放大光明授諸菩薩摩訶薩太子法王位職。又復次說與大無畏不怯弱辯才。又復讚歎諸佛如來第一功德。又復次說最上第一大乘之法。示現如實修行彼大乘故。於法中證果即彼三寶無上功德次第差別。序分中義大都已竟。應如是知。已說自在王菩薩修多羅序分中三寶。次說佛性義。有六十種法。清淨彼功德。何以故。以有彼清淨無量功德性。為清淨彼性。修六十種法。為此義故。十地經中。數數說金。以為譬喻。為清淨彼佛性義故。又復即於此陀羅尼自在王經中。說如來業已。次說不清淨大毘琉璃摩尼寶喻。是故經言。善男子。譬如善巧摩尼寶師。善知清淨大摩尼寶。向大摩尼寶性山中。取未清淨諸摩尼寶。既取彼寶。以嚴灰洗。嚴灰洗已。然後復持黑頭髮衣。以用揩磨。不以為足。勤未休息。次以辛味飲食汁洗。食汁洗已。然後復持衣纏裹木以用揩磨。不以為足。勤未休息。次後復以大藥汁洗。藥汁洗已。次後復更持細軟衣。以用揩磨。以細軟衣。用揩磨已。然後遠離銅鐵等鑛毘琉璃垢。方得說言大琉璃寶。善男子。諸佛如來亦復如是。善知不淨諸眾生性。知已乃為說無常苦無我不淨。為驚怖彼樂世眾生。令厭世間。入聲聞法中。而佛如來不以為足。勤未休息。次為說空無相無願。令彼眾生少解如來所說法輪。而佛如來不以為足。勤未休息。次復為說不退法輪。次說清淨波羅蜜行。謂不見三事。令眾生入如來境界。如是依種種因。依種種性。入佛法中。入法中已故。名無上最大福田。又復依此自性清淨如來性故。經中偈言。

譬如石鑛中　　真金不可見
能清淨者見　　見佛亦如是

向說佛性有六十種淨業功德。何謂六十。所謂四種菩薩莊嚴。八種菩薩光明。十六種菩薩摩訶薩大悲。三十二種諸菩薩業。

已說佛性義。次說佛菩提。有十六種無上菩提大慈悲心。

已說佛菩提。次說諸佛如來功德。所謂十力。四無所畏。十八不共法。

已說功德。次說如來三十二種無上大業。如是七種金剛句義。彼修多羅廣說體相。如是應知。問曰。此七種句有何次第。答曰偈言。

從佛次有法　　次法復有僧
僧次無礙性　　從性次有智
十力等功德　　為一切眾生
而作利益業　　有如是次第

已說一品具攝此論法義體相。次說七品具攝此論法義體相。解釋偈義應知歸敬三寶者。此明何義。所有如來教化眾生。彼諸眾生歸依於佛。尊敬如來。歸依於法。尊敬如來。歸依於僧。依於三寶。說十二偈。初明佛寶。故說四偈。

究竟一乘寶性論卷第一

究竟一乘寶性論卷第二

後魏中印度三藏勒那摩提譯

佛寶品第二

佛體無前際　及無中間際
亦復無後際　寂靜自覺知
既自覺知已　為欲令他知
是故為彼說　無畏常恒道
佛能執持彼　智慧慈悲刀
及妙金剛杵　割截諸苦芽
摧碎諸見山　覆藏顛倒意
及一切稠林　故我今敬禮

此偈示現何義。偈言。

無為體自然　不依他而知

智悲及以力　　自他利具足

此偈略明佛寶所攝八種功德。何等為八。一者無為體。二者自然。三者不依他知。四者智。五者悲。六者力。七者自利益。八者他利益。偈言。

非初非中後　　自性無為體
及法體寂靜　　故自然應知
唯內身自證　　故不依他知
如是三覺知　　慈心為說道
智悲及力等　　拔苦煩惱刺
初三句自利　　後三句利他

此偈明何義。遠離有為。名為無為。應知又有為者。生住滅法。無彼有為。是故佛體。非初中後。故得名為無為法身。應知偈言。佛體無前際。及無中間際。亦復無後際故。又復遠離一切戲論虛妄分別。寂靜體故。名為自然。應知偈言寂靜。故不依他知者。不依他因緣證知故。不依他因緣證知者。不依他因緣生故。不依他因緣生者。自覺不依他覺故。如是依於如來無為法身相故。一切佛事無始世來。自然而行常不休息。如是希有不可思議諸佛境界。不從他聞。不從他聞者。不從師聞。自自在智無言之體而自覺知偈言自覺知故既自覺知已。然後為他生盲眾生。令得覺知。為彼證得無為法身。說無上道。是故名為無上智悲。應知偈言既自覺知已。為欲令他知。是故為彼說無畏常恒道故無畏常恒道者。明道無畏是常是恒。以出世間不退轉法。如是次第又拔他苦煩惱根本。如來智慧慈悲及神力如是三句刀金剛杵譬喻示現。又以何者。為苦根本。略說言之。謂三有中生名色是。又何者為煩惱根本。謂身見等。虛妄邪見疑戒取等。又名色者。是彼所攝所

生苦芽。應知如來智慧慈悲心等。能割彼芽。以是義故。說刀譬喻。

偈言佛能執持彼智慧慈悲刀故。割截諸苦芽故。又邪見疑所攝煩惱。見道遠離。以世間智所不能知。稠林煩惱不能破壞。如世間中樹林牆等。彼相似法以如來力能破壞。彼以是故。說金剛杵喻。偈言及妙金剛杵故。摧碎諸見山覆藏顛倒意及一切稠林故。此六種句如來莊嚴智慧光明入一切佛境界經中次第顯說應知。應云何知。彼經中言。文殊師利。如來應正遍知不生不滅者。此明如來無為之相。又復次說無垢清淨琉璃地中帝釋王身鏡像現等。如是乃至九種譬喻。皆明如來不生不滅。又言。文殊師利。如來應正遍知。清淨法身亦復如是。不動不生。心不戲論。不分別不分別無分別。不思無思不思議。無念寂滅寂靜。不生不滅。不可見不可聞。不可嗅不可嘗。不可觸無諸相。不可覺不可知。如是等句。皆說寂靜差別之相。此明何義。明佛一切所作事中。遠離一切戲論分別。寂靜自然。次說餘殘修多羅。彼中說言。如實覺知一切法門者。此明如來不依他故證大菩提。又復次說如來菩提有十六種。是故經言。文殊師利。如來如是如實覺知一切諸法。觀察一切眾生法性不淨有垢有點奮迅。於諸眾生大悲現前。此明如來無上智悲。應知文殊師利。如來如是如實覺知一切法者。如向前說。無體為體。如實覺知者。如實無分別佛智知故。觀察一切眾生法性者。乃至邪聚眾生。如我身中法性法體法界如來藏等。彼諸眾生亦復如是無有差別。如來智眼了了知故。不淨者以諸凡夫煩惱障故。有垢者以諸聲聞辟支佛等有智障故。有點者以諸菩薩摩訶薩等依彼二種習氣障故。奮迅者能如實知種種眾生可化方便。入彼眾生可化方便種種門故。大悲者成大菩提得於一切眾生平等大慈悲心。為欲令彼一切眾生如佛證智。如是覺知證大菩提故。次於一切眾生平等轉大法輪常不休息。如是三句能作他利益故名為力。應知又此六句次第。初三種句謂無為等功德。如來法身相應示現自利益。餘三種句所謂智等示現他利益。又復有義。以有智慧故證得第一寂靜法身。是故名為自利益。又依慈悲力等二句轉大法輪示現他利益。已說佛寶。次明法寶。

究竟一乘寶性論法寶品第三

論曰。依彼佛寶有真法寶。以是義故次佛寶後示現法寶。依彼法寶故說四偈。

非有亦非無　　亦復非有無
亦非即於彼　　亦復不離彼
不可得思量　　非聞慧境界
出離言語道　　內心知清涼
彼真妙法日　　清淨無塵垢
大智慧光明　　普照諸世間
能破諸曀障　　覺觀貪瞋癡
一切煩惱等　　故我今敬禮

此偈示現何義。偈言。

不思議不二　　無分淨現對
依何得何法　　離法二諦相

此偈略明法寶所攝八種功德。何等為八。一者不可思議。二者不二。三者無分別。四者淨。五者顯現。六者對治。七者離果。八者離因。離者偈言。

滅諦道諦等　　二諦攝取離
彼各三功德　　次第說應知

此偈明何義。前六功德中初三種功德不思議不二及無分別等。示現彼滅諦攝取離煩惱。應知餘殘有三句。淨顯現對治。示現彼道諦攝取斷煩惱因。應知又證法所有離名為滅諦。以何等法修行斷煩惱名為道諦。以此二諦合為淨法。以二諦相名為離法。應知偈言。

不思量無言　智者內智知
以如是義故　不可得思議
清涼不二法　及無分別法
淨顯現對治　三句猶如日

此偈明何義。略明滅諦有三種法。以是義故不可思議。應知以何義故不可思議。有四義故。何等為四。一者為無。二者為有。三者為有無。四者為二。偈言非有亦非無。亦復非有無。亦非即於彼。亦復不離彼故。滅諦有三種法。應知者。此明何義。滅諦非可知。有三種法。何等為三。一者非思量境界故。偈言不可得思量。非聞慧境界故。二者遠離一切聲響名字章句言語相貌故。偈言出離言語道故。三者聖人內證法故。偈言內心知故。又滅諦云何不二法者。及云何無分別者。如不增不減經中如來說言。舍利弗如來法身清涼。以不二法故。以無分別法故。偈言清涼故。何者是二而說不二所言二者。謂業煩惱。言分別者。所謂集起業煩惱因及邪念等。以知彼自性本來寂滅不二無二行。知苦本來不生。是名苦滅諦。非滅法故名苦滅諦。是故經言。文殊師利。何等法中無心意意識行。彼法中無分別。以無分別故不起邪念。以有正念故不起無明。以不起無明故。即不起十二有支。以不起十二有支故。即名無生。是故聖者勝鬘經言。世尊。非滅法故名苦滅諦。世尊。所言苦滅者。名無始無作無起無盡離盡。常恒清涼不變自性清淨。離一切煩惱藏所纏。世尊過於恒沙。不離不脫不異不思議佛法畢竟成就。說如來法身。世尊。如是如來法身不離煩惱藏所纏。名如來藏。如是等勝鬘經中廣說滅諦應知。又以何因得此滅諦如來法身。謂於見道及修道中無分別智三種日。相似相對法應知。偈言。彼真妙法日故。何等為三。一者日輪清淨相似相對法。以遠離一切煩惱垢故。偈言清淨無塵垢故。二者顯現一切色像相似相對法。

以一切種一切智能照知故。偈言大智慧光明故。三者對治闇相似相對法。以起一切種智對治法故。偈言普照諸世間故。又以何者是所治法。所謂依取不實事相。虛妄分別念。生貪瞋癡結使煩惱。此明何義。愚癡凡夫依結使煩惱。取不實事相。念故起於貪心。依瞋恚故起於瞋心。依於無明虛妄念故起於癡心。又復依彼貪瞋癡等虛妄分別。取不實事相。念起邪念心。依邪念心起於結使。依於結使起貪瞋癡。以是義故。身口意等造作貪業瞋業癡業。依此業故。復有生生不斷不絕。如是一切愚癡凡夫。依結使煩惱集起邪念。依邪念故起諸煩惱。依煩惱故起一切業。依業起生。如是此一切種諸煩惱染業染生染。愚癡凡夫不如實知。不如實見一實性界。如彼如實性。觀察如實性而不取相。以不取相故。能見實性。如是實性諸佛如來平等證知。又不見如是虛妄法相。如實知見。如實有法真如法界。以見第一義諦故。如是二法不增不減。是故名為平等證智。是名一切種智。所治障法應如是知。以起真如智對治法故。彼所治法畢竟不復生起現前。偈言能破諸曀障覺觀貪瞋癡一切煩惱等故。又此得滅諦如來法身。因於見道中及修道中無分別智。廣說如摩訶般若波羅蜜等。修多羅中言。須菩提。真如如來真如平等無差別。如是等應知。已說法寶。次說僧寶。

究竟一乘寶性論僧寶品第四

論曰。依大乘法寶。有不退轉菩薩僧寶。以是義故。次法寶後示現僧寶。依彼僧寶故。說四偈。

正覺正知者　見一切眾生
清淨無有我　寂靜真實際
以能知於彼　自性清淨心

見煩惱無實　　故離諸煩惱
無障淨智者　　如實見眾生
自性清淨性　　佛法僧境界
無閡淨智眼　　見諸眾生性
遍無量境界　　故我今敬禮

此偈示現何義。偈言。

如實知內身　　以智見清淨
故名無上僧　　諸佛如來說

此偈明何義。偈言。

如實見眾生　　寂靜真法身
以見性本淨　　煩惱本來無

此偈明何義。以如實見本際。以來我空法空應知。偈言正覺正知者。見一切眾生清淨無有我。寂靜真實際故。又彼如實知無始世來本際寂靜無我無法。非滅煩惱證時始有。此明何義。此見自性清淨法身。略說有二種法。何等為二。一者見性本來自性清淨。二者見諸煩惱本來寂滅。偈言以能知於彼自性清淨心見煩惱無實故離諸煩惱故。又自性清淨心本來清淨。又本來常為煩惱所染。此二種法於彼無漏真如。法界中善心不善心俱。更無第三心。如是義者難可覺知。是故聖者勝

鬘經言。世尊。剎尼迦善心。非煩惱所染剎尼迦不善心。亦非煩惱所染。煩惱不觸心。心不觸煩惱。云何不觸法而能得染心。世尊。然有煩惱有煩惱染心。自性清淨心而有染者。難可了知。如是等聖者勝鬘經中廣說。自性清淨心及煩惱所染應知。又有二種修行。謂如實修行。及遍修行。難證知義。如實修行者。謂見眾生自性清淨佛性境界故。偈言

無障淨智者如實見眾生自性清淨性佛法身境界故。遍修行者。謂遍十地一切境界故。見一切眾生有一切智故。又遍一切境界者。以遍一切境界。依出世間慧。見一切眾生乃至畜生有如來藏應知。彼見一切眾生有真如佛性。初地菩薩摩訶薩以遍證一切真如法界故。偈言無閡淨智眼見諸眾生性遍無量境界故。如是內身自覺知。彼無漏法界無障無閡。依於二法。一者如實修行。二者遍修行。此明何義。謂出世間如實內證真如法智。不共二乘凡夫人等應知。此明何義。菩薩摩訶薩出世間清淨證智。略說有二種。勝聲聞辟支佛證智。何等為二。一者無障。二者無礙。無障者。謂如實修行。見諸眾生自性清淨境界。故名無障。無閡者。謂遍修行。以如實知無邊境界。故名無閡。此明何義。偈言。

如實知見道　　見清淨佛智
故不退聖人　　能作眾生依

此偈明何義。又依初地菩薩摩訶薩證智。清淨見道不退地乘。能作見彼無上菩提清淨勝因應知。偈言如實知見道見清淨佛智故。此初地證智。勝餘菩薩摩訶薩布施持戒等波羅蜜功德。以是義故。菩薩摩訶薩依如實見真如證智。是故能與一切眾生天龍八部聲聞辟支佛等作歸依處。偈言不退聖人能作眾生依故。問曰。以何義故。不明歸依聲聞僧寶。答曰。菩薩僧寶功德無量。是故應供。以應供故。合應禮拜讚歎供養。聲聞之人無如是義。以是義故。不明歸依聲聞僧寶。此明何義。偈言。

境界諸功德　　證智及涅槃
諸地淨無垢　　滿足大慈悲
生於如來家　　具足自在通
果勝最無上　　是勝歸依義

此偈明何義。略說菩薩十種勝義。過諸聲聞辟支佛故。何等為十。一者觀勝。二者功德勝。三者證智勝。四者涅槃勝。五者地勝。六者清淨勝。七者平等心勝。八者生勝。九者神力勝。十者果勝。觀勝者謂觀真如境界。是名觀勝偈言境界故。功德勝者。菩薩修行無厭足不同二乘少欲等。是名功德勝。偈言功德故。證智勝者。證二種無我。是名證智勝。偈言證智故。涅槃勝者。教化眾生故。是名涅槃勝。偈言涅槃故。地勝者。所謂十地等。是名地勝。偈言諸地故。清淨勝者。菩薩遠離智障。是名清淨勝。偈言淨無垢故。平等心勝者。菩薩大悲遍覆。是名平等心勝。偈言滿足大慈悲故。生勝者。諸菩薩生無生故。是名生勝。偈言生於如來家故。神力勝者。謂三昧自在神通等力勝。是名神力勝。偈言具足三昧自在通故。果勝者。究竟無上菩提故。是名果勝。偈言果勝最無上故。此明何義。有黠慧人。知諸菩薩功德無量修習菩提。無量無邊廣大功德。有大智慧慈悲圓滿。為照知彼無量眾生性行稠林。猶如初月。唯除諸佛如來滿月。菩薩摩訶薩。知諸聲聞乃至證得阿羅漢道。少智慧人無大悲心。為照自身。猶如星宿。既如是知。欲取如來大滿月身。修菩提道。而當棄捨初月。菩薩起心禮拜供養。其餘星宿聲聞辟支佛者。無有是處。此復何義。明為利益一切眾生初始發起菩提之心。諸菩薩等已能降伏不為利益他眾生身為自利益修持無漏清淨禁戒乃至證得阿羅漢果聲聞之人。何況其餘。得十自在等。無量無邊功德菩薩摩訶薩。而同聲聞辟支佛等少功德人。無有是處。以是義故。經中偈言。

若為自身故　　修行於禁戒
遠離大慈心　　捨破戒眾生
以為自身故　　護持禁戒財
如是持戒者　　佛說非清淨
若為他人故　　修行於禁戒
能利益眾生　　如地水火風
以為他眾生　　起第一悲心

是名淨持戒　　餘似非清淨

問曰。依何等義為何等人。諸佛如來說此三寶。答曰。偈言。

依能調所證　　弟子為三乘
信三供養等　　是故說三寶

此偈明何義。略說依三種義。為六種人故說三寶。何等為三。一者調御師。二者調御師法。三者調御師弟子。偈言依能調所證弟子故。六種人者。何等為六。一者大乘。二者中乘。三者小乘。四者信佛。五者信法。六者信僧。偈言為三乘信三供養等故。初釋第一義。第一第四人歸依兩足中最勝第一尊佛。示現調御

師大丈夫義故。偈言依能調故。為取佛菩提諸菩薩人故。偈言為大乘故。為信供養諸佛如來福田人故。偈言信佛供養故。以是義故。說立佛寶。偈言是故說佛寶故。已釋第一義第一第四人。次釋第二義。第二第五人歸依離煩惱中最勝第一法。示現調御師所證功德法故。偈言依所證故。為自然知不依他知深因緣法辟支佛人故。偈言為中乘故。為信供養第一妙法福田人故。偈言信法供養故。以是義故。說立法寶。偈言是故說法寶故。已釋第二義第二第五人。次釋第三義。第三第六人歸依諸眾中最勝第一諸菩薩僧。示現調御師弟子於諸佛如來所說法中如實修行不相違義故。偈言依弟子故。為從他聞聲聞人故偈言為小乘故。為信供養第一聖眾福田人故。偈言信僧供養故。以是義故。說立僧寶。偈言是故說僧寶故。是名略說依三種義。為六種人故。諸佛如來說此三寶。偈言依能調所證弟子為三乘信三供養等是故說三寶故。又為可化眾生令次第入。以是義故。依於世諦示現明說立三歸依。此明何義。偈言。

可捨及虛妄　　無物及怖畏
二種法及僧　　非究竟歸依

此偈明何義。法有二種。何等為二。一所說法。二所證法。所說法者。謂如來說修多羅等名字章句身所攝故。彼所說法證道時滅如捨船筏。偈言可捨故。所證法者。復有二種。謂依因果二種差別。以依何法證何法故。此明何義。所謂有道有為相攝。若為有為相所攝者。彼法虛妄。偈言及虛妄故。若虛妄者彼法非實。若非實者彼非真諦。非真諦者即是無常。若無常者非可歸依。又復若依彼聲聞道所得滅諦。彼亦無物猶如燈滅。唯斷少分諸煩惱苦。若如是者則是無物。若無物者云何為他之所歸依。偈言無物故。僧者凡有三乘之人。三乘人中依聲聞僧常有怖畏。常求歸依諸佛如來求離世間。此是學人所應作者。未究竟故。猶進趣向阿耨多羅三藐三菩提故。所言怖畏者。云何怖畏。以阿羅漢雖盡有漏而不斷一切煩惱習氣。彼於一切有為行相。極怖畏心常現在前。是故聖者勝鬘經言。阿羅漢有恐怖。何以故。阿羅漢於一切無行怖畏想住。如人執劍欲來害己。是故阿羅漢無究竟樂。何以故。世尊依不求依如眾生無依彼彼恐怖。以恐怖故則求歸依。如是阿羅漢有怖畏。以恐怖故歸依如來。故彼若如是有怖畏者。彼人畢竟為欲遠離彼怖畏處求無畏處。以是義故依遠離彼怖畏之處。名為學者當有所作欲得阿耨多羅三藐三菩提無畏之處。是故聲聞法僧二寶是少分歸依。非究竟歸依。偈言二種法及僧非究竟歸依故。此明何義。偈言。

眾生歸一處　　佛法身彼岸
依佛身有法　　依法究竟僧

此偈明何義。如向所說。諸佛如來不生不滅寂靜不二。離垢法身故。以唯一法身究竟清淨處故。又三乘之人無有救者。無歸依者。以唯有彼岸無始本際畢竟無盡。是可歸依恒可歸依。所謂唯是諸佛如來故。如是常恒清涼不變故可歸依。聖者勝鬘經中廣說應知。問曰。以何義故佛法眾僧說名為寶。答曰。偈言。

真寶世希有　　明淨及勢力
能莊嚴世間　　最上不變等

此偈明何義。所言寶者有六種相似。依彼六種相似相對法故。佛法眾僧說名為寶。何等為六。一者世間難得相似相對法。以無善根諸眾生等百千萬劫不能得故。偈言真寶世希有故。二者無垢相似相對法。以離一切有漏法故。偈言明淨故。三者威德相似相對法。以具足六通不可思議威德自在故。偈言勢力故。四者莊嚴世間相似相對法。以能莊嚴出世間故。偈言能莊嚴世間故。五者勝妙相似相對法。以出世間法故。偈言最上故。六者不可改異相似相對法。以得無漏法世間八法不能動故。偈言不變故。問曰。依何等法有此三寶。而依此法得有世間。及出世間清淨生起三寶。答曰。為彼義故說兩行偈。

真如有雜垢　　及遠離諸垢
佛無量功德　　及佛所作業
如是妙境界　　是諸佛所知
依此妙法身　　出生於三寶

此偈示現何義。偈言。

如是三寶性　　唯諸佛境界
以四法次第　　不可思議故

此偈明何義。真如有雜垢者。謂真如佛性未離諸煩惱所纏。如來藏故。及遠離諸垢者。即彼如來藏轉身到佛地得證法身。名如來法身故。佛無量功德者。即彼轉身如來法身相中。所有出世間十力無畏等。一切諸功德無量無邊故。及佛所作業者。即彼十力等。一切諸佛法自然常作無上佛業。常不休息常不捨離。常授諸菩薩記。彼處次第有四種法不可思議。是故名為如來境界。何等四處偈言。

染淨相應處　　不染而清淨
不相捨離法　　自然無分別

此偈明何義。真如有雜垢者。同一時中有淨有染。此處不可思議。不可思議者。信深因緣法聲聞辟支佛於彼非境界故。是故聖者勝鬘經中。佛告勝鬘言。天女。自性清淨心而有染污難可了知。有二法難可了知。謂自性清淨心難可了知。彼心為煩惱所染亦難了知。天女。如此二法。汝及成就大法菩薩摩訶薩乃能聽受。諸餘聲聞辟支佛等。唯依佛語信此二法故。偈言染淨相應處故。及遠離諸垢者。真如非本有染後時言清淨。此處不可思議。是故經言心自性清淨。自性清淨心本來清淨。如彼心本體。如來如是知。是故經言。如來一念心相應慧。得阿耨多羅三藐三菩提故。偈言不染而清淨故。佛無量功德者。謂前際後際於一向染凡夫地中。常不捨離真如法身。一切諸佛法無異無差別。此處不可思議。是故經言。復次佛子。如來智慧無處不至。何以故。以於一切眾生界中終無有一眾生身中而不具足如來功德及智慧者。但眾生顛倒。不知如來智遠離顛倒起一切智無師智無礙智。佛子。譬如有一極大經卷。如一三千大千世界。大千世界一切所有無不記錄。若與二千世界等者。悉記二千世界中事。若與小千世界等者。悉記小千世界中事。四天下等者。悉記一切四天下事。須彌山王等者。悉記須彌山王等事。地天宮等者。悉記地天宮殿中事。欲天宮等者。悉記欲天宮殿中事。色天宮等者。悉記色天宮殿中事。若與無色天宮等者。悉記一切無色界天宮殿中事。彼等三千大千世界極大經卷。在一極細小微塵內。一切微塵皆亦如是。時有一人出興於世。智慧聰達具足成就清淨天眼。見此經卷在微塵內。作如是念。云何如此廣大經卷在微塵內而不饒益諸眾生耶。我今應當勤作方便破彼微塵出此經卷饒益眾生。作是念已。爾時彼人即作方便。破壞微塵出此經卷饒益眾生。佛子。如來智慧。無相智慧。無閡智慧。具足在於眾生身中。但愚癡眾生顛倒想覆。不知不見不生信心。爾時如來以無障閡清淨天眼。觀察一切諸眾生身。既觀察已作如是言。奇哉奇哉。云何如來具足智慧。在於身中而不知見。我當方便教彼眾生覺悟聖道。悉令永離一切妄想顛倒垢縛。令具足見如來智慧在其身內與佛無異。如來即時教彼眾生修八聖道。捨離一切虛妄顛倒。離顛倒已見如來智。與如來等饒益眾生故。偈言不相捨離法故。及佛所作業者。同一時一切處一切時。自然無分別。隨順眾生心。隨順可化眾生根性。不錯不謬隨順作佛業。此處不可思議。是故經言。善男子。如來為令一切眾生入佛法中故。無量如來業作有量說。善男子。如來所有實作業者。於彼一切世間眾生。不可量不可數。不可思議不可知。不可以名字說。何以故。以難可得與前眾生故。以於一切諸佛國土不休息故。以一切諸佛悉平等故。以過一切諸世間心所作事故。以無分別猶如虛空悉平等故。以無異無差別法性體故。如是等廣說已。又說不淨大毘琉璃摩尼寶珠譬喻言。善男子。汝依此譬喻。應知如來業不可思議故。平等遍至故。一切處不可呵故。三世平等故。不斷絕三寶種故諸佛如來雖如是住不可思議業中。而不捨離虛空法身。雖不捨離虛空法身。而於眾生隨所應聞名字章句為之說法。雖為眾生如是說法。而常遠離一切眾生心所念觀。何以故。以如實知一切眾生諸心行故。偈言自然無分別故。依此妙法身出生於三寶者。偈言。

所覺菩提法　　依菩提分知
菩提分教化　　眾生覺菩提
初句為正因　　餘三為淨緣
前二自利益　　後二利益他

此偈明何義。此四種句。總攝一切所知境界。此明何義。初一句者。謂所證法應知。以彼證法名為菩提。偈言所覺菩提法故。第二句。菩提依菩提分知者。以諸佛菩提功德能作佛菩提因故。偈言依菩提分知故。第三句菩提分教化者。以菩提分令他覺故。第四句眾生覺菩提者。所化

眾生覺菩提故。此四種句次第不取相。依此行故。清淨菩提出生三寶應知。偈言所覺菩提法依菩提。分知菩提分教

化眾生覺菩提故。以一句因三句緣故。如來得阿耨多羅三藐三菩提。以得菩提者。十力等諸佛如來法。三十二種諸佛如來作業。依如來業眾生聞聲。依彼法故。得清淨因緣出生三寶應知。是故偈言初句為正因餘三為淨緣故。

究竟一乘寶性論卷第二

究竟一乘寶性論卷第三

後魏中印度三藏勒那摩提譯

一切眾生有如來藏品第五

論曰。自此已後餘殘論偈。次第依彼四句廣差別說應知。此以何義。向前偈言。

真如有雜垢　　及遠離諸垢
佛無量功德　　及佛所作業
如是妙境界　　是諸佛所知
依此妙法身　　出生於三寶

此偈示現何義。如向所說。一切眾生有如來藏。彼依何義故。如是說偈言。

佛法身遍滿　　真如無差別
皆實有佛性　　是故說常有

此偈明何義。有三種義。是故如來說一切時一切眾生有如來藏。何等為三。一者如來法身遍在一切諸眾生身。偈言佛法身遍滿故。二者如來真如無差別。偈言真如無差別故。三者一切眾生皆悉實有真如佛性。偈言皆實有佛性故。此三句義。自此下論依如來藏修多羅。我後時說應知。如偈本言。

一切眾生界　　不離諸佛智
以彼淨無垢　　性體不二故
依一切諸佛　　平等法性身
知一切眾生　　皆有如來藏
體及因果業　　相應及以行
時差別遍處　　不變無差別
彼妙義次第　　第一真法性
我如是略說　　汝今應善知

此偈示現何義。略說此偈有十種義。依此十種說第一義實智境界佛性差別應知。何等為十。一者體。二者因。三者果。四者業。五者相應。六者行。七者時差別。八者遍一切處。九者不變。十者無差別。初依體因故。說一偈。

自性常不染　　如寶空淨水
信法及般若　　三昧大悲等

此初半偈示現何義。偈言。

自在力不變　　思實體柔軟
寶空水功德　　相似相對法

此偈明何義。向說三種義。彼三種義。次第依於自相同相。如來法身三種清淨功德。如如意寶珠虛空淨水。相似相對法應知。此明何義。思者依如來法身。所思所修皆悉成就故。後半偈者示現何義。偈言。

有四種障礙　　謗法及著我
怖畏世間苦　　捨離諸眾生

此偈明何義。偈言。

闡提及外道　　聲聞及自覺
信等四種法　　清淨因應知

此偈明何義。略說一切眾生界中有三種眾生。何等為三。一者求有。二者遠離求有。三者不求彼二。求有有二種何等為二。一者謗解脫道無涅槃性。常求住世間不求證涅槃。二者於佛法中闡提同位。以謗大乘故。是故不增不減經言。舍利弗。若有比丘比丘尼優婆塞優婆夷。若起一見若起二見。諸佛如來非彼世尊。如是等人非我弟子。舍利弗。是人以起二見因緣。從闇入闇從冥入冥。我說是等名一闡提故。偈言謗法故。闡提故。遠離求有者。亦有二種。何等為二。一者無求道方便。二者有求道方便。無求道方便者。亦有二種。何等為二。一者多種外道種種邪計。謂僧佉衛世師尼揵陀若提子等。無求道方便。二者於佛法中同外道行。雖信佛法而顛倒取。彼何者是。謂犢子等。見身中有我等。不信第一義諦。不信真如法空。佛說彼人無異外道。復有計空為有。以我相憍慢故。

何以故。以如來為說空解脫門令得覺知。而彼人計唯空無實。為彼人故。寶積經中佛告迦葉。寧見計我如須彌山。而不用見憍慢眾生計空為有。迦葉一切邪見解空得離。若見空為有。彼不可化令離世間故。偈言及著我故。及外道故。有方便求道者。亦有二種。何等為二。一者聲聞。偈言怖畏世間苦故。聲聞故。二者辟支佛。偈言捨離諸眾生故。及自覺故。不求彼二者。所謂第一利根眾生諸菩薩摩訶薩。何以故。以諸菩薩不求彼有如一闡提故。又亦不同無方便求道種種外道等故。又亦不同有方便求道聲聞辟支佛等故。何以故。以諸菩薩見世間涅槃道平等故。以不住涅槃心故。以世間法不能染故。而修行世間行堅固慈悲涅槃心故。以善住根本清淨法中故。又彼求有眾生一闡提人。及佛法中同闡提位。名為邪定聚眾生。又遠離求有眾生中。墮無方便求道眾生。名為不定聚眾生。又遠離求有眾生中。求離世間方便求道聲聞辟支佛。及不求彼二。平等道智菩薩摩訶薩。名為正定聚眾生。又除求於無障礙道大乘眾生。餘有四種眾生。何等為四。一者闡提。二者外道。三者聲聞。四者辟支佛。彼四眾生有四種障故。不能證故。不能會故。不能見如來之性。何等為四。一者謗大乘法一闡提障。此障對治。謂諸菩薩摩訶薩信大乘故。偈言信法故。二者橫計身中有我諸外道障。此障對治。謂諸菩薩摩訶薩修行般若波羅蜜故。偈言及般若故。三者怖畏世間諸苦聲聞人障。此障對治。謂諸菩薩摩訶薩修行虛空藏首楞嚴等諸三昧故。偈言三昧故。四者背捨利益一切眾生捨大悲心辟支佛障。此障對治。謂諸菩薩摩訶薩修行大悲。為利益眾生故。偈言大悲故。是名四種障。障四種眾生。為對治彼四種障故。諸菩薩摩訶薩信修行大乘等四種對治法。得無上清淨法身。到第一彼岸。何以故。依此四種清淨法界修習善法。此是諸佛隨順法子於佛家生。是故偈言。

大乘信為子　　般若以為母
禪胎大悲乳　　諸佛如實子

偈言信等四種法清淨因應知故。又依果業故。說一偈。

淨我樂常等　　彼岸功德果
厭苦求涅槃　　欲願等諸業

此初半偈示現何義。偈言。

略說四句義　　四種顛倒法
於法身中倒　　修行對治法

此偈明何義。彼信等四法。如來法身因此能清淨。彼向說四種法。彼次第略說對治四顛倒。如來法身四種功德波羅蜜果應知。偈言略說四句義故。此明何義。謂於色等無常事中起於常想。於苦法中起於樂想。於無我中起於我想。於不淨中起於淨想。是等名為四種顛倒應知。偈言四種顛倒法故。為對治此四種顛倒故。有四種非顛倒法應知。何等為四。謂於色等無常事中生無常想苦想無我想不淨想等。是名四種不顛倒對治應知。偈言修行對治法故。如是四種顛倒對治。依如

來法身。復是顛倒應知。偈言於法身中倒故。對治此倒說有四種如來法身功德波羅蜜果。何等為四。所謂常波羅蜜樂波羅蜜我波羅蜜淨波羅蜜應知。偈言修行對治法故。是故聖者勝鬘經言。世尊。凡夫眾生於五陰法起顛倒想。謂無常常想。苦有樂想。無我我想。不淨淨想。世尊。一切阿羅漢辟支佛空智者。於一切智境界及如來法身本所不見。若有眾生。信佛語故。於如來法身起常想樂想我想淨想。世尊。彼諸眾生非顛倒見。是名正見。何以故。唯如來法身。是常波羅蜜樂波羅蜜我波羅蜜淨波羅蜜。世尊。若有眾生於佛法身作是見者。是名正見。世尊。正見者是佛真子。從佛口生從正法生。從法化生得法餘財。如是等故。又此四種如來法身功德波羅蜜從因向果。次第而說淨我樂常應知。云何次第從因向果。謂誹謗大乘一闡提障。實無有淨而心樂著取世間淨。此障對

治。謂諸菩薩摩訶薩信大乘修行證得第一淨波羅蜜果應知。於五陰中見有神我諸外道障。實無神我而樂著取我。此障對治。謂諸菩薩摩訶薩修行般若波羅蜜。證得第一我波羅蜜果應知。

此明何義。一切外道執著色等非真實事。以為有我。而彼外道取著我相。無如是我相虛妄顛倒。一切時無我。以是義故。說言如來如實智知一切法無我到第一彼岸。而如來無彼我無我相。何以故。以一切時如實見知不虛妄故。非顛倒故。此以何義。以即無我名為有我。即無我者。無彼外道虛妄神我。名有我者。如來有彼得自在我。是故偈言。

如清淨真空　　得第一無我
諸佛得淨體　　是名得大身

此偈明何義。得大身者。謂如來得第一清淨真如法身。彼是諸佛如來實我。以得自在體。

以得第一清淨身。偈言諸佛得淨體故。以是義故。諸佛名得清淨自在。偈言是名得大身故。以是義故。依於此義諸佛如來於無漏界中得為第一最自在我。又復即依如是義故。如來法身不名為有。以無我相無法相故。以是義故。不得言有。以如彼相如是無故。又復即依如是義故。如來法身不名為無。以唯有彼真如我體。是故不得言無法身。以如彼相如是有故。依此義故。諸外道問。如來死後為有身耶。為無身耶。有如是等。是故如來不記不答。諸聲聞人畏世間苦。為對治彼畏世間苦。諸菩薩摩訶薩修行一切世間出世間諸三昧故。證得第一樂波羅蜜果應知。辟支佛人棄捨利益一切眾生樂住寂靜。為對治彼棄捨眾生。諸菩薩摩訶薩修行大悲。住無限齊世間。常利益眾生。證得第一常波羅蜜果應知。是名諸菩薩摩訶薩信及般若三昧大悲四種修行。如是次第得如來身淨我樂常四種功德波羅蜜果應知。又復有義。依此四種如來法身名為廣大。如法界究竟。如虛空盡未來際。此明何義。信修行大乘。是故諸佛如來常得清淨法界到第一彼岸。是故說言廣大如法界修行般若波羅蜜。是故諸佛如來成就虛空法身。以器世間究竟無我。以修行虛空藏等無量三昧。以是義故。於一切處一切法中皆得自在。是故說言。究竟如虛空。以修行大悲。於一切眾生無限齊時。得慈悲心平等。是故說言盡未來際。又此四種波羅蜜等住無漏界中。聲聞辟支佛得大力自在。菩薩為證如來功德法身第一彼岸有四種障。何等為四。一者緣相。二者因相。三者生相。四者壞相。緣相者。謂無明住地。即此無明住地與行作緣。如無明緣行。無明住地緣亦如是故。因相者。謂無明住地緣行。即此無明住地緣行為因。如行緣識。無漏業緣亦如是故。生相者。謂無明住地緣依無漏業因生三種意生身。如四種取。緣依有漏業因而生三界。三種意生身生亦如是故。壞相者謂三種意生身緣不可思議變易死如依生緣故有老死。三種意生身緣不可思議變易死亦如是故。又一切煩惱染皆依無明住地根本。以不離無明住地。聲聞辟支佛大力菩薩。未得遠離無明住地垢。是故未得究竟無為淨波羅蜜。又即依彼無明住地緣。以細相戲論習未得永滅。是故未得究竟無為我波羅蜜。又即緣彼無明住地。有細相戲論集。因無漏業生於意陰未得永滅。是故未得究竟無為樂波羅蜜。以諸煩惱染業染生染未得永滅。是故未證究竟甘露如來法身。以未遠離不可思議變易生死常未究竟。是故未得不變異體。是故未得究竟無為常波羅蜜。又如煩惱染。無明住地亦如是。如業染。無漏業行亦如是。如生染。三種意生身及不可思議變易死亦如是。如聖者勝鬘經言。世尊。譬如取緣有漏業因而生三有。如是世尊。依無明住地緣無漏業因。生阿羅漢辟支佛大力菩薩三種意生身。世尊。此三乘地三種意生身生。及無漏業生。依無明住地有緣非無緣。如是等勝鬘經中廣說應知。復次以聲聞辟支佛大力菩薩三種意生身中無淨我樂常波羅蜜彼岸功德身。是故聖者勝鬘經言。唯如來法身是常波羅蜜樂波羅蜜我波羅蜜淨波羅蜜。如是等故。此明何義。以如來法身自性清淨離一切煩惱障智障習氣故名為淨。是故說言。唯如來法身是淨波羅蜜。以得寂靜第一自在我故。離無我戲論究竟寂靜故名為我。是故說言。唯如來法身是我波羅蜜。以得遠離意生陰身因故名為樂。是故說言。唯如來法身是樂波羅蜜。以世間涅槃平等證故。故名為常。

是故說言。唯如來法身是常波羅蜜。又復略說有二種法。依此二法如來法身有淨波羅蜜應知。何等為二。一者本來自性清淨。以因相故。二者離垢清淨。以勝相故。有二種法。依此二法如來法身有我波羅蜜應知。何等為二。一者遠離諸外道邊。以離虛妄我戲論故。二者遠離諸聲聞邊。以離無我戲論故。有二種法。依此二法如來法身有樂波羅蜜應知。何等為二。一者遠離一切苦。二者遠離一切煩惱習氣。此以何義。云何遠離一切苦。以滅一切種苦故。以滅一切意生身故。云何遠離煩惱習氣。以證一切法故。有二種法。依此二法如來法身有常波羅蜜應知。何等為二。一者不滅一切諸有為行。以離斷見邊故。二者不取無為涅槃。以離常見邊故。以是義故。聖者勝鬘經中說言。世尊。見諸行無常。是斷見非正見見涅槃常。是常見非正見。妄想見故。作如是見故。以是義故。依如是向說法界法門第一義諦。說即世間法名為涅槃。以此二法不分別故。以證不住世間涅槃故。是故偈言。

無分別之人　不分別世間
不分別涅槃　涅槃有平等

後半偈者示現何義偈言。

若無佛性者　不得厭諸苦
不求涅槃樂　亦不欲不願

以是義故。聖者勝鬘經言。世尊。若無如來藏者。不得厭苦樂求涅槃。亦無欲涅槃亦不願求。如是等此明何義。略說佛性清淨正因於不定聚眾生能作二種業。何等為二。一者依見世間種種苦惱。厭諸苦故。生心欲離諸世間中一切苦惱。偈言若無佛性者不得厭諸苦故。二者依見涅槃樂悕寂樂故。生求心欲心願心。偈言若無佛性者不求涅槃樂亦不欲不願故。又欲者。求涅槃故。求者。悕涅槃故。悕者。於悕求法中不怯弱故。

欲得者。於所求法中方便追求故。及諮問故願者。所期法中。所期法者。心心相行。是故偈言。

見苦果樂果　　此依性而有
若無佛性者　　不起如是心

此偈明何義。凡所有見世間苦果者。凡所有見涅槃樂果者。此二種法。善根眾生。有一切依因真如佛性。非離佛性無因緣故起如是心。偈言見苦果樂果。此依性而有故。若無因緣生如是心者。一闡提等無涅槃性。應發菩提心。偈言若無佛性者不起如是心故。以性未離一切客塵煩惱諸垢。於三乘中未曾修習一乘信心。又未親近善知識等。亦未修習親近善知識因緣。是故華嚴性起中言。次有乃至邪見聚等。眾生身中皆有如來日輪光照。作彼眾生利益。作未來因善根。增長諸白法故。向說一闡提常不入涅槃。無涅槃性者。此義云何。為欲示現謗大乘因故。此明

何義。為欲迴轉誹謗大乘心不求大乘心故。依無量時故。如是說。以彼實有清淨性故。不得說言彼常畢竟無清淨性。又依相應義故。說一偈。

大海器寶水　　無量不可盡
如燈明觸色　　性功德如是

此初半偈示現何義。偈言。

佛法身慧定　　悲攝眾生性
海珍寶水等　　相似相對法

此偈明何義。以有三處故。次第有三種大海相似相對法。於如來性中依因畢竟成就相應義應知。何等三處。一者法身清淨因。二者集佛智

因。三者得如來大悲因。法身清淨因者。信修行大乘器相似相對法。以彼無量不可盡故。偈言佛法身故。海相似相對法故。集佛智因者。般若三昧珍寶相似相對法。偈言慧定故。珍寶相似相對法故。得如來大悲因者。大慈悲心水相似相對法。偈言悲攝眾生性故。水相似相對法故。又修行智慧三昧門寶相似相對法。以彼無分別不可思議有大勢力功德相應故。又修行菩薩大悲水相似相對法。以於一切眾生柔軟大悲得一味等味相行故。如是彼三種法。此三種因和合。畢竟不相捨離。故名相應。後半偈者。示現何義。偈言。

通智及無垢　　不離於真如
如燈明煖色　　無垢界相似

此偈明何義。有三處次第三種燈相似相對法。於如來法界中依果相應義應知。何等三處。一者通。二者知漏盡智。三者漏盡。此以何義。通者。有五通光明相似相對法。以受用事能散滅。彼與智相違。所治闇法能治相似相對法故。偈言通故。明故。知漏盡智者。無漏智煖相似相對法。以能燒業煩惱無有餘殘。能燒相似相對法故。偈言智故煖故。漏盡者。轉身漏盡色相似相對法。以常無垢清淨光明具足相無垢相似相對法故。偈言無垢故色故。又無垢者。以離煩惱障故。清淨者。以離智障故。光明者。如自性清淨體。彼二是客塵煩惱。如是略說六種無漏智。離煩惱無學身所攝法。於無漏法界中彼此迭共不相捨離。不差別法界平等畢竟。名相應義應知。又依行義故。說一偈。

見實者說言　　凡夫聖人佛
眾生如來藏　　真如無差別

此偈示現何義。偈言。

凡夫心顛倒　　見實異於彼
如實不顛倒　　諸佛離戲論

此偈明何義。向明如來法界中一切法。真如清淨明同相。依般若波羅蜜無分別智法門等。為諸菩薩摩訶薩說。此以何義。略明依三種人。何等為三。一者不實見凡夫。二者實見聖人。三者畢竟成就如來法身。是名三種行應知。應云何知。謂取顛倒。離顛倒。離戲論。如是次第。此以何義。取顛倒者。謂諸凡夫三種虛妄想心見故。偈言凡夫心顛倒故。離顛倒者。以聖人遠離虛妄想心見故。偈言見實異於彼故。離戲論者。正離顛倒及諸戲論。以煩惱障智障及煩惱習氣諸佛如來根本永盡故。偈言如實不顛倒諸佛離戲論故。自此以下即依此行。餘四種義廣差別說應知。又復即依彼三種人依時差別故。說一偈。

有不淨有淨　　及以善淨等
如是次第說　　眾生菩薩佛

此偈示現何義。偈言。

體等六句義　　略明法性體
次第三時中　　說三種名字

此偈明何義。謂向所明無漏法性。如來廣說種種法門。彼諸法門略說依於六種句義。所謂攝聚體因果業相應及行偈言體等六句義略明法性體故。於三時中次第依彼三種名字畢竟應知。偈言次第三時中說三種名字故。此以何義。謂不淨時名為眾生。偈言有不淨故。不淨淨時名為菩薩。偈言有淨故。於善淨時名為如來。偈言及以善淨故以是義故。不增不減經言。舍利弗。即此法身過於恒沙。無量煩惱所纏。從無始來隨順世間生死濤波去來生退名為眾生。舍利弗。即此法身厭離世間生死苦惱。

捨一切欲。行十波羅蜜攝八萬四千法門。修菩提行。名為菩薩。舍利弗。即此法身得離一切煩惱使纏。過一切苦。離一切煩惱垢得淨得清淨。得住彼岸清淨法中。到一切眾生所觀之地。於一切境界中更無勝者。離一切障離一切礙。於一切法中得自在力。名為如來應正遍知故。偈言如是次第說眾生菩薩佛故。自此以下即依彼三時。明如來法性遍一切處故。說一偈。

如空遍一切　　而空無分別
自性無垢心　　亦遍無分別

此偈示現何義。偈言。

過功德畢竟　　遍至及同相
下中勝眾生　　如虛空中色

此偈明何義。所有凡夫聖人諸佛如來。自性清淨心平等無分別。彼清淨心於三時中次第於過失時。於功德時。於功德清淨畢竟時。同相無差別。猶如虛空在瓦銀金三種器中平等無異無差別一切時有。以是義故。經中說有三時次第。如不增不減經言。舍利弗。不離眾生界有法身。不離法身有眾生界。眾生界即法身。法身即眾生界。舍利弗。此二法者義一名異故。自此已下。即依此三時。明如來法性遍至一切處。依染淨時不變不異。有十五偈。此等諸偈略說要義應知偈言。　諸過客塵來
性功德相應　真法體不變　　如本後亦爾此偈明何義。偈言。

十一偈及二　　次第不淨時
煩惱客塵過　　第十四十五
於善淨時中　　過恒沙佛法
不離脫思議　　佛自性功德

本際中間際　　及以後際等
如來真如性　　體不變不異

初依不淨時不變不異。十一偈者。

如虛空遍至　　體細塵不染
佛性遍眾生　　諸煩惱不染
如一切世間　　依虛空生滅
依於無漏界　　有諸根生滅
火不燒虛空　　若燒無是處
如是老病死　　不能燒佛性
地依於水住　　水復依於風
風依於虛空　　空不依地等
如是陰界根　　住煩惱業中
諸煩惱業等　　住不善思惟
不善思惟行　　住清淨心中
自性清淨心　　不住彼諸法
陰入界如地　　煩惱業如水
不正念如風　　淨心界如空
依性起邪念　　念起煩惱業
依因煩惱業　　能起陰入界
依止於五陰　　界入等諸法
有諸根生滅　　如世界成壞
淨心如虛空　　無因復無緣
及無和合義　　亦無生住滅
如虛空淨心　　常明元轉變
為虛妄分別　　客塵煩惱染

此虛空譬喻偈示現何義。明如來性。依不淨時法體不變。偈言。

不正思惟風　　諸業煩惱水
自性心虛空　　不為彼二生
自性清淨心　　其相如虛空
邪念思惟風　　所不能散壞
諸業煩惱水　　所不能濕爛
老病死熾火　　所不能燒燃

此偈明何義。如依邪念風輪起業煩惱水聚。依業煩惱水聚。生陰界入世間。而自性心虛空不生不起。偈言不正思惟風諸業煩惱水自性心虛空不為彼二生故。如是依邪念風災。業行煩惱水災。老病死等火災。吹浸燒壞陰入界世間。而自性清淨心虛空常住不壞。如是於不淨時中器世間相似相對法。諸煩惱染業染生染有集有滅。諸佛如來無為之性。猶如虛空不生不滅。常不變易示現法體。此自性清淨法門虛空譬喻。如陀羅尼自在王菩薩修多羅中廣說。應知彼經中言。諸善男子。煩惱本無體。真性本明淨。一切煩惱羸薄。毘婆舍那有大勢力。一切煩惱客塵。自性清淨心根本。一切諸煩惱虛妄分別。自性清淨心如實不分別。諸佛子。譬如大地依水而住。水依風住風依空住。而彼虛空無依住處。諸善男子。如是四大地大水大風大空大。此四大中唯虛空大以為最勝。以為大力。以為堅固。以為不動。以為不作。以為不散。不生不滅自然而住。諸善男子。彼三種大生滅相應。無實體性剎那不住。諸佛子。此三種大變異無常。諸佛子。而虛空界常不變異。諸佛子。如是陰界入依業煩惱住。諸煩惱業依不正思惟住。不正思惟依於佛性自性清淨心住。以是義故。經中說言。自性清淨心客塵煩惱染。諸善男子。所有邪念。所有煩惱業。所有陰界入。如是諸法從於因緣和合而生。以諸因緣壞散而滅。諸善男子。彼自性清淨心無因無緣故。無和合不生不滅。諸善男子。如虛空界。自性清淨心亦復如是。如風大界。不正思惟亦復如是。如水大海。諸業煩惱亦復如是。如地大界。陰界入等亦復如是。是故說言。一切諸法皆無根本。皆無堅實。無住無住本。根本清淨。無根本故。已說不淨時中依無分別相。自性清淨心虛空界相似相對法。已說依彼起不正念風界相似相對法。已說依不正念諸業煩惱因相水界相似相對法。已說依彼生陰界入果相轉變地相似相對法。未說彼焚燒死病老等諸過患相火相似相對法。是故次說偈言。

有三火次第　　劫燒人地獄
能作種種苦　　能熟諸行根

此偈明何義明此三法。老病死火。於不淨時中不能變異彼如來藏。是故聖者勝鬘經言。世尊。生死者。依世諦故說有生死。世尊。死者諸根壞。世尊。生者新諸根起。世尊而如來藏不生不死不老不變。何以故。世尊。如來藏者。離有為相境界。世尊如來藏者。常恒清涼不變故。已說依不淨時不變不異。

次說依淨不淨時不變不異故。說二偈。

菩薩摩訶薩　　如實知佛性
不生亦不滅　　復無老病等
菩薩如是知　　得離於生死
憐愍眾生故　　示現有生滅

此偈示現何義。偈言。

老病死諸苦　　聖人永滅盡
依業煩惱生　　諸菩薩無彼

此偈明何義。明此老病死等苦火於不淨時依業煩惱本生。如世間火依薪本生。以諸菩薩得生意生身。於淨不淨時畢竟永滅盡。以是義故。諸業煩惱等常不能燒燃。而依慈悲力故。示現生老病死。而遠離生等。以見如實故。以是義故。諸菩薩摩訶薩依善根結使生。非依業煩惱結使生。以依心自在力生。依大悲力現於三界。示現生示現老示現病示現死。而彼無有生老病死諸苦等法。以如實見真如佛性不生不滅。是名不淨淨時。如修多羅中依愛無漏業根本煩惱廣說應知。如如來於大海慧菩薩經中說言。大海慧。何者能住世間善根相應煩惱。所謂集諸善根無有厭足故。以心願生攝取諸有故。求見一切諸佛如來故。教化一切眾生心不疲惓故。攝取一切諸佛妙法故。於諸眾生常作利益故。常不捨離樂貪諸法結使故。常不捨離諸波羅蜜結使故。大海慧。是名諸菩薩摩訶薩世間善根相應煩惱。依此煩惱諸菩薩摩訶薩生於三界受種種苦。不為三界煩惱過患之所染污。大海慧菩薩白佛言。世尊。此諸善根以何義故說名煩惱。佛告大海慧菩薩言。大海慧。如是煩惱。諸菩薩摩訶薩能生三界受種種苦。依此煩惱故。有三界。非染煩惱三界中生。大海慧。菩薩以方便智力。依善根力故。心生三界。是故名為善根相應煩惱而生三界非染心生。大海慧。譬如長者若居士等唯有一子。甚愛甚念見者歡喜。而彼一子依愚癡心因戲樂故。墮在極深糞廁井中。時彼父母及諸親屬。見彼一子墮在大廁深坑糞中。見已歔欷悲泣啼哭。而不能入彼極深廁糞屎器中而出其子。

爾時彼處眾中更有一長者子。或一居士子。見彼小兒墮在深廁糞屎井中。見已疾疾生一子想。生愛念心不起惡心。即入深廁糞屎井中出彼一子。大海慧。為顯彼義說此譬喻。大海慧。何者彼義。大海慧。言極深井糞屎坑者。名為三界。大海慧。言一子者。一切眾生。諸菩薩等於一切眾生生一子想。大海慧。爾時父母及諸親者。名為聲聞辟支佛人。以二乘人見諸眾生墮在世間極大深坑糞屎井中。既見彼已悲泣啼哭。而不能拔彼諸眾生。大海慧。彼時更有一長者子一居士子者。名為菩薩摩訶薩。離諸煩惱清淨無垢。以離垢心現見無為真如法界。以自在心現生三界。為教化彼諸眾生故。大海慧。是名菩薩摩訶薩大悲。畢竟遠離諸有。畢竟遠離諸縛。而迴生於三界有中。以依方便般若力故。諸煩惱火不能焚燒。欲令一切諸眾生等遠離諸縛。而為說法。大海慧。我今說此修多羅句。依諸菩薩心。為利益一切眾生。得自在力而生三有。依諸善根慈悲心力。依於方便般若力故。是名示現淨不淨時。又菩薩摩訶薩以如實智知如來法身不生不滅故。得如是菩薩摩訶薩功德法體。此修多羅句向前已說。自下次說大毘琉璃摩尼寶喻。佛言。大海慧。譬如無價大毘琉璃摩尼寶珠。善治善淨善光明。墮在泥中住一千年。彼摩尼寶經千年後乃出彼泥。出已水洗。洗已極淨。極淨洗已。然後極明。即不失本清淨無垢摩尼寶體。大海慧。菩薩摩訶薩亦復如是。如實知見一切眾生自性清淨光明淨心而為客塵煩惱所染。大海慧。諸菩薩等生如是心。彼諸煩惱不染眾生自性淨心。是諸煩惱客塵虛妄分別心起而彼諸菩薩復生是心。我今畢竟令諸眾生遠離客塵諸煩惱垢。為之說法。如是菩薩不生怯弱心。轉於一切眾生生增上力。我要畢竟令得解脫。菩薩爾時復生是心。此諸煩惱無有少體。菩薩爾時復生是心。諸煩惱無體。諸煩惱羸薄。是諸煩惱無有住處。如是菩薩如實知諸煩惱虛妄分別而有。依邪見念而有。以正見者。諸煩惱垢不能得起。菩薩爾時復生是心。我應如實觀諸煩惱更不復生。以不生煩惱故。生諸善法。菩薩爾時復生是心。我若自起諸煩惱者。云何而得為諸煩惱所縛眾生說法令離諸煩惱縛。菩薩爾時復生是心。以我不著諸煩惱故。是故得為諸煩惱縛眾生說法。我應修行諸波羅蜜。結使煩惱相應善根。為欲教化諸眾生故。又復云何名為世間。以三界相似鏡像法故。此明何義。依無漏法界中有三種意生身應知。彼因無漏善根所作名為世間。以離有漏諸業煩惱所作世間法故。亦名涅槃。依此義故。聖者勝鬘經言。世尊。有有為世間。有無為世間。世尊。有有為涅槃。有無為涅槃故。又有為無為心心數法相應法故。故說名為淨不淨時。此義於第六菩薩現前地說。彼諸漏盡無障礙般若波羅蜜解脫現前修行大悲。以為救護一切眾生故。不取證。如寶鬘經中依漏盡故說入城喻。彼經中言。善男子。譬如有城。縱廣正等各一由旬。多有諸門路嶮黑闇甚可怖畏。有人入者多受安樂。復有一人。唯有一子愛念甚重。

遙聞彼城如是快樂。即便捨子欲往入城。是人方便得過嶮道到彼城門。一足已入一足未舉。即念其子尋作是念。我唯一子。來時云何竟不與俱。誰能養護令離眾苦。即捨樂城還至子所。善男子。菩薩摩訶薩亦復如是。為憐愍故修集五通。既修集已垂得盡漏而不取證。何以故。愍眾生故捨漏盡通。乃至行於凡夫地中。善男子。城者喻於大般涅槃。多諸門者。喻於八萬諸三昧門。路嶮難者。喻諸魔業。到城門者。喻於五通。一足入者。喻於智慧。一足未入者。喻諸菩薩未證解脫。言一子者。喻於五道一切眾生。顧念子者。喻大悲心。還子所者。喻調眾生。能得解脫而不證者。即是方便。善男子。菩薩摩訶薩大慈大悲不可思議。如是善男子。菩薩摩訶薩。大方便力。發大精進起堅固心。修行禪定得證五通。如是菩薩依禪通業善修心淨無漏滅盡定現前。如是菩薩即得生於大悲之心。為救一切諸眾生故。現前無漏智通。而迴轉不取寂滅涅槃。以為教化諸眾生故。迴取世間。乃至示現凡夫人地。於第四菩薩焰地中。為自利益善起精進。為利益他。善起堅固心漏盡現前。於第五菩薩難勝地中。依止五通自利利他。善熟心行無漏滅盡定現前。是故於第六菩薩地中。無障礙般若波羅蜜起漏盡現前。是故於第六菩薩現前地中。得漏盡自在。說名清淨。是菩薩如是自身正修行。教化眾生令置彼處。得大慈悲心。於顛倒眾生生救護心。不著寂滅涅槃。善作彼方便現前世間門。為眾生故現前涅槃門。為菩提分滿足故。修行四禪迴生欲界。以為利益地獄畜生餓鬼凡夫種種眾生。示現諸身。以得自在故。已說依不淨淨時不變不異。次說依善淨時不變不異故。說二偈。

佛身不變異　　以得無盡法
眾生所歸依　　以無邊際故
常住不二法　　以離妄分別
恒不熱不作　　清淨心力故

此偈示現何義。偈言。

不生及不死　　不病亦不老
以常恒清涼　　及不變等故

此偈明何義。偈言。

以常故不生　　離意生身故
以恒故不死　　離不思議退
清涼故不病　　無煩惱習故
不變故不老　　無無漏行故

此偈明何義。明如來性於佛地時無垢清淨光明常住自性清淨。以本際來常故不生。以離意生身故。以未來際恒故不死。以離不可思議變易死故。以本後際來清涼故不病。以離無明住地所攝故。若如是者。不墮三世。彼則不變。是故不老。以離無漏業迴轉故。又復偈言。

有二復有二　　復有二二句
次第如常等　　無漏境界中

此偈明何義。常恒清涼及不變等。此四種句。於無漏法界中次第一一句二二本二二釋義差別。如不增不減修多羅中說言。舍利弗。如來法身常。以不異法故。以不盡法故。舍利弗。如來法身恒。以常可歸依故。以未來際平等故。舍利弗。如來法身清涼。以不二法故。以無分別法故。舍利弗。如來法身不變。以非滅法故。以非作法故。

已說不變異。次說無差別。無差別者。即依此善淨時本際以來畢竟究竟自體相善淨如來藏無差別故。說一偈。

法身及如來　　聖諦與涅槃
功德不相離　　如光不離日

此初半偈示現何義。偈言。

略明法身等　　義一而名異
依無漏界中　　四種義差別

此偈明何義。略說於無漏法界中依如來藏有四種義。依四種義有四種名應知。何等四義。偈言。

佛法不相離　　及彼真如性
法體不虛妄　　自性本來淨

此偈明何義。佛法不相離者。依此義故。聖者勝鬘經言。世尊。不空如來藏。過於恒沙不離不脫。不思議佛法故。及彼真如性者。依此義故。六根聚經言。世尊。六根如是。從無始來畢竟究竟諸法體故。法體不虛妄者。依此義故。經中說言。世尊。又第一義諦者。謂不虛妄涅槃是也。何以故。世尊。彼性本際來常以法

體不變故。自性本來淨者。依此義故。經中佛告文殊師利。如來應正遍知本際以來入涅槃故。又復依此四義。次第有四種名。何等為四。一者法身。二者如來。三者第一義諦。四者涅槃。以是義故。不增不減經言。舍利弗言。如來藏者。即是法身故。又復聖者勝鬘經言。世尊。不離法身有如來藏。世尊。不離如來藏

有法身。世尊。依一苦滅諦說名如來藏。世尊。如是說如來法身無量無邊功德。世尊言。涅槃者。即是如來法身故。後半偈者。示現何義。偈言。

覺一切種智　　離一切習氣
佛及涅槃體　　不離第一義

此四種名。於如來法身無漏界中一味一義不相捨離。是故雖復有四種名。而彼四義不離一法門。不離一法體。此以何義所證一切法。覺一切智。及離一切智障煩惱障習氣。此二種法於無漏法界中不異不差別不斷不相離。以是義故。大般涅槃經中偈言。

無量種功德　　一切不思議
不差別解脫　　解脫即如來

以是義故。聖者勝鬘經言。世尊。言聲聞辟支佛得涅槃者。是佛方便故。此明何義。言聲聞辟支佛有涅槃者。此是諸佛如來方便。見諸眾生於長道曠野遠行疲惓。恐有退轉。為止息故造作化城。如來如是於一切法中得大自在大方便故。故明如是義。世尊如來應正遍知證平等涅槃。一切功德無量無邊不可思議清淨畢竟究竟。此明何義。依四種義。畢竟功德諸佛如來無差別。涅槃相無上果中佛及涅槃。一切功德不相捨離。若離佛地果中證智。更無餘人有涅槃法。示現如是義。依一切種智。於諸佛如來無漏法界中譬喻示現。此明何義。寶鬘經中畫師譬喻。示現

具足一切功德應知偈言。

如種種畫師　　所知各差別
彼一人知分　　第二人不知
有自在國王　　敕諸畫師言
於彼摽畫處　　具足作我身
國中諸畫師　　一切皆下手
若不闕一人　　乃成國王像
畫師受敕已　　畫作國王像
彼諸畫師中　　一人行不在
由無彼一人　　國王像不成
以其不滿足　　一切身分故

所言畫師者　　喻檀戒等行
言國王像者　　示一切種智
一人不在者　　示現少一行
王像不成者　　空智不具足

此偈明何義。以是義故。寶鬘經言。善男子。諦聽諦聽。我今為汝說此譬喻。善男子。譬如三千大千世界所有眾生悉善知畫。其中或有善能泥塗。或能磨彩。或曉畫身不曉手足。或曉手足不曉面目。時有國王。以一張疊與是諸人而告之言。凡能畫者皆悉聚集。於此疊上畫吾身像。爾時諸人悉來集聚。隨其所能而共作之。有一畫師。以緣事故竟不得來。諸人畫已持共上王。善男子。可言諸人悉集作不。不也。世尊。善男子。我說此喻其義未顯。善男子。一人不來。故不得言一切集作。亦不得言像已成就。佛法行者亦復如是。若有一行不成就者。則不名具足如來正法。是故要當具足諸行名為成就無上菩提故。又此檀等諸波羅蜜一一差別。唯是如來所知境界。如來知彼種種差別無量無邊應知。以彼算數自在力等不能思議故。以對治彼慳等諸垢。是故得成清淨檀等諸波羅蜜。又以修行一切種一切空智及種種三昧門。於第八菩薩不動地中不分別一切菩薩地。無間無隔自然依止道智。修行得無生法忍。成就具足如來無漏戒。成就一切功德。於第九菩薩善慧地中依阿僧祇三昧陀羅尼海門。攝取無量無邊諸佛之法依止。解一切眾生根智。成就無量無邊功德空智。得無生法忍。於第十菩薩法雲地中依止一切如來現前

蜜智智。成就無量無邊功德聚。得無生空法忍。次後得諸三昧。斷一切煩惱障智障。依止諸解脫門智。成就清淨彼岸功德。具足得一切種一切空智。以如是等四種地智中非聲聞辟支佛地。以彼聲聞辟支佛等去之甚遠。以是義故。說彼四種成就不差別涅槃界。是故偈言。

慧智及解脫　　不離法界體
無差涅槃界　　日相似相對

此偈明何義。以何等慧以何等智。以何等解脫。彼三不離法界實體。明彼四種功德成就無差別涅槃界。偈言無差別涅槃界故。為彼四種義次第故。有四種相似相對法應知。何等為四。一者佛法身中依出世間無分別慧。能破第一無明黑闇。彼光明照相似相對法應知。偈言慧故。日相似相對故。二者依智故。得一切智智知一切種。照一切事放光明羅網。相似相對法應知。偈言智故。日相似相對故。三者依止彼二自性清淨心解脫。無垢離垢光明輪清淨。相似相對法應知。偈言解脫故。日相似相對法故。四者即此三種不離法界。不離實體。不相捨離。相似相對法應知。偈言不離法界體故。日相似相對故。是故偈言。

不證諸佛身　　涅槃不可得
如棄捨光明　　日不可得見

此偈明何義。以如向說無漏法界中無始世界來諸佛法身中無漏諸法一切功德不相捨離。以是義故。遠離如來無障無礙。法身智慧離一切障。涅槃體相不可得見。不可得證。如離日光明無日輪可見。以是義故。聖者勝鬘經言。法無優劣故得涅槃。知諸法平等智故得涅槃。平等智故得涅槃。平等解脫故得涅槃。平等解脫知見故得涅槃。是故世尊說。涅槃界一味等味。謂明解脫一味故。

究竟一乘寶性論卷第三

究竟一乘寶性論卷第四

後魏中印度三藏勒那摩提譯

無量煩惱所纏品第六

論曰。偈言。

向說如來藏　　十種義示現
次說煩惱纏　　以九種譬喻

此偈明何義。向依如來藏說無始世界來彼法恒常住法體不轉變。明如來藏有十種義。自此以下依無始世界來煩惱藏所纏。說無始世界來自性清淨心具足法身。以九種譬喻明如來藏。過於恒沙煩惱藏所纏。如修多羅說應知。九種譬喻者。如偈說言。

萎華中諸佛　　眾蜂中美蜜
皮糩等中實　　糞穢中真金
地中珍寶藏　　諸果子中芽
朽故弊壞衣　　纏裹真金像
貧賤醜陋女　　懷轉輪聖王
焦黑泥模中　　有上妙寶像
眾生貪瞋癡　　妄想煩惱等
塵勞諸垢中　　皆有如來藏

此偈示現何義。自此以下依此略說四偈句義。餘殘譬喻五十四偈廣說應知。此四行偈總略說。彼廣偈中義應知。又依彼義。略說二偈。

華蜂糩糞穢　　地果故壞衣
貧賤女泥模　　煩惱垢相似
佛蜜實真金　　寶牙金像王
上妙寶像等　　如來藏相似

此偈示現何義。偈言。

華蜂等諸喻　　明眾生身中
無始世界來　　有諸煩惱垢
佛蜜等諸喻　　明眾生身中
無始來具足　　自性無垢體

又復略說此如來藏。修多羅中明一切眾生界從無始世界來客塵煩惱染心。從無始世界來淨妙法身如來藏不相捨離。是故經言。依自虛妄染心眾生染。依自性清淨心眾生淨。云何自心染。依自心染有九種喻。謂萎華等應知。偈言。

貪瞋癡相續　　及結使熏集
見修道不淨　　及淨地有垢
萎華等諸喻　　說九種相對
無邊煩惱纏　　故說差別相

此偈明何義。略說有九種煩惱。於自性清淨如來法身界中。如萎華等九種譬喻。於諸佛等常外客相諸煩惱垢亦復如是。於真如佛性常客塵相。何等以為九種煩惱。一者貪使煩惱。二者瞋使煩惱。三者癡使煩惱。四者增上貪瞋癡結使煩惱。五者無明住地所攝煩惱。六者見道所斷煩惱。七者修道所斷煩惱。八者不淨地所攝煩惱。九者淨地所攝煩惱。此如是等九種煩惱。以彼九種譬喻示現應知。此明何義。世間貪等眾生身中所攝煩惱。能作不動地業所緣。成就色界無色界果報。出世間智能斷。名為貪瞋癡使煩惱。偈言貪瞋癡相續故。又增上貪瞋癡眾生身中所攝煩惱。能作福業罪業行緣。但能成就欲界果報。唯有不淨觀智能斷。名為增上貪瞋癡等結使煩惱。偈言及結使故。又阿羅漢身中所攝煩惱。能作無漏諸業行緣。能生無垢意生身果報。唯如來菩提智能斷。名為無明住地所攝煩惱。偈言熏集故。又有二種學人。何等為二。一者凡夫。二者聖人。凡夫身中所攝煩惱。初出世間心見出世間法智能斷。名為見道所斷煩惱。偈言見道故。聖人身中所攝煩惱。如先見出世間法修道智能斷。名為修道所斷煩惱。偈言修道故。又不究竟菩薩。謂從初地乃至七地所攝煩惱。七住地中所對治法。八地已上三住地中。修道智能斷。名為不淨地所攝煩惱。偈言不淨故。又畢竟究竟菩薩身中所攝煩惱。八地已上三地修道智所對治法。金剛三昧智能斷。名為淨地所攝煩惱。偈言及淨地有垢故。是名略說九種煩惱次第。萎華等九種譬喻。我已廣說應知。又復即此九種煩惱。依八萬四千眾生行故。有八萬四千煩惱差別。如如來智無量無邊故。有如是無量無邊煩惱纏如來藏故。言無量煩惱藏所纏如來藏。是故偈言。

愚癡及羅漢　　諸學及大智
次第四種垢　　及一二復二
如是次第說　　四凡一聖人
二學二大智　　名為不淨地

此偈明何義。此九種譬喻。於無漏界中如是次第四種譬喻。及第五譬喻。後時二二煩惱諸垢依。煩惱垢染故。言不清淨。又復云何知此九種貪等煩惱。於萎華等九種譬喻相似相對。又云何知如來藏於諸佛等九種譬喻相似相對。偈言。

依佛神力故　　有彼眾妙華

初榮時則愛　　後萎變不愛
如華依榮悴　　有愛有不愛
貪煩惱亦爾　　初樂後不樂
群蜂為成蜜　　瞋心嚙諸花
瞋恚心起時　　生種種苦惱
稻等內堅實　　外為皮糩覆
如是癡心纏　　不見內堅實
猶如臭穢糞　　智觀貪亦爾
起欲心諸相　　結使如穢糞
譬如彼地中　　種種珍寶藏
眾生無天眼　　是故不能見
如是自在智　　為無明地覆
眾生無智眼　　是故不能見
如子離皮糩　　次第生芽等
見道斷煩惱　　次第生諸地
以害身見等　　攝取妙聖道
修道斷煩惱　　故說弊壞衣
七地中諸垢　　猶如胎所纏
遠離胎藏智　　無分別淳熟
三地知諸垢　　如泥模所泥
大智諸菩薩　　金剛定智斷
萎華至泥模　　如是九種喻
示貪瞋癡等　　九種煩惱垢
垢中如來藏　　佛等相對法
如是九種義　　以三種體攝

此偈明何義。謂依法身自性清淨心如來藏等三種實體。有諸佛等九種譬喻相似相對法應知。三種實體者偈言。

法身及真如　　如來性實體
三種及一種　　五種喻示現

此偈明何義。初三種喻示現如來法身應知。三種譬喻者。所謂諸佛美蜜堅固。示現法身。偈言法身故。一種譬喻者。所謂真金示現真如。偈言真如故。又何等為五種譬喻。一者地藏。二者樹。三者金像。四者轉輪聖王五者寶像。能生三種佛身。示現如來性。偈言如來性故。又法身者。偈言。

法身有二種　　清淨真法界
及依彼習氣　　以深淺義說

此偈明何義。諸佛如來有二種法身。何等為二。一者寂靜法界身。以無分別智境界故。如是諸佛如來法身。唯自內身法界能證應知。偈言清淨真法界故。二者為得彼因。謂彼寂靜法界說法。依可化眾生說。彼說法應知。以依真如法身有彼說法。名為習氣。偈言及依彼習氣故。彼說法者。復有二種。一細二麁。細者。所謂為諸菩薩摩訶薩演說甚深祕密法藏。以依第一義諦說故。麁者。所謂種種修多羅祇夜和伽羅那伽陀憂陀那尼陀那等。名字章句種種差別。以依世諦說故。是故偈言。

以出世間法　　世中無譬喻
是故依彼性　　還說性譬喻
如美蜜一味　　微細法亦爾
修多羅等說　　如種種異味

此偈明何義。諸佛美蜜及堅固等三種譬喻。此明如來真如法身有二種義。一者遍覆一切眾生。二者遍身中有無有餘殘。示現一切眾生有如來藏。此以何義。於眾生界中無有一眾生離如來法身在於法身外。離於如來智在如來智外。如種種色像不離虛空中。是故偈言。

譬如諸色像　　不離於虛空
如是眾生身　　不離諸佛智
以如是義故　　說一切眾生
皆有如來藏　　如虛空中色
以性不改變　　體本來清淨
如真金不變　　故說真如喻

此偈明何義。明彼真如如來之性。乃至邪聚眾生身中自性清淨心。無異無差別。光明明了。以離客塵諸煩惱故。後時說言。如來法身如是以一真金譬喻。依真如無差別。不離佛法身故。說諸眾生皆有如來藏。以自性清淨心雖言清淨而本來無二法故。是故經中佛告文殊師利言。文殊師利。如來如實知見自身根本清淨智。以依自身根本智故。知諸眾生有清淨身。文殊師利。所謂如來自性清淨身。乃至一切眾生自性清淨身。此二法者。無二無差別。是故偈言。

一切諸眾生　　平等如來藏
真如清淨法　　名為如來體
依如是義故　　說一切眾生
皆有如來藏　　應當如是知

又復偈言。

佛性有二種　　一者如地藏
二者如樹果　　無始世界來
自性清淨心　　修行無上道
依二種佛性　　得出三種身

依初譬喻故　　知有初法身
依第二譬喻　　知有二佛身
真佛法身淨　　猶如真金像
以性不改變　　攝功德實體
證大法王位　　如轉輪聖王
依止鏡像體　　有化佛像現

此偈明何義。餘五種譬喻。所謂藏樹金像轉輪聖王寶像譬喻。示現生彼三佛法身。以依自體性如來之性諸眾生藏。是故說言。一切眾生有如來藏。此示何義。以諸佛如來有三種身得名義故。此五種喻能作三種佛法身因。以是義故說如來性因。此以何義。此中明性義以為因義以是義故。經中偈言。

無始世來性　　作諸法依止
依性有諸道　　及證涅槃果

此偈明何義。無始世界性者。如經說言。諸佛如來依如來藏。說諸眾生無始本際不可得知故。所言性者。如聖者勝鬘經言。世尊。如來說如來藏者。是法界藏。出世間法身藏。出世間上上藏。自性清淨法身藏。自性清淨如來藏故。作諸法依止者。如聖者勝鬘經言。世尊。是故如來藏是依是持是住持是建立。世尊。不離不離智。不斷不脫。不異無為。不思議佛法。世尊。亦有斷脫異外離離智有為法。亦依亦持亦住持亦建立。依如來藏故。依性有諸道者。如聖者勝鬘經言。世尊。生死者依如來藏。世尊。有如來藏故。說生死。是名善說故。及證涅槃果者。如聖者勝鬘經言。世尊。依如來藏故有生死。依如來藏故證涅槃。世尊。若無如來藏者。不得厭苦樂求涅槃。不欲涅槃不願涅槃故。此明何義。明如來藏究竟如來法身不差別。真如體相畢竟定佛性體。於一切時一切眾生身中皆無餘盡應知。此云何知依法相知。是故經言。善男子。此法性法體性自性常住。如來出世若不出世。自性清淨本來常住。一切眾生有如來藏。此明何義。依法性依法體。依法相應依法方便。此法為如是為不如是。不可思議。一切處依法依法量依法信。得心淨得心定。彼不可分別。為實為不實。唯依如來信。是故偈言。

唯依如來信　　信於第一義
如無眼目者　　不能見日輪

此偈明何義。略說一切眾生界中有四種眾生。不識如來藏如生盲人。何等為四。一者凡夫。二者聲聞。三者辟支佛。四者初發菩提心菩薩。如聖者勝鬘經中說言。世尊。如來藏者。於身見眾生非其境界。世尊。如來藏者。於取四顛倒眾生非其境界。世尊。如來藏者。於散亂心失空眾生非其境界故。此明何義。身見眾生者。謂諸凡夫。以彼凡夫實無色等五陰諸法而取以為有我我所。虛妄執著我我所慢。於離身見等滅諦無漏性甘露之法。信亦不能。何況出世間一切智境界如來藏能證能解。無有是處。又取四顛倒諸眾生者。所謂聲聞辟支佛人。以彼聲聞辟支佛等應修行如來藏常。而不修行如來藏以為常。以顛倒取一切法無常。修行如來藏無常。樂無常修行。以不知不覺故。應修行如來藏樂。而不修行如來藏以為樂。以顛倒取一切法皆苦。修行如來藏苦。樂苦修行。以不知不覺故。應修行如來藏我。而不修行如來藏以為我。以顛倒取一切法無我。修行如來藏無我。樂無我修行。以不知不覺故。應修行如來藏淨。而不修行如來藏以為淨。以顛倒取一切法不淨。修行如來藏不淨。樂不淨修行。以不知不覺故。如是聲聞辟支佛等。一切不能如實隨順法身修行。以是義故。第一彼岸常樂我淨法。非彼聲聞辟支佛等所知境界。如是樂顛倒無常苦無我不淨相等。彼如來藏非其境界。如是之義大般涅槃修多羅中。池水譬喻廣明此義應知。彼經中言。迦葉。譬如春時有諸人等在大池浴乘船遊戲。失琉璃寶沒深水中。是時諸人悉共入水求覓是寶。競捉瓦石草木沙礫。各各自謂得琉璃珠。歡喜持出乃知非真。是時寶珠猶在水中。以珠力故水皆澄清。於是大眾乃見寶珠故在水下。猶如仰觀虛空月形。是時眾中有一智人。以方便力安徐入水即便得珠。汝等比丘。不應如是修集無常苦無我想不淨想等以為真實。如彼諸人各以瓦石草木沙礫而為寶珠。汝等應當善學方便在在處處常修我想常樂淨想。復應當知。先所修集四法相貌悉是顛倒。欲得真實修諸想者。如彼智人巧出寶珠。所謂我想常樂淨想故。又散亂心失空眾生者。謂初發心菩薩。離空如來藏義。以失變壞物修行。名為空解脫門。此以何義。初發心菩薩起如是心。實有法斷滅後時得涅槃。如是菩薩失空如來藏修行。又復有人以空為有物。我應得空。又生如是心。離色等法別更有空。我應修行令得彼空。彼人不知空以何等法是如來藏。偈言。

不空如來藏　　謂無上佛法
不相捨離相　　不增減一法
如來無為身　　自性本來淨
客塵虛妄染　　本來自性空

此偈明何義。不減一法者。不減煩惱。不增一法者。真如性中不增一法。以不捨離清淨體故偈言不相捨離相不增減一法故。是故聖者勝鬘經言。世尊。有二種如來藏空智。世尊。空如來藏。若離若脫若異一切煩惱藏。世尊。不空如來藏。過於恒沙不離不脫不異。不思議佛法故。如是以何等煩惱以何等處無。如是如實見知名為空智。又何等諸佛法。何處具足有。如是如實見知名不空智。如是明離有無二邊如實知空相。此二偈中明如是義。又眾生若離如是空智。彼人則是佛境界外名不相應。不得定不得一心。以是義故。名散亂心失空眾生。何以故。以離第一義空智門無分別境界不可得證不可得見是故聖者勝鬘經言。世尊。如來藏智名為空智。世尊。如來藏空智者。一切聲聞辟支佛等。本所不見。本所不得。本所不證。本所不會。世尊。一切苦滅唯佛得證。壞一切煩惱藏。修一切滅苦道故。如是此如來藏。以法界藏故。身見等眾生不能得見。已說以身見相對治真實法界未現前故。又如是出世間法身如來藏。非顛倒眾生境界。已說以無常等世間法對治出世間法界未現前故。又如是自性清淨法界如來空藏。非散亂心失空眾生境界。已說以煩惱垢客塵染。空自性清淨功德法不相捨離。出世間法身得名故。此明何義。又依一味等味法界無差別智門觀察出世間自性清淨法身。是名如實知見真如。是故經說。十住菩薩唯能少分見如來藏。何況凡夫二乘人等。是故偈言。

譬如薄雲中　　見虛空有日
淨慧諸聖人　　見佛亦如是
聲聞辟支佛　　如無眼目者
不能觀如來　　如盲不見日
所知一切法　　有無量無邊
遍虛空法界　　無量智能見
諸如來法身　　充滿一切處
佛智慧能見　　以無量智故◎

究竟一乘寶性論為何義說品第七

問曰。真如佛性如來藏義住無障閡究竟菩薩地。菩薩第一聖人亦非境界。以是一切智者境界故。若如是者。何故乃為愚癡顛倒凡夫人說。答曰。以是義故。略說四偈。

處處經中說　　內外一切空
有為法如雲　　及如夢幻等
此中何故說　　一切諸眾生
皆有如來性　　而不說空寂
以有怯弱心　　輕慢諸眾生
執著虛妄法　　謗真如佛性

計身有神我　為令如是等
遠離五種過　故說有佛性

此四行偈以十一偈略釋應知。偈言。

諸修多羅中　說有為諸法
謂煩惱業等　如雲等虛妄
煩惱猶如雲　所作業如夢
如幻陰亦爾　煩惱業生故
先已如是說　此究竟論中
為離五種過　說有真如性
以眾生不聞　不發菩提心
或有怯弱心　欺自身諸過
未發菩提心　生起欺慢意
見發菩提心　我勝彼菩薩
如是憍慢人　不起正智心
是故虛妄取　不知如實法
妄取眾生過　不知客染心
實無彼諸過　自性淨功德
以取虛妄過　不知實功德
是故不得生　自他平等慈
聞彼真如性　起大勇猛力
及恭敬世尊　智慧及大悲
生增長五法　不退轉平等
無一切諸過　唯有諸功德
取一切眾生　如我身無異
速疾得成就　無上佛菩提

究竟一乘寶性論身轉清淨成菩提品第八

論曰。已說有垢如。自此以下說無垢如應知。無垢如者。謂諸佛如來。於無漏法界中遠離一切種種諸垢。轉雜穢身得淨妙身。依八句義略差別說彼真如性無漏法身應知。何等為八偈言。

淨得及遠離　　自他利相應
依止深快大　　時數如彼法

是名八種句義。次第一偈示現八種義者。何謂八種。一者實體。二者因。三者果。四者業。五者相應。六者行。七者常。八者不可思議。實體者。向說如來藏不離煩惱藏所纏。以遠離諸煩惱轉身得清淨。是名為實體應知。偈言淨故。是故聖者勝鬘經言。世尊。若於無量煩惱藏所纏如來藏不疑惑者。於出無量煩惱藏法身亦無疑惑故。因者。有二種無分別智。一者出世間無分別智。二者依出世間智。得世間出世間依止行智是名為因。偈言得故。果者。即依此得得證智果。是名為果。偈言遠離故。業者。有二種遠離。一者遠離煩惱障。二者遠離智障。如是次第故名遠離。如是遠離自利利他成就。是名為業。偈言自他利故。相應者。自利利他得無量功德。常畢竟住持。是名相應。偈言相應故。行常不思議者。謂三種佛法身。無始世界來作眾生利益常不休息。不可思議。偈言依止深快大故。以是義故。略說偈言。

實體因果業　　及以相應行
常不可思議　　名佛地應知

又依實體依因。於佛地中及得彼方便因故。說三偈。

向說佛法身　　自性清淨體

為諸煩惱垢　　客塵所染污
譬如虛空中　　離垢淨日月
為彼厚密雲　　羅網之所覆
佛功德無垢　　常恒及不變
不分別諸法　　得無漏真智

此三行偈以四行偈略釋應知。偈言。

佛身不捨離　　清淨真妙法
如虛空日月　　智離染不二
過恒沙佛法　　明淨諸功德
非作法相應　　不離彼實體
煩惱及智障　　彼法實無體
常為客塵染　　是故說雲喻
遠離彼二因　　向二無分別
無分別真智　　及依彼所得

此偈明何義。向說轉身實體清淨。又清淨者略有二種。何等為二。一者自性清淨。二者離垢清淨。自性清淨者。謂性解脫無所捨離。以彼自性清淨心體不捨一切客塵煩惱。以彼本來不相應故。離垢清淨者。謂得解脫。又彼解脫不離一切法。如水不離諸塵垢等而言清淨。以自性清淨心遠離客塵諸煩惱垢更無餘故。又依彼果離垢清淨故。說四偈。

如清淨池水　　無有諸塵濁
種種雜花樹　　周匝常圍遶
如月離羅睺　　日無雲翳等
無垢功德具　　顯現即彼體
蜂王美味蜜　　堅實淨真金

寶藏大果樹　　無垢真金像
轉輪聖王身　　妙寶如來像
如是等諸法　　即是如來身

此四行偈以八行偈略釋應知。偈言。

貪等客煩惱　　猶如濁水塵
無分別上智　　果法如池水
示現佛法身　　一切諸功德
依彼證智果　　是故如是說
貪如濁水塵　　淨法雜垢染
可化諸眾生　　如繞池藕花
禪定習氣潤　　遠離瞋羅睺
以大慈悲水　　遍益諸眾生
如十五日月　　遠離雲羅網
光明照眾生　　能除諸幽闇
佛無垢日月　　離癡雲羅網
智光照眾生　　除滅諸黑闇
得無等等法　　能與妙法味
諸佛如蜜堅　　遠離蜂獪障
真實妙功德　　除斷諸貧窮
能與解脫勢　　故說金樹喻
法寶真實身　　增上兩足尊
勝色畢竟成　　故說後三喻

又向說以二種智依自利利他業。何者為二。一者出世間無分別智。二者依出世間無分別智。轉身得身行因遠離煩惱。得證智果故。又何者是成就自利。謂得解脫遠離煩惱障遠離智障。得無障礙清淨法身。是名成就自身利益。又何者是成就他利益。既得成就自身利已。無始世來自然依彼二種佛身。示現世間自在力行。是名成就他身利益。又依自利利他。成就業義故。說四偈。

無漏及遍至　　不滅法與恒
清涼不變異　　不退寂淨處
諸佛如來身　　如虛空無相
為諸勝智者　　作六根境界
示現微妙色　　出於妙音聲
令嗅佛戒香　　與佛妙法味
使覺三昧觸　　令知深妙法
細思惟稠林　　佛離虛空相

此四行偈以八行偈略釋應知。偈言。

略說二種法　　業智應當知
滿足解脫身　　清淨真法身
解脫身法身　　二及一應知
謂無漏遍至　　及究竟無為
煩惱盡無漏　　及習氣滅故
無閡及無障　　智遍至應知
無為以不滅　　實體不失故
不失名為本　　恒等句解釋
對於恒等句　　有四失應知
死無常及轉　　不可思議退
以無死故恒　　以常故清涼
不轉故不變　　寂靜故不退
彼究竟足跡　　淨智白法體

具足色聲等　　示現於諸根
如虛空無相　　而現色等相
法身亦如是　　具六根境界

此偈明何義。經中說言。如虛空相諸佛亦爾者。此依第一義。諸佛如來清淨法身自體相不共法故。作如是說。以是義故。金剛般若波羅蜜經言。須菩提。於意云何。可以三十二大人相成就得見如來不。須菩提言。如我解佛所說義者。不以相成就得見如來。佛言。如是如是。須菩提。不以相成就得見如來。須菩提。若以相成就觀如來者。轉輪聖王應是如來。是故非以相成就得見如來故。此明何義。以依如來第一義諦清淨法身明如是義。又依相應義故。說二偈。

如空不思議　　常恒及清涼
不變與寂靜　　遍離諸分別
一切處不著　　離閡麁澀觸
亦不可見取　　佛淨心無垢

此二行偈以八行偈略釋應知。偈言。

解脫身法身　　示自利利他
依自利利他　　彼處相應義
一切諸功德　　不思議應知
以非三慧境　　一切種智知
諸眾生佛體　　細故非聞境
第一非思思　　以出世深密
世修慧不知　　諸愚癡凡夫
本來未曾見　　如盲不矚色
二乘如嬰兒　　不見日月輪

以不生故常　　以不滅故恒
離二故清涼　　法性住不變
證滅故寂靜　　一切覺故遍
不住不分別　　離煩惱不著
無智障離閡　　柔軟離麁澀
無色不可見　　離相不可取
以自性故淨　　離染故無垢

此偈明何義。虛空譬喻者。明諸佛如來無為諸功德不離佛法身。於所有諸有得不可思議勝大方便業勝大悲業勝大智業。為與一切眾生樂相無垢清淨三種佛身。所謂實佛受法樂佛及化身佛。常不休息常不斷絕。自然修行。以為利益一切眾生應知。以不共餘人唯諸佛如來法身相應故。此明何義。以依此身相應諸行差別故。說八偈。

非初非中後　　不破壞不二
遠離於三界　　無垢無分別
此甚深境界　　非二乘所知
具勝三昧慧　　如是人能見
出過於恒沙　　不思議功德
唯如來成就　　不與餘人共
如來妙色身　　清淨無垢體
遠離諸煩惱　　及一切習氣
種種勝妙法　　光明以為體
令眾生解脫　　常無有休息
所作不思議　　如摩尼寶王
能現種種形　　而彼體非實
為世間說法　　示現寂靜處
教化使淳熟　　授記令入道

如來鏡像身　　而不離本體
猶如一切色　　不離於虛空

此八行偈以二十五偈略釋應知。偈言。

向說佛法身　　及一切種智
自在與涅槃　　及第一義諦
不可思議法　　應供等功德
唯自身內證　　應當如是知
彼三身差別　　實法報化等
所謂深快大　　無量功德身
明實體身者　　謂諸佛法身
略說五種相　　五功德應知
無為無差別　　遠離於二邊
出離煩惱障　　智障三昧障
以離一切垢　　故聖人境界
清淨光明照　　以法性如是
無量阿僧祇　　不可數思議
無等諸功德　　到第一彼岸
實法身相應　　以快不可數
非思量境界　　及遠離習氣
無邊等佛法　　次第不離報
受種種法味　　示現諸妙色
淨慈悲習氣　　無虛妄分別
利益諸眾生　　自然無休息
如如意寶珠　　滿足眾生心
受樂佛如是　　神通力自在
此神力自在　　略說有五種

說法及可見　　諸業不休息
及休息隱沒　　示現不實體
是名要略說　　有五種自在
如摩尼寶珠　　依種種諸色
異本生諸相　　一切皆不實
如來亦如是　　方便力示現
從兜率陀退　　次第入胎生
習學諸伎藝　　嬰兒入王宮
厭離諸欲相　　出家行苦行
推問諸外道　　往詣於道場
降伏諸魔眾　　成大妙覺尊
轉無上法輪　　入無餘涅槃
於不清淨國　　現如是等事
世間無休息　　宣說無常苦
無我寂靜名　　方便智慧力
令彼諸眾生　　厭離三界苦
後入於涅槃　　以入寂靜道
諸聲聞人等　　有是虛妄相
言我得涅槃　　法華等諸經
皆說如實法　　般若方便攝
迴先虛妄心　　令淳熟上乘
授妙菩提記　　微細大勢力
令愚癡眾生　　過嶮難惡道
深快及以大　　次第說應知
初法身如來　　第二色身佛
譬如虛空中　　有一切色身
於初佛身中　　最後身亦爾

自此以下。即依如是三種佛身。為樂眾生利益眾生。略說二偈。

世尊體常住　以修無量因
眾生界不盡　慈悲心如意
智成就相應　法中得自在
降伏諸魔怨　體寂靜故常

此二行偈以六行偈略釋應知。偈言。

棄捨身命財　攝取諸佛法
為利益眾生　究竟滿本願
得清淨佛身　起大慈悲心
修行四如意　依彼力住世
以成就妙智　離有涅槃心
常得心三昧　成就樂相應
常在於世間　不為世法染
得淨甘露處　故離一切魔
諸佛本不生　本來寂靜故
以常可歸依　故言歸依我
初七種譬喻　如來色身常
後三種譬喻　善逝法身常

此偈明何義。諸佛如來依法身轉得無上身。不可思議應知。依不可思議故。說二偈。

非言語所說　第一義諦攝
離諸覺觀地　無譬喻可說
最上勝妙法　不取有涅槃

非三乘所知　　唯是佛境界

此二行偈以五行偈略釋應知。偈言。

不可得思議　　以離言語相
離言語相者　　以第一義攝
第一義攝者　　非思量境界
非思量境者　　以無譬喻知
無譬喻知者　　以最勝無上
最勝無上者　　不取有涅槃
不取是二者　　不取功德過
前五種譬喻　　微細不思議
如來法身常　　第六譬喻者
以得自在故　　如來色身常

究竟一乘寶性論如來功德品第九

論曰。已說無垢真如法身。次說依彼無垢真如法身一切功德。如摩尼寶不離光明形色諸相。如來法身無量無邊自性清淨無垢功德。亦復如是。以是義故依佛功德。次說二偈。

自利亦利他　　第一義諦身
依彼真諦身　　有此世諦體
果遠離淳熟　　此中具足有
六十四種法　　諸功德差別

此偈示現何義。偈言。

於自身成就　　住持諸佛法
故攝第一身　　為他身住持
諸如來世尊　　故有世諦體
佛無量功德　　初身攝應知
十力四無畏　　大丈夫相等
彼受樂報體　　第二佛身攝

此偈明何義。明十力等六十四種佛身功德。此云何知。依彼義故。略說二偈。

佛力金剛杵　　破無智者障
如來無所畏　　處眾如師子
如來不共法　　清淨如虛空
如彼水中月　　眾生二種見

自此已下功德品中餘殘論偈。依此二偈次第示現彼十力等六十四種如來功德。如陀羅尼自在王經廣說應知。初依十力故。說二偈。

處非處果報　　業及於諸根
性信至處道　　離垢諸禪定
憶念過去世　　天眼寂靜智
如是等諸句　　說十種力名

又依四無畏故。說三偈。

如實覺諸法　　遮諸閡道障
說道得無漏　　是四種無畏
於所知境界　　畢竟知自他

自知教他知　　此非遮障道
能證勝妙果　　自得令他得
說自他利諦　　是諸處無畏

又依十八不共佛法故說八偈。

佛無過無諍　　無妄念等失
無不定散心　　無種種諸想
無作意護心　　欲精進不退
念慧及解脫　　知見等不退
諸業智為本　　知三世無障
佛十八功德　　及餘不說者
佛身口無失　　若他來破壞
內心無動相　　非作心捨心
世尊欲精進　　念淨智解脫
知見常不失　　示現可知境
一切諸業等　　智為本展轉
三世無障閡　　廣大智行常
是名如來體　　大智慧相應
覺彼大菩提　　最上勝妙法
為一切眾生　　轉於大法輪
無畏勝妙法　　令彼得解脫

又依三十二大人相故。說十一偈。

足下相平滿　　具足千輻輪
跟傭趺上隆　　伊尼鹿王蹲
手足悉柔軟　　諸指皆纖長

鵝王網縵指　　臂肘上下傭
兩肩前後平　　左右俱圓滿
立能手過膝　　馬王陰藏相
身傭相洪雅　　如尼拘樹王
體相七處滿　　上半如師子
威德勢堅固　　猶如那羅延
身色新淨妙　　柔軟金色皮
淨軟細平密　　一孔一毛生
毛柔軟上靡　　微細輪右旋
身淨光圓匝　　頂上相高顯
項如孔雀王　　頤方若師子
髮淨金精色　　喻如因陀羅
額上白毫相　　通面淨光明
口含四十齒　　二牙白踰雪
深密內外明　　上下齒平齊
迦陵頻伽聲　　妙音深遠聲
所食至喉現　　得味中上味
細薄廣長舌　　二目淳紺色
瞬眼若牛王　　功德如蓮華
如是說人尊　　妙相三十二
一一不雜亂　　普身不可嫌

此佛十力四無所畏十八不共法。三十二大人相。略集一處。是名六十四種功德應知。偈言。

六十四功德　　修因及果報
一一各差別　　寶經次第說

此偈明何義。向說諸佛如來六十四種功德因果差別。依此次第寶女經中廣說應知。又復依此四處。次第有四種喻。謂金剛杵及師子王。虛空譬喻水中月等。有九行偈。依彼九偈。略說偈言。

衢過無慈心　　不共他無心
故說杵師子　　空水中月喻

又依十力金剛杵喻故。說二偈。

處非處果性　　眾生諸信根
種種道修地　　過宿命差別
天眼漏盡等　　佛力金剛杵
能刺碎散斫　　癡鎧山牆樹

此偈示現何義。略說偈言。

諸如來六力　　次第三及一
所知境界中　　離三昧諸障
及離餘垢障　　譬如破散截
鎧牆及樹等　　亦重亦堅固
亦不可破壞　　如來十種力
猶如彼金剛　　故說金剛杵

又依四無畏師子王喻故。說二偈。

譬如師子王　　諸獸中自在
常處於山林　　不怖畏諸獸
佛人王亦爾　　處於諸群眾

不畏及善住　　堅固奮迅等

此偈示現何義。略說偈言。

知病苦知因　　遠離彼苦因
說聖道妙藥　　為離病證滅
遠離諸怖畏　　善住奮迅城
佛王在大眾　　無畏如師子
以知一切法　　是故能善住
一切處不畏　　離愚癡凡夫
二乘及清淨　　以見我無等
於一切法中　　心常定堅固
何故名奮迅　　過無明住地
自在無閡處　　是故名奮迅

又依十八不共法虛空譬喻故。說三偈。

地水火風等　　彼法空中無
諸色中亦無　　虛空無閡法
諸佛無障礙　　猶如虛空相
如來在世間　　如地水火風
而諸佛如來　　所有諸功德
乃至無一法　　共餘世間有

此偈示現何義。略說偈言。

聲聞及空行　　智者及自在
上上微細法　　故示現五大

諸眾生受用　　如地水火風
離世離出世　　故說虛空大
三十二功德　　依止法身有
如世間燈炷　　明煖及色相
相應無差別　　諸如來法身
一切諸功德　　無差別亦爾

又依三十二大丈夫相水中月喻故。說二偈。

秋空無雲曀　　月在天及水
一切世間人　　皆見月勢力
清淨佛輪中　　具功德勢力
佛子見如來　　功德身亦爾

此偈示現何義。略說偈言。

三十二功德　　見者生歡喜
依法報化身　　三種佛而有
法身淨無垢　　遠離於世間
在如來輪中　　眾生見二處
如清淨水中　　見於月影像
是三十二相　　依色身得名
如摩尼寶珠　　不離光色相
色身亦如是　　不離三十二

究竟一乘寶性論自然不休息佛業品第十

論曰。已說無垢諸佛功德。次說諸佛如來作業。彼諸佛業自然而行常不休息。教化眾生應知。此依略說。有二種法自然而行。以是義故。依諸佛業自然而行。常不休息常作佛事故。說六偈。

於可化眾生　　以教化方便
起化眾生業　　教化眾生界
諸佛自在人　　於可化眾生
常待處待時　　自然作佛事
遍覺知大乘　　最妙功德聚
如大海水寶　　如來智亦爾
菩提廣無邊　　猶如虛空界
於無量功德　　大智慧日光
遍照諸眾生　　有佛妙法身
無垢功德藏　　如我身無異
煩惱障智障　　雲霧羅網覆
諸佛慈悲風　　吹令散滅盡

此六行偈義以十四偈略釋應知。偈言。

以何等性智　　何者何處時
作業無分別　　是故業自然
以何等根性　　諸眾生可度
以何等智慧　　能度諸眾生
又以何者是　　化眾生方便
眾生以何處　　何時中可化
進趣及功德　　為果為攝取
彼障及斷障　　諸緣不分別
進趣謂十地　　功德因二諦
果謂大菩提　　攝菩提眷屬

彼障謂無邊　　煩惱及習氣
斷障謂大慈　　及大悲心等
是名一切時　　常種種因緣
如是等六處　　次第說應知
如大海水寶　　空日地雲風
諸地如大海　　智水功德寶
菩提如空界　　廣無中後邊
為利益眾生　　二種業如日
能悉遍照知　　一切眾生界
皆有如來性　　如地中伏藏
猶如彼大地　　體安固不動
為利益眾生　　見彼我無別
客塵煩惱等　　本自無體性
一切皆虛妄　　如雲聚不實
起大慈悲心　　猶如猛風吹
煩惱智障盡　　如彼雲聚散
化事未究竟　　故常在世間
從本際以來　　自然不休息

問曰。如向所說諸佛如來不生不滅。若如是者即無為法。無為法者不修行業。云何自然不休息常教化眾生事。答曰。為示現彼諸佛大事斷諸疑惑。是故依彼不可思議無垢清淨諸佛境界。示現大事故。以譬喻說一行偈。

帝釋妙鼓雲　　梵天日摩尼
響及虛空地　　如來身亦爾

依此一行修多羅攝取義。偈九種譬喻。自此以下廣說餘殘六十六偈應知。又復依彼廣說偈義。九種譬喻略說彼義。及以次第廣說如來無上利益一切眾生修行究竟。以十九偈解釋應知。偈言。

遠離一切業　　未曾見有果
為一切疑人　　除諸疑網故
說九種譬喻　　彼修多羅名
廣說此諸法　　彼修多羅中
廣說九種喻　　彼名智境界
快妙智莊嚴　　有智者速入
具足佛境界　　說彼天帝釋
琉璃鏡像等　　九種諸譬喻
應知彼要義　　見說及遍至
以離諸相智　　身口意業密
大慈悲者得　　離諸功用心
無分別寂靜　　以智故無垢
如大毘琉璃　　帝釋等譬喻
智究竟滿足　　故究竟寂靜
以有淨智慧　　是故無分別
為成種種義　　故說釋等喻
為成彼義者　　說九種見等
離生離神通　　諸佛現是事
是名為略說　　種種義譬喻
先喻解異後　　後喻解異前
佛體如鏡像　　如彼琉璃地
人非不有聲　　如天妙法鼓
非不作法事　　如彼大雲雨
非不作利益　　而亦非不生
種種諸種子　　如梵天不動

而非不淳熟　如彼大日輪
非不破諸闇　如彼如意寶
而非不希有　猶如彼聲響
非不因緣成　猶如彼虛空
非不為一切　眾生作依止
猶如彼大地　而非不住持
一切種種物　以依彼大地
荷負諸世間　種種諸物故
依諸佛菩提　出世間妙法
成就諸白業　諸禪四無量
及以四空定　諸如來自然
常住諸世間　有如是諸業
一時非前後　作如是妙業

究竟一乘寶性論挍量信功德品第十一

論曰。向說四種法。自此已下明有慧人於彼法中能生信心。依彼信者所得功德。說十四偈。

佛性佛菩提　佛法及佛業
諸出世淨人　所不能思議
此諸佛境界　若有能信者
得無量功德　勝一切眾生
以求佛菩提　不思議果報
得無量功德　故勝諸世間
若有人能捨　摩尼珠珍寶
遍布十方界　無量佛國土
為求佛菩提　施與諸法王

是人如是施　　無量恒沙劫
若復有人聞　　妙境界一句
聞已復能信　　過施福無量
若有智慧人　　奉持無上戒
身口意業淨　　自然常護持
為求佛菩提　　如是無量劫
是人所得福　　不可得思議
若復有人聞　　妙境界一句
聞已復能信　　過戒福無量
若人入禪定　　焚三界煩惱
過天行彼岸　　無菩提方便
若復有人聞　　妙境界一句
聞已復能信　　過禪福無量
無慧人能捨　　唯得富貴報
修持禁戒者　　得生人天中
修行斷諸障　　非慧不能除
慧除煩惱障　　亦能除智障
聞法為慧因　　是故聞法勝
何況聞法已　　復能生信心

此十四偈以十一偈略釋應知。偈言。

身及彼所轉　　功德及成義
示此四種法　　唯如來境界
智者信為有　　及信畢竟得
以信諸功德　　速證無上道
究竟到彼岸　　如來所住處
信有彼境界　　彼非可思議

我等可得彼　彼功德如是
唯深信勝智　欲精進念定
修智等功德　無上菩提心
一切常現前　以常現前故
名不退佛子　彼岸淨功德
畢竟能成就　五度是功德
以不分別三　畢竟及清淨
以離對治法　施唯施功德
持戒唯持戒　餘二度修行
謂忍辱禪定　精進遍諸處
慳等所治法　名為煩惱障
虛分別三法　是名為智障
遠離彼諸障　更無餘勝因
唯真妙智慧　是故般若勝
彼智慧根本　所謂聞慧是
以聞慧生智　是故聞為勝

又自此已下明向所說義。依何等法說。依何等義說。依何等相說。初依彼法故。說二偈。

我此所說法　為自心清淨
依諸如來教　修多羅相應
若有智慧人　聞能信受者
我此所說法　亦為攝彼人

自此已下次依彼義故。說二偈。

依燈電摩尼　日月等諸明

一切有眼者　　皆能見境界
依佛法光明　　慧眼者能見
以法有是利　　故我說此法

自此已下次依彼相故。說二偈。

若一切所說　　有義有法句
能令修行者　　遠離於三界
及示寂靜法　　最勝無上道
佛說是正經　　餘者顛倒說

自此已下依護法方便故。說七偈。

雖說法句義　　斷三界煩惱
無明覆慧眼　　貪等垢所纏
又於佛法中　　取少分說者
世典善言說　　彼三尚可受
何況諸如來　　遠離煩惱垢
無漏智慧人　　所說修多羅
以離於諸佛　　一切世間中
更無勝智慧　　如實知法者
如來說了義　　彼不可思議
思者是謗法　　不識佛意故
謗聖及壞法　　此諸邪思惟
煩惱愚癡人　　妄見所計故
故不應執著　　邪見諸垢法
以淨衣受色　　垢膩不可染

自此已下依謗正法故。說三偈。

愚不信白法　　邪見及憍慢
過去謗法障　　執著不了義
著供養恭敬　　唯見於邪法
遠離善知識　　親近謗法者
樂著小乘法　　如是等眾生
不信於大乘　　故謗諸佛法

自此已下依謗正法得惡果報故。說六偈。

智者不應畏　　怨家蛇火毒
因陀羅霹靂　　刀杖諸惡獸
師子虎狼等　　彼但能斷命
不能令人入　　可畏阿鼻獄
應畏謗深法　　及謗法知識
決定令人入　　可畏阿鼻獄
雖近惡知識　　惡心出佛血
及殺害父母　　斷諸聖人命
破壞和合僧　　及斷諸善根
以繫念正法　　能解脫彼處
若復有餘人　　誹謗甚深法
彼人無量劫　　不可得解脫

自此已下依於說法法師生敬重心故。說二偈。

若人令眾生　　學信如是法
彼是我父母　　亦是善知識

彼人是智者　　以如來滅後
迴邪見顛倒　　令入正道故

自此已下依彼說法所得功德。以用迴向故。說三偈。

三寶清淨性　　菩提功德業
我略說七種　　與佛經相應
依此諸功德　　願於命終時
見無量壽佛　　無邊功德身
我及餘信者　　既見彼佛已
願得離垢眼　　成無上菩提

自此已下略說句義。偈言。

依何等法說　　依何等義說
依何等相說　　如彼法而說
如彼義而說　　如彼相而說
彼一切諸法　　六行偈示現
護自身方便　　以七行偈說
明誹謗正法　　故有三行偈
六偈示彼因　　以二偈示現
於彼說法人　　深生敬重心
大眾聞忍受　　得彼大菩提
略說三種法　　示現彼果報

究竟一乘實性論卷第四

Do思潮14　PA0111

漢譯《究竟一乘寶性論》的文本與如來藏思想特色

作　　者／蔡孔章
責任編輯／洪聖翔
圖文排版／楊家齊
封面設計／劉肇昇

出版策劃／獨立作家
發 行 人／宋政坤
法律顧問／毛國樑　律師
製作發行／秀威資訊科技股份有限公司
地址：114 台北市內湖區瑞光路76巷65號1樓
電話：+886-2-2796-3638　傳真：+886-2-2796-1377
服務信箱：service@showwe.com.tw
展售門市／國家書店【松江門市】
地址：104 台北市中山區松江路209號1樓
電話：+886-2-2518-0207　傳真：+886-2-2518-0778
網路訂購／秀威網路書店：https://store.showwe.tw
國家網路書店：https://www.govbooks.com.tw

出版日期／2020年12月　BOD一版　**定價**／500元

|獨立|作家|
Independent Author
寫自己的故事，唱自己的歌

漢譯<<究竟一乘寶性論>>的文本與如來藏思想特色
/ 蔡孔章著. -- 一版. -- 臺北市：獨立作家, 2020.12
面；　公分. -- (Do思潮；14)
BOD版
ISBN 978-986-99368-3-5(平裝)

1.瑜伽部

222.13　　　　109017213

國家圖書館出版品預行編目

讀者回函卡

感謝您購買本書，為提升服務品質，請填妥以下資料，將讀者回函卡直接寄回或傳真本公司，收到您的寶貴意見後，我們會收藏記錄及檢討，謝謝！如您需要了解本公司最新出版書目、購書優惠或企劃活動，歡迎您上網查詢或下載相關資料：http:// www.showwe.com.tw

您購買的書名：______________________________

出生日期：________年________月________日

學歷：□高中（含）以下　□大專　□研究所（含）以上

職業：□製造業　□金融業　□資訊業　□軍警　□傳播業　□自由業
　　　□服務業　□公務員　□教職　□學生　□家管　□其它____

購書地點：□網路書店　□實體書店　□書展　□郵購　□贈閱　□其他

您從何得知本書的消息？

□網路書店　□實體書店　□網路搜尋　□電子報　□書訊　□雜誌
□傳播媒體　□親友推薦　□網站推薦　□部落格　□其他________

您對本書的評價：（請填代號　1.非常滿意　2.滿意　3.尚可　4.再改進）

封面設計____　版面編排____　內容____　文／譯筆____　價格____

讀完書後您覺得：

□很有收穫　□有收穫　□收穫不多　□沒收穫

對我們的建議：______________________________

____

____

____

請貼
郵票

11466
台北市内湖區瑞光路 76 巷 65 號 1 樓
獨立作家讀者服務部 收

（請沿線對折寄回，謝謝！）

姓　　名：＿＿＿＿＿＿＿＿＿＿　年齡：＿＿＿＿　性別：□女　□男

郵遞區號：□□□□□

地　　址：＿＿＿＿＿＿＿＿＿＿＿＿＿＿＿＿＿＿＿＿＿＿＿＿

聯絡電話：(日) ＿＿＿＿＿＿＿＿＿＿＿＿ (夜) ＿＿＿＿＿＿＿＿＿＿＿＿

E-mail：＿＿＿＿＿＿＿＿＿＿＿＿＿＿＿＿＿＿＿＿＿＿＿＿